U0625812

国有大行品牌
价值提升的战略

中国建设银行研究院
中国人民大学重阳金融研究院　　课题组　著

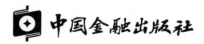
中国金融出版社

责任编辑：张怡姮

责任校对：潘　洁

责任印制：程　颖

图书在版编目（CIP）数据

国有大行品牌价值提升的战略／中国建设银行研究院课题组，中国人民大学重阳金融研究院课题组著．—北京：中国金融出版社，2023.8

ISBN 978-7-5220-2017-4

Ⅰ．①我…　Ⅱ．①中…　②中…　Ⅲ．①商业银行—品牌—企业管理—研究—中国　Ⅳ．①F832.33

中国国家版本馆 CIP 数据核字（2023）第 089206 号

国有大行品牌价值提升的战略

GUOYOU DAHANG PINPAI JIAZHI TISHENG DE ZHANLUE

出版
发行　中国金融出版社

社址　北京市丰台区益泽路 2 号

市场开发部　（010）66024766，63805472，63439533（传真）

网上书店　www.cfph.cn

　　　　　　（010）66024766，63372837（传真）

读者服务部　（010）66070833，62568380

邮编　100071

经销　新华书店

印刷　保利达印务有限公司

尺寸　169 毫米×239 毫米

印张　17.5

字数　200 千

版次　2023 年 8 月第 1 版

印次　2023 年 8 月第 1 次印刷

定价　78.00 元

ISBN 978-7-5220-2017-4

如出现印装错误本社负责调换　联系电话（010）63263947

国有大行品牌价值提升的战略

编委会

课题总牵头人： 彭　钢　王　文

课题总撰稿： 赵锡军

撰　　　稿： 沈靖人　巫佳鹏　虞思燕　陈治衡

王雄锋　徐嘉浚　马月迪

FOREWORD / 序言 /

当今世界，百年未有之大变局加速演进，动荡变革的时代对全球金融体系提出了巨大的挑战，同时也赋予了更多的机遇。首先，金融体系呈现出割裂与碎片化发展的态势。2022年乌克兰爆发危机以来，金融领域再次成为欧美实施制裁的关键环节，金融体系受到地缘政治、地区安全等不确定因素的影响陡然加大。与此同时，欧美国家开启了加息进程，为本就脆弱的金融体系蒙上一层阴影。全球金融公共品被"武器化""政治化"，全球金融治理陷入了失调状态；其次，技术成为金融体系变革的重要推动力。数据成为生产要素标志着数字时代已经来临，技术与金融的融合正以前所未有的速度展开。数字科技、人工智能、低碳技术或将成为下一个科技风口，金融的服务方式、生产方式在技术的驱动下正在发生深刻变革，与之带来的是金融服务成本的下降、效率的提高以及覆盖面的扩大，越来越多的长尾人群正在享受到金融服务所带来的红利；再次，解决气候问题已经成为金融体系的重要使命。气候变化问题愈演愈烈，已经成为当前各国必须面对的最紧迫问题。金融在如何更好地支持绿色产业转型方面正在进行探索，然而绿色金融的发展要面临理念的转变、服务方式的升级以及诸多体制机制障碍，全球碳中和进程任重道远。

面对全球格局的重塑期与调整期，中国金融业应充分认识到自身的使命，紧抓时代赋予的使命，顺势而为、应时而变，推动金融领域深化改革，朝着金融强国的目标大踏步迈进。

目前，中国的金融体系处于深度转型的进程中。二十大报告对我国金融领域的要求是：深化金融体制改革，建设现代中央银行制度，加强和完善现代金融监管，强化金融稳定保障体系，依法将各类金融活动全部纳入监管，守住不发生系统性风险底线。当前，我国金融法律面临着许多新的议题与挑战，例如，在金融科技时代下，一些新的金融业态在涌现，金融领域的跨区域、跨行业风险加大，发生系统性金融风险的概率在增加，如何完善金融监管法律法规来防范新型金融风险成为新时代完善金融法律体系的重要议题；在支持平台企业"走出去"的过程中，境内金融机构与境外金融机构应更好地服务于海外企业、为其提供全方位金融支持，同时确保海外资产的安全性和收益性。在这个过程中，离不开中国金融法律体系与其他国家乃至国际金融法律在隐私保护、金融数据跨境流动等相关条款的协调。目前，中国已经对金融监管的组织架构做出了深度调整，组建了国家金融监督管理总局，并且加强了金融法律的制定工作。未来，将通过继续完善金融监管体系，支持我国金融业不断扩大对外开放水平，加强我国海外金融机构的利益保护等方面，塑造我国建设金融强国的软实力。

商业银行作为中国金融体系最主要的力量，其形象与品牌价值是展现中国金融实力的重要窗口。根据 Brand Finance 联合英国《银行家》杂志发布《2023 年全球银行品牌价值 500 强》榜单显示，榜单前 50 名银行中，品牌价值缩水的银行比品牌价值上升的银行数量多，工行、建行、农行、中行排名虽未发生变化，品牌价值却出现缩水。提升商业银行的品牌价值以服务我国经济高质量发展、扩大商业银行的全球竞争力是应对国际局势变化的重要途径。商业银行品牌价值的提升应深度融入中国式现代化和中华民族伟大复兴的进程之中，以金融之力解决中国在新的发展阶段中遇到的痛点问题，切实提高金融服务能力，发挥金融血脉的作用，更好地服务小微企业、服务科技创新、服务绿色经济发展。同时，商业银行品牌价值的提升也是应对全球性的金融风险，积极参与全球金融治理，构建更加公平的世界金融体系的必要抓手。

　　本系列丛书旨在看清百年变局之下世界形势的变化，对世界金融体系所产生的影响，把脉中国金融体系的变革与未来发展，对决策者、研究者、金融从业者和社会各界对世界以及中国金融发展感兴趣的人士提供参考。书中做出的探索仍需要持续深化，存在诸多不当之处，还请各位读者提出宝贵建议。

PREFACE　前　言

　　全球正处于动荡不居的大变局时代之中，不仅国际政治经济的不确定性显著增加，中国经济的战略转型亦迫在眉睫。中美贸易战、金融战和科技战余波未平，欧美发达国家通货膨胀压力也在持续增加，东欧平原战争阴云密布，世界政治经济格局在竞争、对抗与冲突中艰难调整。面对日益复杂的外部环境和国内内需不足、产能过剩、经济发展方式转型等长期积累的历史遗留问题，中国经济战略转型的迫切性与日俱增。通过创新驱动发展，以数字化带动市场经济转型，构建起高水平、高质量的开放型经济成为新时代经济社会发展的主旋律。为此，加快中国金融体系完善，推动银行业高质量发展，尤其需要加强国有大行影响力建设，充分发挥引航与支柱作用。

　　作为国有大行影响力的重要来源和支撑，品牌价值不仅提供特色身份证明，亦是整体资产估值的关键组成部分。一方面，品牌价值作为品牌声誉等相关无形资产所带来的收益价值，在识别商品、服务或实体的过程中，通过创造独特的形象，成为利益相关者心中的联想，进而在经济活动中产生效益，增强其对品牌的认可度和忠诚度。另一方面，品牌价值是一项由内在自我价值和外部用户价值构成的复合概念，通过稳步推进内在价值提升，并获得外部投资者信任和认可，进而吸引资本关注并降低融资成本，可将企业品牌价值转化为整体资产价值、市场价值。同时，基于财务分析和监管评级方法可构建起有效的品牌价值评估和管理机制，从而具象、全面地把握企业核心竞争力和可持续发展能力的高低，并探寻到促进国有银行整体价值提升的有效路径。

故而，在全球化和消费升级的时代背景中，在构建国内国际"双循环"的新格局下，开展国有大行品牌价值建设，实现品牌价值跃升，既是企业促进自身发展的必由之路，又符合国家经济高质量发展的战略方针。首先，国有大行品牌价值建设是对其长期以来秉持人文精神的传承。国有大行长期作为社会责任的承担者和人才培养的排头兵，始终将人文关怀和人本精神作为企业文化建设的底层核心。"百年企业靠文化"，打造先进的、以人为本的品牌文化是企业基业长青的保证，而传承这种品牌文化又是品牌价值建设的必要环节和必由之路。其次，国有大行品牌价值建设是应对新时代机遇和挑战的必然选择。品牌价值的提升除了仰仗传承，还需要依靠不断与时俱进的创新。尤其在面对新一波数字化转型升级的浪潮下，还需持续、创新地挖掘核心资产的新价值。品牌价值作为企业核心资产的关键要素，能反映出以客户为中心、以市场为导向的企业价值观念，对其进行创造与更新，可不断提升国有大行的可持续发展能力。最后，以国有大行品牌价值建设为切入点，赋能"中国梦"的实现。国有大行作为时代舞台中的重要角色，所担负的品牌使命和责任更加重大。面对中国在全球价值链中存在的"经济大国、品牌弱国"现象，国有大行将自身的品牌建设中的政治立场坚守、经济责任严守、社会责任履行和人民情怀守护充分施展与发挥，通过不断提升核心力与价值感助推中国品牌强国梦。

CONTENT 目 录

第一章　大变局时代下的
国有大行品牌价值变迁

　　品牌价值是国有大型商业银行整体资产估值的关键组成部分。近年来，工商银行、建设银行、农业银行和中国银行这四家国有大型商业银行的品牌价值在全球银行业中蝉联前四，但市值规模相对位置却有下降趋势，品牌价值、市值规模和影响力之间存在错配。当今世界正处于一个大变局时代，全球性疫情的阴霾还未消退，欧美发达国家的通货膨胀压力持续增加，乌克兰局势扑朔迷离，高新技术和国防科技的竞争日趋激烈，国际关系趋于紧张。同时，中国经济进入战略转型期，国内经济高增长时期的遗留问题亟须解决，现有金融体系的运行机制和融资结构不能满足创新驱动发展战略的现实需要，防范和化解系统性金融风险的任务依然艰巨。在新发展格局下，国有大型商业银行（以下简称国有大行）要厘清自身的功能定位，优化资产质量，调整业务结构，合理定位数字资产，鼓励科技和业务创新，注重科研和创新的长期经济效益，合理控制金融风险，通过品牌价值建设来提升成长性，实现与之相匹配的市值规模和影响力。

第一节　全球经济正处于大变局时代

中美贸易摩擦、金融摩擦和科技摩擦的余波未平，突如其来的疫情又在全球蔓延，世界范围内的经济衰退渐成定局，欧美发达国家的通货膨胀压力持续增加，东欧平原战争阴云密布，世界政治经济格局在竞争、对抗与冲突中艰难调整。面对复杂的外部环境和国内的遗留问题，中国经济的战略转型迫在眉睫，"双循环"战略布局和新发展格局应运而生。统筹发展与安全，优化国有商业银行体系的信贷型金融支持和资本市场的证券型金融支持，进而推动经济的高质量可持续发展，是社会主义新时代中国的必然选择。

一、国际政治经济形势的不确定性

中国的崛起是全球政治经济大变局的重要体现，一定程度上也是中美冲突的原因。2018 年，美国特朗普政府为了扭转对华长期贸易逆差的局面，进而遏制中国的快速发展，以实施惩罚性关税为标志，悍然挑起了贸易冲突。2019 年 5 月，基于中国 5G 技术的突飞猛进，而芯片技术却相对落后的实际情况，美国将中国高新技术企业华为列入实体清单，企图以芯片断供等卑劣手段限制中国的科技创新能力。时隔一年，美国对华为的制裁再度升级，要求使用美国芯片技术和设备的外国公司，在获得美国许可的情况下，才能将芯片供应给华为和其关联企业。2020 年 12 月，美国商务部又将中芯国际（芯片制造商）等 59 家中国企业及实体（包括高校）列入"实体清单"。

随着中美贸易摩擦、金融摩擦和科技摩擦的升级，在2018—2019年期间，美国的确减少了贸易账户的短期逆差规模，然而，随着2020年美国国内疫情失控，贸易账户再次出现巨额逆差。中美两个大国之间的碰撞，并没有给美国带来长期的经济效益，反而是全球经济大衰退的开始。

2019年末，突如其来的疫情多点扩散，最终于2020年初席卷全球。在中国共产党的集中统一领导下，中国快速行动，通过隔离、筛查、药物研发和紧急治疗等方式，及时控制住疫情，最早实现复工复产。反观欧美发达国家，"自由、平等、民主、人权"的理念根深蒂固，政府防控不力，疫情自由扩散，民众平等地体验死亡恐惧，人心惶惶，社会经济难以正常运行，经济严重衰退。由图1-1可知，2020年，美国的国内生产总值（GDP）增长率为-3.4%，欧元区和英国的经济负增长更为严重，分别为-6.4%和-9.4%；同期，尽管中国受到疫情的冲击，仍保持了2.2%的经济正增长，完成了消除绝对贫困的历史性艰巨任务，全面建成小康社会。国有商业银行体系的信贷型金融支持，在落实国家宏观政策和推动中国经济逆势增长等方面发挥着不可替代的作用。2021年，全球性疫情的阴霾尚未消散，以美国、英国和欧元区为标志的发达经济体为了快速复苏国民经济，相继实施积极的宏观政策，历经大衰退后，美国、英国和欧元区的经济增长率分别达到5.7%、7.5%和5.3%，但流动性的过度释放也导致国内一般物价水平快速上扬，通货膨胀压力持续增加。

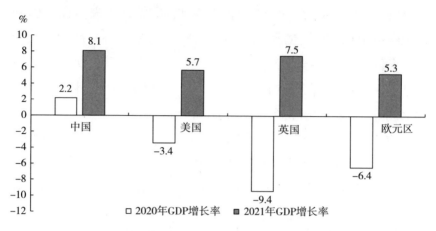

图 1-1 2020—2021 年中国和欧美国家的经济增长率

（资料来源：国家统计局和 TRADINGECONOMICS. COM）

表 1-1 2020—2022 年美国、欧元区和英国的通货膨胀率

时间	通货膨胀率（%）			时间	通货膨胀率（%）		
	美国	欧元区	英国		美国	欧元区	英国
2020 年 1 月	2.5	1.4	1.8	2 月	1.7	0.9	0.4
2 月	2.3	1.2	1.7	3 月	2.6	1.3	0.7
3 月	1.5	0.7	1.5	4 月	4.2	1.6	1.5
4 月	0.3	0.3	0.8	5 月	5.0	2.0	2.1
5 月	0.1	0.1	0.5	6 月	5.4	1.9	2.5
6 月	0.6	0.3	0.6	7 月	5.4	2.2	2.0
7 月	1.0	0.4	1.0	8 月	5.3	3.0	3.2
8 月	1.3	−0.2	0.2	9 月	5.4	3.4	3.1
9 月	1.4	−0.3	0.5	10 月	6.2	4.1	4.2
10 月	1.2	−0.3	0.7	11 月	6.8	4.9	5.1
11 月	1.2	−0.3	0.3	12 月	7.0	5.0	5.4
12 月	1.4	−0.3	0.6	2022 年 1 月	7.5	5.1	5.5
2021 年 1 月	1.4	0.9	0.7	2 月	7.9	5.8	—

资料来源：TRADINGECONOMICS. COM.

结合图 1-1、图 1-2 和表 1-1，2020 年，疫情正处于暴发期，美国、欧元区和英国的通货膨胀率呈"V"字形，且维持在较低水平，其中，欧元区的物价水平在8—12月还出现下跌的情形。2021年，情况则大不相同，4月，美国的月度通货膨胀率突破4%，12月上升至7%。2022年2月，美国的通货膨胀率高达7.9%，创出1982年来的历史性新高。欧元区和英国的通货膨胀率变动趋势与之类似。20世纪80年代，正值美国里根政府执政时期，美国国内高经济增长、高通货膨胀率和高贸易逆差并存，美苏冷战进入高潮，两大集团的国防开支剧增。2022年初，以美国为首的北约国家同俄罗斯关系紧张，东欧平原战云密布，乌克兰局势扑朔迷离，历史似乎在重演。

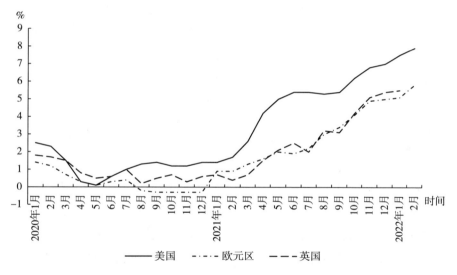

图1-2 美国、欧元区和英国的月度通货膨胀率

(资料来源：同表1-1)

2022年2月下旬，北京冬奥会圆满结束，24日，俄罗斯武装力量在乌克兰发起了旨在"去军事化"的特别军事行动，东欧平原笼罩在硝烟之下，原油和黄金的价格急剧飙升，流动资金紧急避险，主要国家的资本市场快速下挫，中国市场也未能幸免。这是北约国家对俄罗斯进行战略迫近并遭到后者强烈抵制而形成的地缘政治灾难。为了对冲卢布贬值和通货膨胀的影响，2月28日，俄罗斯银行将利率提升至20%，流动性危机骤增。随着战局的深入和间歇的静默，北约和欧盟国家对俄罗斯的制裁接踵而至，俄罗斯海外资产和外汇储备被大量冻结，国际支付系统的使用权限遭到限制，这极大地冲击了全球产业链的正常布局和国际贸易的有序进行，使国际政治经济形势的不确定性加剧。中国在经济和外交层面，对俄罗斯有一定的支持，总体的行动谨小慎微，呼吁和平解决争端。

我们不禁要问，大变局时代，如果中国也遭到北约和欧盟国家的政治孤立、经济制裁和军事威胁，又该如何应对，我们能扛住一轮又一轮的联合制裁吗？中国国有大型商业银行和股份制商业银行在海外有不少的分支机构和工作人员，拥有大量净资产，如何在提升大国影响力和规避极端风险之间实现一种平衡呢？

大变局时代，对欧美发达国家而言，由其主导的经济贸易格局正在受到以中国为代表的新兴市场国家的严峻挑战，人民币国际化的进程加速，越来越多的国际贸易使用人民币结算，一定程度上冲击了美元的主导地位；对中国而言，面对不确定的国际政治经济形势，实施创新驱动发展战略，大力发展高新技术和国防科技，增强军事实力，统筹发展与安全，及时做好处理突发事件的紧急预案，在当下显得尤为重要。

二、中国经济的战略转型迫在眉睫

当代中国创造了经济增长的奇迹。1978—2000年，伴随社会主义市场经济体制改革和对外开放的有序进行，中国经济快速发展，国内生产总值（GDP）年平均增长率为9.78%；从

2001 年加入世界贸易组织，到 2013 年经济呈现新常态，国内生产总值年平均增长率更是高达 10.06%，人口红利优势、出口加工贸易快速增长和房地产市场的繁荣是中国经济高速增长的主要动能，其间，中国超越日本成为世界第二大经济体，成就举世瞩目。

经济高速增长时期，国有企业制度日渐完善，居民的高储蓄通过国有银行体系的信贷支持流向国有企业转化为高投资，银行主导型体制（尤其是国有大型商业银行和政策性银行）对长期有效项目的资金需求发挥了极大的作用。

2013 年开始，中国经济增长速度由高速增长转为中高速增长（见图 1-3）[①]，内需不足、产能过剩、人口老龄化和环境污染等问题日益凸显，中美贸易摩擦、科技竞争和国际政治经济形势的不确定性对中国的开放型经济体制构成严峻挑战。2022 年"两会"期间，政府工作报告中将新一年的经济增长目标定在 5.5% 左右，2021 年 8.1% 的经济增长率和 1143669.7 亿元的国内生产总值没有改变中国经济增速放缓的趋势。

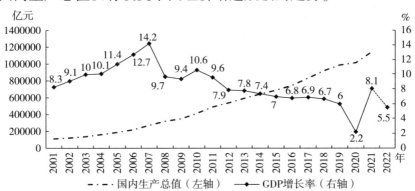

图 1-3　2001—2022 年国内生产总值及其增长速度

（资料来源：国家统计局）

①　2022 年的 GDP 增长率 5.5% 为目标值。

（一）内需不足

消费是拉动经济增长的主要力量。2001—2021 年，最终消费支出对我国经济增长的贡献率呈波动上升趋势（见图 1-4）。2021 年，最终消费支出的贡献率为 65.4%，较 2003 年的最低值 36.1%，增长了大约 81.16%，但相比较发达国家 80% 左右的消费贡献率，中国国内消费需求不足的问题依然存在。

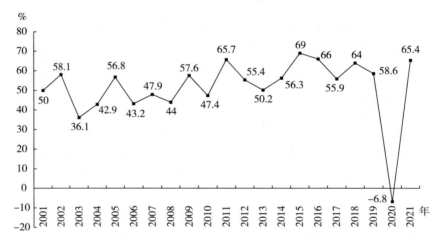

图 1-4　最终消费支出对国内生产总值的增长贡献率（2001—2021 年）

（资料来源：国家统计局）

人均可支配收入占人均 GDP 的比重较低，贫富差距过大和居民高储蓄等都是导致我国国内消费需求不足的重要原因。由图 1-5 可知，2013—2021 年，中国人均可支配收入从 18311 元上升到 35128 元，但人均可支配收入占人均 GDP 的比重变化不大，最低是 2013 年的 0.4210，最高是 2020 年的 0.4481，2021 年，该数值为 0.4338。参考世界银行的统计数据，2020 年，按现价美元计量的美国人均 GDP 为 63593.4 美元，人均可支配收入大约为 3.86 万美元，占人均 GDP 的比重约为 60.7%，远高于中国的同期数值。不够充裕的可支配收入限制了中国居民的消费水平。

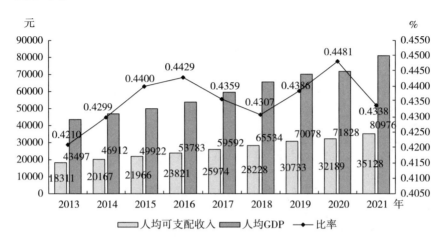

图1-5 2013—2021年中国人均可支配收入和人均GDP

(资料来源：国家统计局)

中国的经济发展不平衡，东部地区收入高，西部地区收入低，城市经济发达，乡村相对落后，总体的贫富差距悬殊。2003—2019年的统计数据显示（见图1-6），中国基尼系数均超过0.4的国际警戒线，2008年国际金融危机期间，这一数值为0.491，党的十八大以后，中国基尼系数呈下降趋势，2019年，基尼系数为0.465。基于经济学的原理，边际消费倾向递减，高收入人群财富的快速增加对整体消费需求的带动有限，只有提高中低收入人群的可支配收入，形成合理的财富分配格局，对拉动内需才有更多的帮助。

高储蓄的谨慎性动机对消费水平的制约也值得关注，有待完善的社会保障体系、狭隘的投资渠道以及对未来预期的不确定性在一定程度上降低了现时的消费水平。

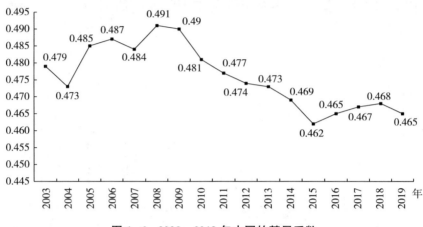

图 1-6　2003—2019 年中国的基尼系数

[资料来源：中国住户调查年鉴（2020）]

（二）产能过剩

产能过剩是制约我国经济转型的主要因素之一。所谓产能过剩，是指行业的生产能力超过了社会经济的实际需要，从而导致的资源严重浪费。中国经济新常态下的产能过剩问题要追溯到国际金融危机和经济刺激计划。2007 年第四季度，投资者的热情高涨，中国股票市场进入资产泡沫化阶段，经济过热，相对应的宏观政策开始收紧，紧接着，始于美国次级抵押贷款市场的风险事件，造成流动性危机，祸及银行体系，冲击资本市场。2008 年 9 月 15 日，美国雷曼兄弟公司宣布破产，标志着全面金融危机的开始。为了应对危机，同年 11月，中国转变紧缩的政策，实施 4 万亿财政刺激计划，将资金投入地震重建工作、交通和电力基础设施以及农村基础设施建设等方面，而 2009 年开始的经济刺激计划，尽管在缓解金融危机冲击，保持经济强劲增长方面有重要的贡献，也留下了隐患。

中国的银行主导型体制使信贷阀门在需要的时候能够迅速打开，但想要及时关闭就不那么容易。政府要求国有商业银行执行宽松信贷政策，结果是投资项目盲目扩张，中央政府的财政负担加剧，地方政府出现债务困境。2009年上半年，超额信贷总量占GDP的14%，接近10万亿元，流通中货币量剧增，2011年，通货膨胀产生。2015—2016年，国际市场上大宗商品价格下跌，导致国内产能普遍过剩。

工业产能利用率指标用来衡量一个经济体的产能过剩程度，数值在0—1，严重产能过剩的临界值是75%。2013年第一季度到2016年第一季度（见表1-2），中国的工业产能利用率指标值呈向下趋势，最低值为72.9%。2015年末，供给侧结构性改革的推出，对去产能，提高工业产能利用率产生了积极的作用，中国的工业产能利用率逐渐爬升，并稳定在临界值以上，2019年末，工业产能利用率为77.5%。2020年初，正值国内疫情严峻，经济无法正常运行的时候，第二季度开始，复工复产，工业产能利用率迅速回升，至2021年第四季度，指标值为78.4%，产能过剩的状态得到改善。供给侧结构性改革的短期效果显著，但任重道远。

表1-2　2013—2021年中国工业产能利用率

季度	工业产能利用率（%）	季度	工业产能利用率（%）
2013Q1	75.3	2017Q3	76.8
2013Q2	75.2	2017Q4	78.0
2013Q3	75.9	2018Q1	76.5
2013Q4	76.8	2018Q2	76.8
2014Q1	75.4	2018Q3	76.5
2014Q2	75.5	2018Q4	76.0
2014Q3	75.2	2019Q1	75.9

季度	工业产能利用率（％）	季度	工业产能利用率（％）
2014Q4	76.1	2019Q2	76.4
2015Q1	74.2	2019Q3	76.4
2015Q2	74.3	2019Q4	77.5
2015Q3	74.0	2020Q1	67.3
2015Q4	74.6	2020Q2	74.4
2016Q1	72.9	2020Q3	76.7
2016Q2	73.1	2020Q4	78.0
2016Q3	73.2	2021Q1	77.2
2016Q4	73.8	2021Q2	78.4
2017Q1	75.8	2021Q3	77.1
2017Q2	76.8	2021Q4	78.4

资料来源：根据国家统计局公布的季度数据整理。

（三）其他因素

中国是人口大国，改革开放以来经济的高速增长得益于人口红利优势。随着经济增速放缓和劳动力成本上升，人口老龄化和家庭抚养压力等问题随之浮现。2014 年开始，65 岁及以上的老年人口在我国总人口中的占比超过 10%，人口老龄化程度不断加深，通过发展劳动密集型产业来推动经济增长的传统模式已经不可持续。

经济的可持续高质量发展需要优质的生态环境。当代中国的环境污染问题伴随对外开放和快速工业化而来，频繁的雾霾天气、工业"三废"污染和土壤重金属超标等问题，都是经济高速增长所付出的代价。发展绿色经济，是新时代中国经济结构转型升级的必然要求。

制约中国经济发展的外部环境不容忽视。2018—2019 年开始的中美冲突，2020 年的新冠疫情暴发等，对中国的出口加工贸易，高新技术产业发展，甚至是国家安全都产生严重的威胁。

总之，中国经济的战略转型是解决国内经济金融领域遗留问题，寻找经济发展新动能，应对外部挑战的必然选择。

三、新发展格局和"双循环"战略[①]

"形成强大国内市场，构建新发展格局"是习近平总书记根据国内经济条件和国际政治经济环境变化所做出的战略抉择。习近平总书记在党的十九大报告中明确指出：我国经济已由高速增长阶段转向高质量发展阶段，正处在转变发展方式、优化经济结构、转换增长动力的攻关期，建设现代化经济体系是跨越关口的迫切要求和我国发展的战略目标。随着中美贸易摩擦、金融摩擦和科技摩擦愈演愈烈，以及欧美发达国家对中国高科技企业和国防军工企业的制裁，党的十九届五中全会上，构建新发展格局和"双循环"战略布局应运而生。

构建新发展格局，统筹发展与安全，核心内容包括：畅通国内大循环、促进国内国际双循环和加快培育完整内需体系三个部分。畅通国内大循环是基础和关键，实施创新驱动发展战略，优化市场资源配置，推进供给侧结构性改革，以高质量供给引领和创造新需求；培育完整的内需体系是畅通国内大循环的重要组成部分，改革的重点在于全面促进消费和拓展投资空间，发挥消费拉动经济增长的主导作用；"内循环"为主与高水平对外开放并存，意味着我们要协调国内国际的资源要

---

① 部分内容参考吴晓求等《中国资本市场：第三种模式》第二章第一节中笔者负责写作的内容。

素，加快建立参与国际竞争新优势。

中国经济战略转型的重要任务有以下几个方面：实施创新驱动发展战略，发展高端制造业和现代服务业；推动市场经济的数字化转型；大力发展绿色经济，关注环境保护；发展高水平的开放型经济等。

四、中国金融体系的特殊性①

现代金融体系有 6 个主要功能：资源的跨时空配置（投融资）、风险定价和财富管理、支付清算、股权分割、激励机制以及提供信息。资本市场是现代金融体系的基石，其核心功能是资源配置和价值发现（风险定价）。

当代中国拥有完善的大型内部金融市场和银行主导型金融体系，国有银行体系的信贷型金融支持，为国有企业的长期有效项目提供充足资金，在经济高增长时期发挥着主导作用。改革开放 40 多年，以国有大型商业银行为代表的商业银行体系提供的间接融资一直是社会经济运行中流动资金的主要来源。

中国的资本市场（外部金融市场）属于证券型金融支持，没有明显的经济"晴雨表"作用，既要服务改革与增长，又要兼顾回报与效率，服从于经济改革与发展进程对整体金融支持的内在需求（国家金融控制下的资本市场）。中国资本市场的核心功能除了资源配置和价值发现，还理应具备调控宏观经济，满足经济改革与高质量发展的特殊功能。经过 30 多年的发展，中国资本市场的资源配置功能日趋市场化、注重财富管理，法制不断完善，监管模式从实质性监管向透明度监

---

① 部分内容参考吴晓求等《中国资本市场：第三种模式》第二章第一节中笔者负责写作的内容。

管转变。

图 1-7 和图 1-8 参考 MS&CS 口径①的评估方法（吴晓求，2018；吴晓求和方明浩，2021），分别从资产属性角度和融资机制角度展示中国金融资产的结构变动。1990 年，中国资本市场刚刚运行，商业银行体系的信贷型金融资产占绝对主导，基于资产属性角度，广义货币供应量（M2）占金融资产总规模（MS）的 93.24%；基于融资机制角度，银行体系的信贷资产（C）占金融资产总规模（CS）的 94.04%。2005 年，基于资产属性角度，广义货币供应量（M2）占金融资产总规模（MS）下降到 72.68%；基于融资机制角度，银行体系的信贷资产（C）占金融资产总规模（CS）下降到 63.42%，银行主导型金融体系的特征鲜明。同年，中国建设银行在香港市场成功完成 IPO 上市。2010 年，中国农业银行在内地上海证券交易所和香港市场先后上市，标志着国有大型商业银行的股份制改革基本完成。2015 年，中国股票市场经历一个新的高峰期，基于资产属性角度，货币供应量（M2）占金融资产总规模（CS）的比重下降到 57.79%，基于融资机制角度，信贷资产（C）占金融资产总规模（CS）下降到 48.02%，银行主导型金融体系特征已经弱化；截至 2021 年 12 月，上述两个比值分别为 51.47% 和 46.16%，银行业和资本市场的金融支持近乎平分秋色，资本市场的直接融资在资金供给方面发挥着越来越大的作用，中国银行主导型金融体系向着商

---

① M2 代表货币和准货币供应量，C 表示银行体系的信贷资产规模；S 是股票类金融资产和债券类金融资产的总和，即证券类金融资产；MS＝M2+S 代表基于资产属性角度的金融资产规模；CS＝C+S 代表基于融资机制角度的金融资产规模。

吴晓求．改革开放四十年：中国金融的变革与发展 [J]．经济理论与经济管理，2018（11）：5-30．

吴晓求，方明浩．中国资本市场 30 年：探索与变革 [J]．财贸经济，2021（4）：20-36．

业银行和资本市场共同主导的"双峰型"金融体系过渡，我们将这种特殊情形称为"中国金融体系：第三种模式"。

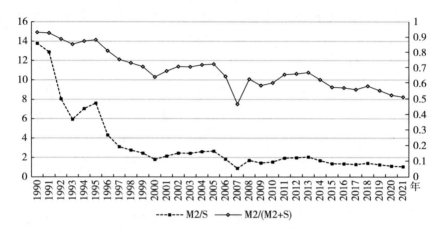

图 1-7 1990—2021 年中国金融资产结构变动：资产属性角度

（资料来源：国家统计局、中国人民银行和 Wind 数据库）

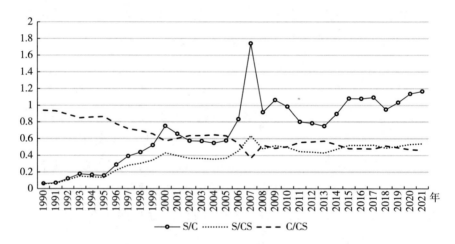

图 1-8 1990—2021 年中国金融资产结构变动：融资机制角度

（资料来源：国家统计局、中国人民银行和 Wind 数据库）

在中国金融体系从银行主导型转向"双峰型"的过程中，金融体系现有功能的发挥同中国经济战略转型的现实需要不完全一致。

商业银行体系的间接融资存在局限性，遵循安全性、流动性和营利性的经营管理基本原则，一级资本充足率和不良贷款拨备覆盖率等指标受到金融监管当局的严格监控，故而倾向于给成熟期的企业提供短期或长期贷款，无法满足中国经济战略转型对科技创新的迫切需要。创新创业期的企业和处在风险期的高新技术企业，其未来的成长具有高度不确定性，不符合商业银行体系防范系统性风险的要求，很难从商业银行体系的间接融资渠道获得资金支持。在商业银行体系内部，财富管理功能也不能很好的实现。现阶段，国有大型商业银行提供的储蓄类产品和理财产品不能满足投资者对金融产品多样化和分散金融风险的诉求，其品牌影响力也受到一定的约束。新的时期，国有商业银行体系的资源配置功能、对商业银行监管体制等都需要进一步优化。

资本市场的直接融资可以弥补商业银行体系的不足。然而，站在服务于中国经济战略转型的高度，当前资本市场的资源配置效率、对高新技术企业的支持、对创新风险的包容同样不能完全适应经济战略转型的现实需要。中国资本市场的注册制改革才刚刚开始，范围局限于沪深两市的科创版和创业板上市企业，主板市场的企业上市规则依旧使用核准制，加上退市机制改革的滞后，市场化资源配置的功能在很大程度上受到限制。资本市场传统的估值技术、定价模式和风险包容程度也不能完全匹配对科技创新的支持，高新技术企业的估值理应考虑创新、数字化和更大程度的风险包容等因素。关注企业的成长性，推动新兴产业孵化，有利于资本市场强化服务改革与经济增长的特殊功能。

在新发展格局下，国有大行的品牌价值建设和影响力的提升，要立足于中国经济战略转型期的经济金融现状，关注现有客户和潜在客户的新需求，同资本市场相互配合，充分发挥资源优化配置和价值发现的功能，支持高新技术产业孵化，推动市场的数字化转型，大力发展绿色金融，加快国际金融中心建设和国际金融合作，最终服从"双循环"战略的总体布局，在全球大变局时代，为经济的战略转型提供不竭的发展动力和资金支持。

第二节　国有大行在中国经济金融体系中的地位

我国国有大型商业银行有着独特的企业文化和价值理念，既体现货币银行的整体属性，又蕴含着浓厚的乡土情结和大行担当，在中国银行业改革的浪潮中，完成了从政策性专业银行向股份制商业银行的完美蜕变，兼具社会职能和企业职能的双重属性，在社会经济运行中发挥着"稳定器"的功能。伴随中国持续扩大对外开放，国有大型商业银行成为中国参与国际金融合作的重要桥梁，提升了中国的大国影响力，客观上还加速了人民币国际化的进程。

一、国有大行特有的文化内涵和价值观

中华文明源远流长，文化底蕴深厚。国有大型商业银行植根于中华故土，有着独特的企业文化和价值理念，蕴含着浓厚的中国情结。

图1-9展示了工商银行、建设银行、农业银行和中国银行的品牌商标。国有四大行的品牌商标都参考了传统中国商品经

济流通中的铜钱样式，表明了银行属性，其中，建设银行和中国银行的品牌商标皆外圆内方，"方，代表着严格、规范、认真；圆，象征着饱满、亲和、融通"。

图1-9　国有四大行的品牌商标

（资料来源：https://new.qq.com/omn/20210506/20210506A07T8F00.html）

建设银行品牌商标右小角的重叠立体效果和C形开口，代表China（中国）和construction（建设、建筑物）的组合，寓意服务于中国的经济建设。标准的海蓝色，象征着建设银行企业文化的包容性。

中国银行品牌商标的内部，上下垂直线和中间的方形组成"中"字，代表中国，又寓意"天圆地方"的中华传统世界观和当代中国的国际性视野。

工商银行的品牌标志外部为闭口圆形，内部是一个变形的"工"字，由正反两个"弓"字拼接而成，中间断开，"体现出银行与客户之间平等互信的依存关系。以断强化续，以分形成合，是银行与客户的共存基础"。

农业银行圆形和麦穗组合的绿色图案内涵丰富，绿色麦穗和"田"字寓意农业，整体的含义是农业银行充满生机活力，事业蓬勃发展。

国有四大行的品牌商标都实现了货币银行属性和自身主要业务特征的精密结合，直观大方，极具亲和力，是品牌价值的组成部分。除了品牌商标，国有四大行的企业文化还包括愿景、使命和价值观等。

国有四大行的愿景具有惊人的相似度，都确立了"建设世界一流银行"的宏伟目标，价值观中，"诚信"和"稳健"被重点提及，但"创新"或"创造"的定位不及"稳健"经营，农业银行的价值观里还没有提到"创新"。使命部分，农业银行的服务"三农"和城乡，中国银行的融通世界，特征鲜明；工商银行和建设银行表述的使命趋同，内容较为宽泛。

建设银行和农业银行在核心价值观的指导下，还明确了相关理念，进一步丰富了企业文化。例如，建设银行的经营理念是"以市场为导向，以客户为中心"，服务理念是"客户至上，注重细节"，风险理念是"了解客户，理解市场，全员参与，抓住关键"，人才理念是"注重综合素质，突出业绩实效"等①（见表1-3）。

表1-3 国有大行的愿景、使命和价值观

银行	愿景	使命	价值观
工商银行	打造"价值卓越、坚守本源、客户首选、创新领跑、安全稳健、以人为本"的具有全球竞争力的世界一流现代金融企业	提供卓越金融服务，包括：服务客户 回报股东 成就员工 奉献社会	工于至诚 行以致远 诚信 人本 稳健 创新 卓越

① 根据中国建设银行官方网站的企业文化栏目整理。

续表

银行	愿景	使命	价值观
建设银行	始终走在中国经济现代化的最前列，成为世界一流银行	为客户提供更好的服务，为股东创造更大价值，为员工搭建广阔的发展平台，为社会承担全面的企业公民责任	诚实　公正 稳健　创造
农业银行	建设国际一流商业银行集团	面向"三农"服务城乡 回报股东　成就员工	诚信立业 稳健行远
中国银行	建设全球一流现代银行集团	融通世界　造福社会	卓越服务 稳健创造 开放包容 协同共赢

资料来源：国有四大行官方网站企业文化栏目和年度报告。

国有大型商业银行独特的企业文化和价值观，在品牌价值建设和提升社会影响力方面，是一个重要的参考。

二、国有大行的企业和社会职能双属性

我国国有大型商业银行具有企业职能和社会职能的双重属性。在银行业的改革进程中，国有四大行先是承接中国人民银行剥离出来的非中央银行业务，产生社会职能，服务于国家宏观政策的具体落实；随着不良资产处置和股份制改革的推进，国有四大行从专业银行变成商业银行，增加了企业职能，融入社会主义市场经济。

（一）国有大行社会职能的产生

1978 年，改革开放的前夕，中国只有一家银行——中国人

民银行。中国人民银行的所有权归属于中央政府，接受财政部的监督管理，其主要的职能就是为国有企业的生产经营项目提供资金支持。党的十一届三中全会结束后，银行业的改革拉开帷幕。

1979 年 2 月，农业银行恢复成立，负责处理农业相关和农村地区的金融业务；同年 3 月，中国银行从中国人民银行分离出来，负责办理对外贸易与投资过程中的汇兑业务；8 月，建设银行脱离财政部，负责固定资本投资。1983 年 9 月，中国人民银行专门行使中央银行的职能。1984 年 1 月，中国工商银行成立，全面接管原本由中国人民银行负责办理，其他三家专业银行又没有涉及的业务，即工商信贷业务。中国银行业进入专业银行时代，这一时期，工商银行、建设银行、农业银行和中国银行主要负责政策性业务，行使支持经济发展的社会职能（见表1-4），中国家庭储蓄存款在全国存款总额中的比重日益增加，最终成为银行存款的主要来源。

表 1-4　中国国有四大行在经济发展过程中的社会职能分工

银行	社会职能	细分业务
工商银行	工商信贷业务	办理工商企业的贷款业务、结算业务和现金管理业务等
建设银行	固定资产投资	负责国家基本建设投资的贷款业务；落实基本建设财务管理制度；管理和监督使用国家基本建设支出预算内的资金和各部门单位自筹的基本建设资金等
农业银行	农村金融业务	办理农业发展相关业务和农村地区的存贷款业务
中国银行	外币业务	吸收外币存款，办理汇兑业务，提供国际结算服务等

20 世纪 80—90 年代，社会主义市场经济体制改革在探索

中前行，工商银行、建设银行、农业银行和中国银行，作为国家宏观政策的工具，在行使社会职能的过程中，积累了大量的不良资产和呆账坏账，逐渐成为银行业可持续发展的沉重包袱。

（二）国有大行企业职能的产生

1993 年，党的十四届三中全会结束的一个多月后，12 月 25 日国务院发布了《关于金融体制改革的决定》，确定金融体制改革的目标是："建立在国务院领导下，独立执行货币政策的中央银行宏观调控体系；建立政策性金融与商业性金融分离，以国有商业银行为主体、多种金融机构并存的金融组织体系；建立统一开放、有序竞争、严格管理的金融市场体系。"

1994 年，国家开发银行①、中国进出口银行和中国农业发展银行相继成立，直属国务院。国家开发银行集中管理国家投资基金，拥有一定的投资贷款决策权，为国家重点建设项目融通资金；中国进出口银行主要承担大型机电设备进出口融资业务；中国农业发展银行负责落实农业政策性扶持的任务。三家政策性银行的成立，完善了市场投融资机制，引导商业性资金额的流向，极大地分担了国有四大行原本的社会职能。1995 年，《中华人民共和国商业银行法》出台，国有大型专业银行开始向国有大型商业银行转变。处置不良资产的任务则交给了资产管理公司：1999 年，华融、长城、东方、信达四家新成立的国有资产管理公司②分别剥离工商银行、农业银行、中国银行、建设银行的不良资产，累计处置的不良资产近 1.4 万亿

---

① 2015 年 3 月，国家开发银行被重新分类为"开发性金融机构"，从政策性银行的序列中移除。

② 2007 年开始，四大国有资产管理公司可以自主从事商业化经营。

元；2003 年，银监会成立，负责银行业的金融监管。

2005—2010 年，建设银行、中国银行、工商银行和农业银行相继完成股份制改革，补充了大量资本金，引进战略投资者，在香港市场和中国内地市场完成 IPO 上市，彻底转变为综合性股份制商业银行。商业化的经营使国有大型商业银行在执行国家宏观政策的基础上，增加了企业职能，即国有大型商业银行在《巴塞尔协议》和《新巴塞尔协议》的框架内，开展自主经营，扩展存贷款业务和中间业务，以利润最大化为目标，维护股东的切身利益。

（三） 国有大行企业职能和社会职能的权衡

国有大型商业银行的企业和社会职能双属性，是中国国有银行体系的特殊之处，而实现银行企业职能和社会职能的平衡，则是一门经营管理的艺术。随着中国经济金融体制改革的不断深化，国有大型商业银行的企业职能属性日益突出，注重风险控制和资产质量的提升，积极拓展海外市场，将更多的资源投入营利性项目中。较低的风险，更高的回报，以及较强的发展潜力带来了高品牌价值和较高的市场估值。

国有大型商业银行的社会职能也发生了变化，不再是频繁执行政策性业务，除了中国银行处理汇兑业务和国际结算业务等更为娴熟，农业银行继续支持农业和农村地区的发展等定向服务，国有四大行普遍推广普惠金融，关注民生服务，助力脱贫扶贫，承担应有的社会责任，充当经济金融领域的"稳定器"。同时期，以大数据、云计算为代表的金融科技蓬勃发展，催生了数字经济产业。截至 2021 年 12 月，招商银行凭借金融科技的运用、零售业务的优化和多样化中间业务的开拓，最终超越建设银行的市值规模，在国内银行业的估值仅次于工商银行，国有大型商业银行面临新的挑战。

三、国有大行的"稳定器"功能

国有四大行从政策性专业银行向股份制商业银行的转变，逐渐形成社会职能和企业职能的双重属性。进入社会主义新时代，中国国有大型商业银行最重要的社会职能之一，就是充当经济金融领域的"稳定器"。

2020 年，随着新冠疫情的暴发，社会经济运行受到严重阻碍，第一季度，工商企业的复工复产基本无法进行。在这个特殊的时期，国有大型商业银行切实履行社会责任，展现了大行的担当，全力服务实体经济，为金融体系的稳定和社会经济的复苏，做出了巨大的贡献。

为了全力支持疫情防控和经济恢复，建设银行实施及时有效的金融服务措施，2020 年，新增贷款和垫款净额 1.69 万亿元，对制造业、基础设施建设和绿色金融的贷款分别较 2019 年增加 19.81%、17.66% 和 14.20%。针对疫情防控重点企业，建设银行累计发放了 1256.80 亿元信贷资金，采取利率优惠政策和延期还本付息、展期、续贷等措施为客户纾困。同时，建设银行发行疫情防控企业专项债券和疫情防控专项同业存单，积极参与抗疫特别国债和地方政府债券承销与投资，为重点客户、重点地区金融机构提供资金支持。2400 多名建行的干部员工作为志愿者投身抗疫一线，价值 3.17 亿元的物资捐赠，近 6000 亿元的授信规模，以及数字化手段和金融科技的投入，全力支持 246 万个社区和企业疫情防控的有序进行。建设银行还为 28 个国家和地区完成 1.6 亿件医疗防疫物资出口交易，诠释了构建人类命运共同体的深刻内涵①。

工商银行、农业银行和中国银行同样发挥着各自的"稳定器"功能。例如，工商银行 2020 年境内新增人民币贷款 1.88 万亿元，债券投资增加 1.19 万亿元，创历史新高；累计捐款 2.5 亿元人民币，2800 余名干部员工作为志愿者奔赴抗"疫"前线。工商银行贯彻落实"延本延息"政策，为超过十万名客户缓释还本付息压力，金额总计 1.5 万亿元②；积极发展数字供应链融资，推动绿色金融体系建设，从提升数量和质量，扩大覆盖面，降低成本等方面推广普惠金融，支持中小微企业和民营企业的发展。

国有大型商业银行在全面脱贫攻坚方面也发挥着重要的作用③。例如，建设银行支持安康"一区三县"和其他地区 1370 个贫困村如期脱贫"摘帽"，将精准扶贫和新金融实践结合，实现脱贫攻坚与乡村振兴的有效衔接；农业银行则聚焦乡村振兴重点领域和县域"三农"领域的信贷投放，强化脱贫攻坚金融服务，2020 年全年，对 832 个国家扶贫工作重点县、334 个深度贫困县和 52 个未"摘帽"贫困县的贷款增速分别达到 17.6%、21.5% 和 36%；消费扶贫专项行动，定点扶贫和东西部协作扶贫等卓有成效。工商银行和中国银行也有各自的扶贫行动。国有大型商业银行的这些扶贫举措，是 2020 年实现全面消除绝对贫困和助力建成全面小康社会不可或缺的环节。

国有大型商业银行的"稳定器"作用还体现在防范和化解系统性金融风险方面。2007—2009 年国际金融危机期间，国有商业银行体系的超额流动性投放，对于稳定经济增长、对冲溢

---

① 资料来源：中国建设银行 2020 年年度报告。
② 资料来源：中国工商银行 2020 年年度报告。
③ 资料来源：中国建设银行和中国农业银行 2020 年年度报告。

出效应有着重要的积极作用，使中国在后金融危机时代依然保持强劲的经济增长动能。国有大型商业银行对国内经营不善的中小银行进行接管，既维护了储户的利益，在一定程度上又能杜绝恐慌情绪的蔓延和"挤提"浪潮，有利于社会经济的平稳运行。

四、国有大行是国际金融合作的重要桥梁

现代文明是开放包容的。便利的交通工具、经济贸易的密切联系和发达的互联网技术，已经将全球连接成一个整体，在这个蓝色的星球上，人类的命运彼此相连。习近平总书记提出的"倡导构建人类命运共同体，促进全球治理体系变革"，既是中国特色大国外交的生动实践和"中国方案"，也是中国提高对外开放水平，在国际舞台上发挥建设性作用的理论基础。开展国际金融合作，推动中国的国际金融中心建设，是高水平对外开放的重要举措。

在现行金融体系中，国有大型商业银行是国际金融合作的重要桥梁。中国银行自从接管了原属中国人民银行负责的汇兑业务和国际结算等业务，在海外市场开拓和国际金融合作方面就一直走在前列。截至 2020 年末，中国银行共有 559 家海外分支机构，业务遍及全球 61 个国家和地区，包括 25 个"一带一路"沿线国家，海外存款总额折合 4851.44 亿美元，同比增加 6.8%，海外贷款总额折合 4077.97 亿美元，同比增加 4.58%，年末实现的利润总额为 67.28 亿美元。工商银行紧随其后，426 个海外分支机构覆盖了 49 个国家和地区，包括 21 个"一带一路"沿线国家，海外存贷款总额分别为 1482.21 亿美元和 2028.44 亿美元，税前利润 30.17 亿美元。建设银行和

农业银行的海外投资规模相对较小，同期，建设银行的海外业务分布全球 30 个国家和地区，农业银行的 21 家境外机构设立在 17 个国家和地区，其中，"一带一路"相关业务总额达 35.9 亿美元。

2021 年上半年，国有大型商业银行的国际化经营状况基本平稳，例如，中国银行的海外分支机构数量略微较少，维持在 556 家，海外客户存款和贷款总额分别为 5529.18 亿美元和 4554.95 亿美元，利润总额为 36.42 亿美元，同比略有下降[①]。

"一带一路"平台是国有大型商业银行践行"一带一路"倡议，在经济金融领域，强化"一带一路"沿线国家融资、贸易、能源和数字信息等对接机制，通过"一带一路"专项贷款、丝路基金等创新型投融资合作框架，开展国际合作的重要渠道。

国有大型商业银行通过在海外市场大力拓展公司金融业务、个人金融业务、网络金融服务、金融市场业务、资产管理业务、托管业务和跨境人民币业务等，有利于密切经济文化交流，增加市场份额，分散金融风险，进而提升品牌价值和国际影响力，客观上还加速了人民币国际化的进程。

表 1-5 的数据展示了近年来人民币国际化水平的变动[②]。2009 年第四季度的时候，人民币国际化指数（RII）值仅有 0.02%，人民币的国际化程度极低；2012—2015 年，中国对外开放持续深化，人民币国际化程度得到显著提升，"8·11"汇率改革政策出台后，人民币国际化指数值在 2015 年第三季度达到 3.91%；2015 年末至 2019 年，为了应对外部冲击，中国

---

① 资料来源：国有四大行 2020 年年度报告和 2021 年半年度报告。

② 表 1-5 的数据转引自吴晓求等《中国资本市场：第三种模式》第二章第五节中笔者负责写作的内容。

调整外汇储备管理政策，维持人民币汇率的基本稳定，人民币国际化程度平稳调整。2020年，全球性疫情暴发，中国兑现承诺，全面开放金融业，人民币被境外投资者更加广泛的使用，国际化指数值在年末上升到5.02%。同期，美元、欧元、英镑、日元的国际化指数分别为51.27%、26.17%、4.15%和4.91%。美元的国际主导货币地位没有动摇，人民币超越英镑和日元，成为第三大国际货币。

表1-5 人民币国际化指数   单位：%

季度	指数	季度	指数
2009Q4	0.02	2015Q2	2.73
2012Q1	0.56	2015Q3	3.91
2012Q2	0.70	2015Q4	3.21
2012Q3	0.79	2016Q1	2.65
2012Q4	0.92	2016Q2	3.03
2013Q1	0.95	2016Q3	2.78
2013Q2	1.11	2016Q4	2.26
2013Q3	1.14	2017Q4	3.13
2013Q4	1.64	2018Q4	2.95
2014Q1	2.31	2019Q4	3.03
2014Q2	2.36	2020Q1	4.10
2014Q3	2.16	2020Q2	5.19
2014Q4	2.47	2020Q3	5.14
2015Q1	2.39	2020Q4	5.02

注：人民币国际化指数（RII）介于0~100%，数值越高代表货币的国际化程度越高。

资料来源：根据中国人民大学国际货币研究所（IMI）历年发布的《人民币国际化报告》整理。

第三节　国有大行发展面临新的机遇与挑战

近年来，我国国有大型商业银行的品牌价值和一级资本规模稳居全球银行业前四，但市值规模的相对位置却呈现出下降趋势，品牌价值、国际影响力和市值规模发生错配。收入结构不合理，总体资产质量下降，创新力度不足和成长性相对缺乏是制约我国国有大型商业银行实现高估值的主要障碍。在中国经济的战略转型期，国有大型商业银行要抓住机遇，迎接挑战，落实创新驱动发展战略，以有益的创新优化业务结构，改善资产质量，管理数字资产，实现高质量可持续发展。

一、国有大行品牌价值的全球排名发生深刻变化

（一）品牌价值的内涵

品牌价值被定义为与品牌声誉等相关的无形资产所带来收益的现值。其中，品牌泛指名称、术语、标志、符号、商标和设计等与市场营销相关的无形资产，旨在识别商品、服务或实体，通过创造独特的形象，成为利益相关者心中的联想，从而在经济活动中产生效益。

经典的品牌价值评估方法是 Interbrand（国际品牌咨询公司）提供的基于品牌资产未来现金流折现法，得到当前品牌的净现值，即品牌价值，该方法的核心是"品牌的未来收益"，具体包括财务分析、市场分析和品牌强度（brand strength）分析。财务分析的目的是基于当前财务数据和未来预

期，从未来企业的总体收益中分离出无形资产所创造的价值；市场分析（品牌作用力分析）用来厘清需求的驱动因素，进而估计品牌对所评定产品或行业中的作用，即在企业无形资产所创造的价值中，筛选出同品牌声誉相关的无形资产创造出来的那一部分价值，即品牌带来的净收益（品牌利润）；品牌强度决定折现率，其评定依据大致分为七个方面：市场壁垒越高、进入市场的时间越早、品牌在同行中的地位越显著（市场影响力越大）、市场份额越多、品牌能够迎合消费者的需求、品牌受到的支持力度越大、品牌受到的法律保护越严格（商标专利权），那么品牌的强度就越高。有了未来的品牌收益数据和折现率，我们就能得到品牌的当前价值。

Brand Finance（品牌金融公司）使用"特许费率法"（Royalty Relief Method）来估算品牌价值，包括计算品牌资产所带来的未来收益和特许费率。所谓特许费率，就是假设当前公司不拥有该品牌，而需要按照一定比率支付款项去购买该品牌的使用权，而这笔支付的款项实际上由于公司拥有品牌所有权而被节省下来，也就是品牌的价值所在。"特许费率法"满足国际品牌评价标准（ISO 10668），得到的品牌市场价值更加公正客观，被税务机关和司法机构所青睐。具体的操作如下：

1. 确定品牌强度指数。品牌强度指数（BSI）由输入端（Inputs）、权益端（Equity）和产出端（Output）共同决定，具体数值在1—100。输入端是支持未来品牌强度的资源投入；权益端包含利益相关者对品牌的认知程度或情感联结等因素；产出端是与品牌相关的绩效指标，例如，盈利能力、资产质量和市场份额等。品牌强度指数还可以推导出品牌评级，这是 Brand Finance 的特色，等级从 D 到 AAA+，体现当前品牌相对于竞争对手的品牌价值建设投入力度、资产累计和未来的发展潜力。

2. 确定行业的特许费率范围，并计算特许费率。实际应用中，行业特许费率的范围可以从 Brand Finance 的协议数据库中查询确定。假定某个行业的特许费率是 1%—5%，而该行业中一个品牌的强度指数为 90，那么，这个品牌的特许费率为 90×（5%−1%）／100+1%＝4.6%。

3. 计算当前品牌的特定收益和未来预期收益。未来预期收益可以通过历史数据、权益资产分析和经济增长率等来预测。

4. 计算品牌价值。在品牌预期的特定收益基础上（总的收益，品牌资产的收益包含其中），应用特许费率，两者相乘得到品牌资产的预期收入，并通过风险评估得到合适的折现率，最后计算出同当前品牌价值相等的税后现值。

下文，我们将使用 Brand Finance 公布的品牌价值数据，分析 2022 年国有大型商业银行的品牌价值评估细节，并梳理国有大行品牌价值在全球银行业排名的时变特征。

（二）国有大行品牌价值的变迁

2022 年 2 月，英国 Brand Finance（品牌金融公司）联合 The Banker（银行家）杂志，发布了 2022 年"全球银行品牌价值 500 强"报告。工商银行、建设银行、农业银行和中国银行的品牌价值分别为 751.19 亿美元、655.46 亿美元、620.31 亿美元和 496.53 亿美元（见表 1-6），在全球银行业的品牌价值排名中蝉联前四。工商银行的品牌价值评级还从 2021 年的 AAA 级上升到 AAA+级。招商银行作为中国目前最具发展潜力和成长性的股份制商业银行，品牌价值为 243.70 亿美元，位列第十。结合表 1-7 和图 1-10，2012—2022 年，国有四大行的品牌价值稳步上升，2019 年开始，国有四大行在全球银行业的品牌价值排名稳定在前四，交通银行的品牌价值排名也从 2013 年的第 42 位上升到现在的第 13 位，这表明国有银行体系的品牌价值建设已经走在世界前列。

表 1-6　2022 年全球银行业品牌价值 Top10　　单位：亿美元

银行	排名	2022 年品牌价值	2022 年评级	2021 年品牌价值	2021 年评级
中国工商银行	1	751.19	AAA+	727.88	AAA
中国建设银行	2	655.46	AAA	596.49	AAA
中国农业银行	3	620.31	AAA	531.34	AAA-
中国银行	4	495.53	AAA	486.89	AAA
美国银行	5	367.19	AA+	327.87	AA+
花旗银行	6	344.43	AAA-	322.00	AAA-
大通银行	7	301.48	AA	288.49	AA+
富国银行	8	300.54	AA	318.05	AA+
摩根大通	9	288.88	AAA-	235.65	AAA
招商银行	10	243.70	AA+	210.44	AA+

资料来源：Banking 500 ［2022］，Brand Finance.

表 1-7　2012—2022 年中国代表性商业银行的全球银行业品牌价值排名

年份	工商银行	建设银行	农业银行	中国银行	招商银行	交通银行
2012	11	10	18	15	47	32
2013	7	10	11	14	51	42
2014	6	10	11	13	47	38
2015	2	4	8	9	25	31
2016	2	3	4	6	13	17
2017	1	3	7	5	12	19
2018	1	2	6	4	11	15
2019	1	2	3	4	9	15
2020	1	2	3	4	9	15

续表

年份	工商银行	建设银行	农业银行	中国银行	招商银行	交通银行
2021	1	2	3	4	10	14
2022	1	2	3	4	10	13

资料来源：Brand Finance。

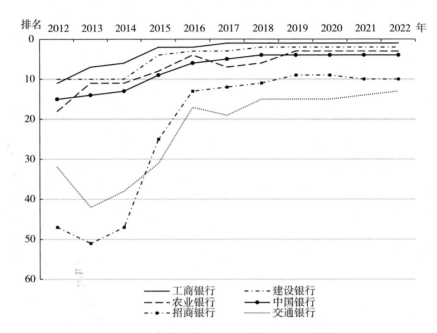

图1-10 2012—2022年中国代表性商业银行品牌价值排名的时变特征

招商银行的品牌价值排名更值得关注，2013年的时候，在全球银行业中的排名还是第51位，2019—2020年上升至第10位；2021年末，招商银行的市场价值更是高达12321.12亿元，超越了建设银行的11176.71亿元。相对于招商银行近年来暴风骤雨式的发展，国有大型商业银行的高品牌价值，高影响力同市值规模相对位置的下降趋势形成强烈的反差。

二、国有大行市值规模与其影响力的错配

全球银行业的市值规模排名正在发生深刻的变化。2021 年 11 月，全球银行业市值排行 Top10[①] 分别为：摩根大通（美国）、美国银行（美国）、中国工商银行、中国招商银行、富国银行（美国）、中国建设银行、中国农业银行、加拿大皇家银行（加拿大）、澳大利亚联邦银行（澳大利亚）和花旗集团（美国）。尽管当代美国的金融体系以资本市场为绝对主导，但摩根大通和美国银行为代表的美国商业银行集团，在新的时期具有更多的成长空间，同样获得了高估值。

中国的金融体系正由银行主导型向"双峰型"过渡，国内经济结构转型的压力，紧张的大国关系，欧美发达国家的技术封锁和业务竞争，使工商银行的总市值从 2018 年的全球银行业首位下降到 2021 年的第 3 位，中国银行的总市值排名已经退出前 10，国有商业银行的市值规模在全球银行业中的地位呈下降趋势。国有四大行蝉联全球前四的品牌价值和一级资本（见表 1-7、表 1-8），同市值规模的相对位置显得格外不匹配，令人深思。

表 1-8 2021 年全球商业银行一级资本排序 Top15

银行	一级资本（10 亿美元）	2021 年排名	2020 年排名
中国工商银行	440	1	1
中国建设银行	362	2	2
中国农业银行	336	3	3
中国银行	305	4	4

---

① 资料来源：Choice 金融终端。

续表

银行	一级资本（10亿美元）	2021年排名	2020年排名
摩根大通	235	5	5
美国银行	200	6	6
花旗集团	167	7	8
汇丰控股	160	8	9
富国银行	158	9	7
三菱日联金融集团	144	10	10
中国交通银行	132	11	11
法国农业信贷银行	127	12	12
法国巴黎银行	122	13	13
中国招商银行	106	14	17
中国邮政储蓄银行	103	15	22

资料来源：The Banker（银行家杂志）。

聚焦国内金融市场，2021年12月，招商银行的市值规模超越建设银行、农业银行和中国银行，成为仅次于工商银行的国内"第二大行"（见表1-9）。截至2022年3月11日，由于乌克兰局势的负外部性和国内"两会"等原因，招商银行的高股价从2月24日的50.02元下跌至44.45元，市值大幅缩水，下降至11359亿元，略低于建设银行11513亿元的市场规模。但不可否认的是，股份制商业银行的强劲发展趋势对国有大型商业银行的固有地位构成严峻挑战。同时期，以宁波银行和上海银行为代表的城市商业银行也有长足的发展。

招商银行的高估值，有其深层原因，值得我们去挖掘和探索。本质上，招商银行的高估值体现为比建设银行、农业银行和中国银行等国有大型商业银行拥有更高的成长性。高成长性的背后是有益的创新。

表1-9　2021年12月中国内地上市商业银行市值排行榜Top15

银行	市值排名	市值（亿元）
工商银行	1	15605.41
招商银行	2	12321.12
建设银行	3	11176.71
农业银行	4	10059.32
中国银行	5	8349.53
邮政储蓄银行	6	4586.94
兴业银行	7	3955.41
平安银行	8	3198.10
交通银行	9	3157.74
宁波银行	10	2527.85
浦发银行	11	2503.74
中信银行	12	1984.50
光大银行	13	1659.03
民生银行	14	1585.74
上海银行	15	1012.93

注：总市值（证监会算法）＝A股合计×A股股价＋B股合计×B股股价×外汇汇率＋H股合计×H股股价×外汇汇率；一般的总市值计算＝个股当日股价×当日总股本。本表列出的市值是根据证监会算法得到的。

资料来源：Choice金融终端。

根据图1-11可知，2021年前三季度，招商银行非利息收入占营业收入的40.08%，中间业务的拓展，金融科技和零售业务的巧妙融合，让招商银行获益匪浅（见表1-10）。同期，工商银行、建设银行、农业银行和中国银行的比率分别为28.22%、28.23%、21.14%和30.71%。中国银行作为中国对外开放初期最早接触国际业务的金融机构，在办理汇兑业务和信用证业务等国际结算业务中，有着丰富的实践经验，能够获得大量的非利息收入，2021年前三季度，中国银行的非利息收入占营业收入的比重在国有四大行中是最高的，但同招商银行相比，收入结构还有待优化。

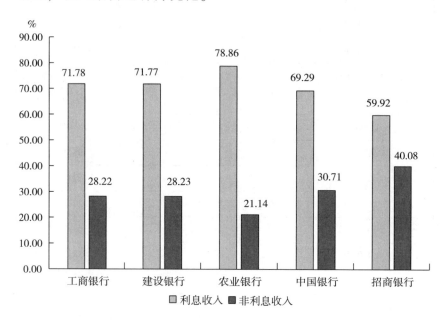

图1-11 2021年前三季度国有四大行和招商银行的收入结构

（资料来源：国有四大行和招商银行2021年第三季度财务报告）

国有四大行在20世纪80年代中国的银行业改革中，就接收了原属中国人民银行的各项业务，伴随资本金补充，不良资产剥离和股份制改革，国有四大行又从政策性专业银行逐渐转变为股份制商业银行，享受国家得天独厚的政策扶持。遍布全国的分支机构、家喻户晓的品牌影响力和国家财政"隐形"担保的低风险，让国有四大行在传统的存款和贷款业务中，占有无与伦比的绝对优势。近年来，利率市场化改革和存贷款利差收窄是一个不争的事实，从绝对数额上看，国有四大行具有规模经济效应，巨额的营业收入还是其他商业银行无法超越的。

进入社会主义新时代，大数据、云计算、互联网金融平台（包括网上银行）和数字经济等逐渐形成经济金融领域的新业态，传统金融业务的固有优势在新时期可能变成国有商业银行转型升级的障碍。国有四大行总资产规模、巨额的营业收入和较高的风险承受能力，让同行望尘莫及（见表1-10），然而，在诸如加权平均净资产收益率等相对评价指标上，反映出国有大型商业银行的业务创新能力和成长性的滞后则暴露无遗。

根据表1-10，2021年前三季度，招商银行的营业收入为2514.10亿元，占其总资产的2.8%，高于国有四大行；其核心一级资本充足率相较于工商银行和建设银行稍显不足，但18.11%的加权平均净资产收益率，表明了招商银行极强的盈利能力和高成长性，最终体现在二级市场的高估值。结合表1-5的品牌价值数据，我们可以发现，招商银行高成长性带来的高估值溢价，远高于其品牌价值和国际影响力的相对位置。

表1-10　2021年前三季度国有四大行和招商银行的财务数据

银行	总资产（亿元）	营业收入（亿元）	核心一级资本充足率	加权平均ROE（年化）
工商银行	353980.66	7120.93	13.14%	11.81%
建设银行	301355.51	6244.05	13.40%	13.15%
农业银行	289886.63	5448.97	11.18%	12.17%
中国银行	262299.20	4560.74	11.12%	11.57%
招商银行	89174.40	2514.10	12.31%	18.11%

注：根据招商银行2021年年度报告，全年利息净收入占营业收入的比重为61.56%，非利息收入占营业收入的比重为38.44%，核心一级资本充足率为12.66%，加权平均净资产收益率（ROE）为16.96%。

资料来源：国有四大行和招商银行2021年第三季度财务报告。

三、国有大行资产质量需要结构性优化

商业银行体系的资产质量高低是影响品牌价值建设和资产整体估值的重要因素。

2003—2021 年，中国商业银行体系的不良贷款余额呈现出不对称的"U"形特征（见图 1-12）。21 世纪初，国有商业银行的不良资产剥离和股份制改革，推动整个商业银行体系的不良贷款余额快速下降；2007—2009 年，国际经历了一场金融危机，中国为了对冲世界经济衰退带来的负外部性，实施经济刺激计划，以国有四大行为代表的商业银行体系向社会经济流通领域提供超额流动性；基于定性不良贷款的"时滞"，2012 年，在统计数据上，中国商业银行体系的不良贷款余额逐年积累，2015—2016 年，国际大宗商品价格下跌，国内普遍产能过剩，商业银行体系的不良贷款余额急剧增加；2018 年开始的中美对抗和 2020 年新冠疫情的暴发，进一步推高了不良贷款余额，2020 年末，中国商业银行体系的不良贷款约为 27015 亿元，到 2021 年这一数值又被更新为 2.85 万亿元。不良贷款余额的超常规增长，加剧了防范和化解系统性金融风险的难度。

按照商业银行资产质量管理的五个级别，中国商业银行体系的"次级""可疑"和"损失"级别的资产多集中于制造业、批发和零售业，以及个人贷款等领域，商业银行体系不良资产的集中，严重阻碍了中国经济战略转型期的商业结构调整和优化升级。

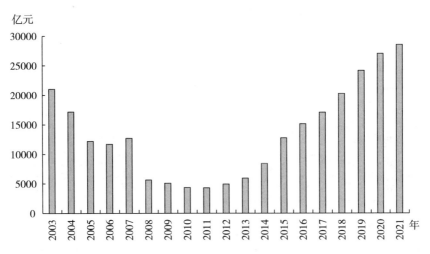

图 1-12　2003—2021 年中国商业银行体系的不良贷款余额

（资料来源：Wind 数据库）

　　站在国有大型商业银行的角度来看，不良贷款率的上升趋势见表 1-11，意味着信贷资产的违约风险的增加。2012年，工商银行、建设银行、农业银行和中国银行的不良贷款率分别为 0.85%、0.99%、1.33% 和 0.95%，到 2021 年 9 月，不良贷款率分别增加到 1.52%、1.51%、1.48% 和 1.29%，其中，农业银行的不良贷款率在 2015 年竟高达 2.39%。国有四大行针对不良贷款的拨备覆盖率的总体趋势和具体数值都有较大的差别。截至 2021 年 9 月，工商银行和中国银行的拨备覆盖率不足 200%，建设银行和农业银行的同期数值分别为 228.55% 和 288.04%，其中，农业银行维持较高拨备覆盖率的部分原因，可能与 2012—2021 年相对较高的不良贷款率有关（见表 1-12）。

表 1-11　国有四大行和招商银行的不良贷款率　　单位：%

年份	工商银行	建设银行	农业银行	中国银行	招商银行
2012	0.85	0.99	1.33	0.95	0.61
2013	0.94	0.99	1.22	0.96	0.83
2014	1.13	1.19	1.54	1.18	1.11
2015	1.50	1.58	2.39	1.43	1.68
2016	1.62	1.52	2.37	1.46	1.87
2017	1.55	1.49	1.81	1.45	1.61
2018	1.52	1.46	1.59	1.42	1.36
2019	1.43	1.42	1.40	1.37	1.16
2020	1.58	1.56	1.57	1.46	1.07
2021 年 9 月	1.52	1.51	1.48	1.29	0.93

资料来源：国泰安数据库（CSMAR）和各银行 2021 年第三季度财务报告。

表 1-12　国有四大行和招商银行的拨备覆盖率　　单位：%

年份	工商银行	建设银行	农业银行	中国银行	招商银行
2012	295.55	271.29	326.14	236.30	351.79
2013	257.19	268.22	367.04	229.35	266.00
2014	206.90	222.33	286.53	187.60	233.42
2015	156.34	150.99	189.43	153.30	178.95
2016	136.69	150.36	173.40	162.82	180.02
2017	154.07	171.08	208.37	159.18	262.11
2018	175.76	208.37	252.18	181.97	358.18
2019	199.32	227.69	288.75	182.86	426.78
2020	180.68	213.59	260.64	177.84	437.68
2021 年 9 月	196.80	228.55	288.04	192.45	443.14

资料来源：国泰安数据库（CSMAR）和各银行 2021 年第三季度财务报告。

　　相较于国有四大行的表现，招商银行的不良贷款率和拨备覆盖率指标值要好得多，较低的不良资产率和较高的拨备覆盖率形成强烈的反差，截至 2021 年 9 月，招商银行的不良贷款率只有 0.93%，仅高于 2012—2013 年，拨备覆盖率则达到 443.3%，创样本期内的新高，更低的信用风险，一定程度上对应着更高的成长性和发展潜力，同时也说明国有四大行的资产质量需要结构性优化。

对不良资产的合理处置，是优化国有商业银行资产结构的重要举措，通常的处置方式有贷款重组、协商催收、诉讼催收、呆账核销、资产转让和不良资产证券化等。在不良资产处置的过程中，国有商业银行需要对不良资产进行合理估值，最终目标是处置成本和资产损失的最小化。降低贷款的行业集中度，支持高成长性的企业发展，同样有益于分散风险，追求信贷资产的长期稳定收益。

四、国有大行应该合理定位新业态产生的新资产

（一）数字资产的界定

中国经济的战略转型期，数字经济方兴未艾，数据资源、现代信息网络和信息通信技术的紧密结合，创造了新的数字产业和数字资产。数字资产被定义为"企业或个人拥有或控制的，以电子数据形式存在的，在日常活动中持有以备出售或处于生产过程中的非货币性资产"，其本质上是数字"资产化"的结果。同数字"资产化"相对应的是资产"数字化"，数字"资产化"意味着数字资源创造了新价值，资产"数字化"仅仅改变了原本资产的存在形式，不存在价值创造的过程。

数字资产不完全等价于无形资产。根据最新的企业会计准

则，无形资产是指企业拥有或控制的没有实物形态的可辨认非货币性资产，包括专利权、商标权、专有技术、知识产权、土地使用权和专营权等，而商业银行（或其他企业）的自创商誉和品牌商标不作为无形资产进行会计核算。数字资产和无形资产的主要共同点是没有实物形态，却能给经济实体带来预期收益；但无形资产一般只产生间接收益（除非出售），资产的转让意味着所有权变更；数字资产销售给经济实体能够带来直接受益，通常情况下只是使用权的让渡（如互联网金融平台），由于数字资产可以不断更新优化和升级换代，类似于永续存在，数字资产的终端和所有权依旧属于开发者。

（二）合理定位数字资产

基于区块链技术的使用强度，数字资产大致细分为加密数字资产，法定数字货币，数字化传统金融资产，数字化有形资产和无形资产，数字化服务和附属产品等。

法定数字货币特指各国中央银行应用区块链加密技术产生的货币资产，跟实物货币（金属货币、纸币）和电子货币承担同样的职能，是一个国家的法定货币。如果按照严格的"非货币性"来界定，法定数字货币不属于数字资产的范畴。加密数字资产则泛指非官方渠道产生的数字"货币"，如比特币等。

数字化传统金融资产、有形资产和无形资产的本质是资产"数字化"，例如，通过区块链技术将股票资产数字化，能够取代诸如证券交易所等金融中介的作用，实现买卖双方点对点的直接交易（现阶段，投资者通过电子交易账户买卖股票、债券等金融资产，可以看作使用了数字金融科技，但不是完全的"数字化"资产交易，更像是"电子化"资产交易）；知识产权、专利商标和特许使用权等无形资产的数字化，能够发挥区块链技术的所有权（或使用权）追踪功能，有效维护经济实体和创作者的合法权益。

数字化服务和附属产品的范围很广，涵盖网络空间里运行的互联网金融平台（包括网上银行）和各类支付结算工具等。

（三）数字资产经营管理和品牌价值建设

数字资产的涌现，对国有大型商业银行的经营管理和品牌价值建设提出了新要求。推动银行品牌"数字化"和数字资产的品牌价值建设是国有大型商业银行创新发展的重要内容。品牌"数字化"是适应区块技术发展，维护自身权益，实现原有品牌价值的保值升值的必然要求，数字资产的创造与合理运营，能够减少运营成本，提高业务效率和便利程度，增强客户对国有大型商业银行的认可度，进而提高商业银行的声誉和影响力，客观上带来了更高的成长性。

中国经济的战略转型期，机遇和挑战始终是并存的。伴随数字资产而出现的新型风险，包括创新风险，跨领域、跨行业的业务经营风险，关联性和信息高速流动的传染风险，区块链技术的安全保障等。国有大型商业银行的经营管理过程中，由于新业态产生的新风险，还需要依靠大数据和数字金融科技的运用去解决，可谓"解铃还须系铃人"。例如，商业银行的贷款业务，贷款审查、贷款发放、贷款运用的追踪和管理等环节的数字化，加速信息传递和识别，可以降低信贷违约风险和商业银行跨领域、跨行业的业务经营问题。

第四节　国有大行品牌价值建设正当时

一、鼓励创新和控制风险的微妙平衡

创新既是企业的灵魂，也是中国经济战略转型期支持社会经济高质量可持续发展的新动能。对于国有大型商业银行来说，通过科技创新来优化业务结构和服务能力，拉近银行和客户的距离，提高成长性，以优质的品牌价值建设助推商业银行整体资产的市场高估值，是新时期国有大型商业银行实现华丽转身的必由之路。

然而，国有大型商业银行针对创新驱动发展战略的具体落实，从更深的层面看，又有不少的难言之隐。创新是有代价的，科研和创新的资金投入，并不意味着一定能得到预期的成果，新产品、新平台、新范式的开发具有高度不确定性，一旦研发失败，前期所有的资源都会变成"沉没成本"，侵蚀利润，影响商业银行的财务评价和市场价值。对创新的支持力度，将取决于商业银行高级管理层（决策者）的智慧和勇气。近年来，以招商银行为代表的股份制商业银行得益于高成长性，获得高估值，其本质是为了实现股东利益最大化，银行的高级管理层紧跟大数据时代的潮流，将金融科技同银行的业务优化紧密结合，提高了日常经营管理的活力，进而赋予整体资产更高的附加值和增值空间。

国有大型商业银行的"国有"性质为其业务运营和风险承担提供了隐性的"保险柜"，同时让银行内部多了一些森严的"等级"色彩。国有四大行的董事长和总行行长不仅是企业领

导，还对应行政的副部级，整个银行的构架类似于政府的部、厅、处、科体系，人事升迁制度更像是政府官员的绩效考核和"行政式"的任命，而不是工商企业形式的评价。个人利益和国有银行的整体利益，短期利益和长期利益等往往会发生冲突。从经济和财务的角度，国有四大行拥有充足的资本金和极低的风险，对创新的容忍度在理论上远高于股份制商业银行，但创新的投入往往是长期的，没有见到成果之前，所有的资金支持除了抵减企业所得税的计税基数，不会产生任何的经济效益。相较于国有银行的愿景，短期耀眼的绩效似乎对国有银行的决策者更具吸引力，国有银行体系对创新的支持，有相当的部分，是面对股份制商业银行竞争的被动反应。国有大型商业银行的"等级"色彩，也使科研和创新的落实，大概率局限于高级管理层的决策和科研部门的执行，自下而上的自发式建言献策和主动型创新受到抑制。实施创新发展战略的首要任务是畅通支持创新的机制和对应的激励政策。

创新很重要，但创新是"中性"的，过度的金融创新会带来不可控的后果，非但不能提高国有银行的市场估值和品牌影响力，还会引发系统性金融风险。2007—2009 年国际金融危机的爆发，其根源就是金融创新衍生出来的一系列证券化资产。资产支持证券（ABS）、住房抵押支持证券（MBS）和债务抵押债券（CDOs）等复杂金融创新工具的发行，增加了金融监管当局和投资者的风险识别难度。次级抵押贷款市场的风险事件首先传递到风险暴露的证券/工具（ABCP），证券价格的快速下跌，加速资金池的枯竭，风险暴露机构/赞助商（MMFs）的负外部性影响回购和银行间市场，殃及依赖于银行间市场的机构，最终金融风险通过信息网络和国际金融市场外溢，全球股票市场震荡崩盘，随后在欧洲还引发主权债务危机。

如果说，国际金融危机的噩梦逐渐远去，那么，中国银行的"原油宝"灾难事件和事后的巨额罚单还历历在目。"原油宝"的实质是理财产品，属于中国银行表外的"影子银行"范畴，通过金融创新绕过正常的金融监管，试图获取预期超额收益。此类理财产品或表外业务的风险收益具有极大的不确定性，甚至有些产品本身都不符合金融监管的规定。2020年4月20日，极端风险事件降临，WTI原油5月期货合约CME官方结算价下跌至-37.63美元/桶，中国银行和投资"原油宝"的客户均蒙受巨大损失，同年12月，中国银行及其分支机构合计承担了中国银保监会累计5050万元的罚款。中国银行在产品管理、风险管理、内控管理和销售管理等方面的问题暴露，最终导致了不可挽回的后果，作为反面例子警示银行业的同行。

金融创新的负面效应昭示了在鼓励创新和控制风险之间做到微妙平衡的重要性。及时有效地识别科技创新的性质，确保风险可控，是新时代鼓励创新发展，致力于提高国有大型商业银行的品牌价值和整体资产估值必须坚持的基本准则。

二、通过品牌价值建设实现国有大行的高估值

品牌价值是商业银行整体资产估值的关键组成部分，在中国经济的战略转型期，国有大型商业银行的品牌价值建设不是孤立的项目，而是一种实现途径，要服从于提高商业银行的国际影响力和整体资产估值的战略布局。

我们知道，输入端（支持未来品牌强度的资源投入），权益端（利益相关者对品牌的认知程度或情感联结等）和产出端（与品牌相关的绩效指标）的相关变量都会影响品牌强度指数

（BSI）的具体数值。其中，权益端的"利益相关者对品牌的认知程度或情感联结"需要国有大型商业银行注重企业文化建设，将愿景、使命、理念和价值观等融入日常的经营活动中，勇于承担社会责任，并借助金融科技，优化服务，促使现有或潜在的客户自发产生文化认同感，永葆亲和力。改变客户对国有大型商业银行的刻板认识也很重要，在人们的观念中，"国有"对应安全之外，还有缺乏创造活力的"元素"，东北老工业基地的积重难返，给世人留下了深刻的负面印象，人们不可避免地将这种刻板印象迁移到包括国有银行在内的其他国有经济实体上。

树立"安全、稳定、文化底蕴厚重和富有成长性"的品牌形象，有助于提高国有大型商业银行的整体资产估值。国有四大行在二级市场上的市值规模，是由千百万投资者根据自身的价值判断做出交易决定，形成市场价格，进而得到特定时点商业银行的整体估值。如果国有商业银行通过经营绩效、业务结构、科技水平和风险控制能力（影响折现率）等可以被量化的公开数据来表现出极高的"成长性"和未来发展潜力，那么，投资者集体的自我实现预言就会助长这种预期，给予国有商业银行更好的估值溢价，能够改变品牌价值、国际影响力和市值规模相对位置下降趋势错配的尴尬局面，实现国有大型商业银行从品牌价值建设到整体资产高估值的最终目标。

第二章　影响国有大行品牌价值的变量因素

　　2022 年 2 月初，英国《银行家》杂志联合品牌价值评估机构 Brand Finance 发布了 "2022 年全球银行品牌价值 500 强排行榜"。榜单品牌价值被理解为品牌所有者通过在公开市场上许可该品牌所获得的净经济收益，最终中国工商银行以751.19 亿美元的品牌价值蝉联榜单第一名，建设银行、农业银行和中国银行三家国有大行则分别霸占榜单的前四位。

　　后疫情时代，大型银行积极进行战略转型和业务升级，在全球银行业市场化竞争愈演愈烈的大背景下，国有大行的品牌稳定性优势更加显著，品牌效应进一步凸显，但国有大行不能满足于现状。随着各类数字化银行、精品银行的兴起和发展，国有大行的品牌价值将面临更多的挑战。目前，银行业的数字化转型战备还在持续升级中，除了继续开拓数字资产化的创新科技技术外，国有大行还应关注其他影响自身品牌价值的重要变量因素。

　　本章将对影响国有大行品牌价值的变量因素做进一步的阐述与分析，包括财务分析指标、市场买卖双方发生地位转换、数字资产崛起以及文化传承和科技创新等。

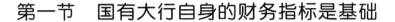

第一节　国有大行自身的财务指标是基础

一、主流品牌价值评估机制的财务分析侧重点

观察目前世界上主流的品牌价值评估机构公布的品牌价值评选机制，财务要素作为每家机构必不可少的评审指标，对品牌的价值评估有着举足轻重的影响。Interbrand、BrandZ、Brand Finance、GYbrand 等，是当下全球范围内较为权威的品牌价值评估机构，评估方法各有所长，主要侧重于以下三个要素进行的：财务要素（成本、溢价、现金流量）；市场要素（市场表现、竞争力、股市、市场业绩）；消费者要素（念度、行为、认知、购买意愿等）。财务要素作为基础中的基础，反映了公司的运转情况及其盈利能力。其中 Interbrand 使用的是经济附加值（EVA，Economic Value Added）的概念来分析经济收益，所有的财务分析都基于公开的财务信息，对于未来的预测数据均建立在广泛的财务分析报告的基础上。Brand Finance 使用上市公司官网及金融机构公开发布的财务信息进行财务绩效的打分。BrandZ 的品牌评估价值方法是将企业的财务市场数据和一线调研数据相结合，综合考虑品牌的财务表现。GYbrand 作为一家国际上知名的中国本土品牌评价机构，参考了世界上通用的品牌价值评估方法，比较各类评估模型的特点，其财务分析所用的数据为上市公司在各证券交易所正式披露的年报，未上市公司的数据则基于官网或者能够从第三方平台获得的信息，包括营收、利润、利润率、增长率、负债率、市值/融资估值等（见图 2-1）。所有的财务分析都基于上市公

司的财报信息，对于未来的预测数据业是建立在广泛的财务分析报告的基础上。

图 2-1　GYbrand 品牌价值评估流程

（资料来源：GYbrand 官网资料）

除此之外，商业银行的监管评级方法可以更好地估算商业银行的品牌价值。骆驼评级法是目前国际主流的监管评级体系，我国银行监管部门很早就开始应用骆驼评级体系对我国的从业银行进行监管。骆驼评级体系中有五项重要的财务要素：盈利能力、资产质量、资本充足率、管理水平以及流动性风险。新版《商业银行监管评级方法》对一共九项评级要素进行了权重设置，上述五项重要财务要素占比 70%，足以说明财务要素对评级的重要性。我们将这五项要素整合为盈利能力、资产质量以及风险控制三大方面，对其进行逐一描述。

（一）盈利能力

对企业进行盈利能力分析可以了解目前的盈利情况，可与同行业内的其他企业相比较，也可与企业的往期情况进行对比，了解企业当前处于行业的什么位置以及经营表现如何。具有良好的长期盈利能力体现了一家公司的治理能力、持续发展能力，以及为企业股东带来持续性收益的能力。银行业的盈利能力指标主要包括盈利资产率指标、贷款收息率指标、存款成本率指标、成本率指标等。

盈利资产率指标：盈利资产率是反映商业银行总资产中用于直接营利资产的比重。盈利资产所占比重越大，营业收入就越高。贷款为银行业的主要盈利资产，用贷款占总资产比率来分析可以得到更为直接的数据。贷款占比越大，非生息资产就越少，利息收入就越多。长、短期贷款对总资产的比率调整变化，可以体现商业银行对流动性与营利性的侧重。

贷款收息率指标：贷款收息是贷款利息收入与贷款平均占用额的比例关系，贷款利息收入是商业银行的主营业务收入，收息率越高，收入额越多。但此指标不能单独用作评价贷款效益的好坏，因为当计算贷款利息收入时，是在权责发生制的原则下计算的应收利息，应结合贷款利息收回率指标确定贷款是否能够按期收回本金及利息；另外一个原因是，贷款周转与投向的好坏不能完全用贷款利息收入的高低来衡量，因为逾期贷款罚息也可增加利息收入，这种情况当然不能说明信贷效益好，所有贷款收息率指标还需结合贷款风险指标一起加以分析。

存款成本率指标：存款成本是商业银行经营的主要成本，存款成本包括存款利息支出、手续费支出和业务宣传费支出。以上存款成本与所吸收的存款相比较，比率越低，盈利的可能性越大。在非自由利率条件下，降低存款成本率有两大手段：（1）优化存款结构，加大活期存款的占比；（2）节约手续费、业务宣传费的开支。我国《金融保险企业财务制度》中规定，代办储蓄手续费按代办储蓄存款年平均余额控制在1.2%开支，业务宣传费开支标准，按营业收入扣除金融机构往来利息收入计算，银行业为2‰，保险及其他非银行金融企业为5‰。由于存款成本、贷款利息收入是商业银行的主要成本项目和收入项目，因此，把贷款收息率与存款成本率相比较，可揭示出商业银行主营业务的盈利状况。

成本率指标：成本率是指商业银行的总营业成本占总营业收入的比率，在营业成本中除了存款成本外，还包括营业费用，即使存贷款利差大，如果不减少营业费用，商业银行会有亏损的可能，因此降低成本率是商业银行提高盈利的重要途径。

（二）资产质量

从资产质量的本质属性上看，不同的经济环境、行业特点、生命周期、发展战略等背景下的资产质量也有所不同，资产质量具有明显的相对性、时效性与层次性。银行业是高风险行业，而国有大行作为我国的经济支柱，一直是我国经济发展的稳定器与推进器，其资产质量也一直备受关注。银行业不同于其他常见的生产销售行业，其他普通行业的资产是公司所持有的，而银行业则是放出去的贷款，银行业的负债则是个人或公司的储蓄存款。不同的行业，重点关注的资产质量指标也大不相同。正如上一章提到过的，银行业有两大评价资产质量的财务指标，分别为不良贷款率以及拨备覆盖率，这两大指标分别代表了目前银行承受的风险，以及应对风险的能力。

不良贷款率指标：不良贷款是指借款方未能在规定期限内偿还利息和本金，不良贷款率则是不良贷款占总贷款的比重。根据《贷款分类指导原则》，针对贷款质量分为五级：正常、关注、次级、可疑、损失，其中后三类为不良贷款。"一逾两呆"贷款率是反映商业银行信贷资产质量的指标，中国人民银行对商业银行规定：逾期贷款、呆滞贷款、呆账贷款占贷款总额最高不得超过的比例分别为 8%、5% 和 2%，即总的不良贷款不得超过 15%。

拨备覆盖率指标：不良贷款拨备覆盖率是衡量商业银行贷款损失准备金计提是否充足的一个重要指标。该项指标从宏观上反映银行贷款的风险程度及社会经济环境、诚信等方面的情况。依据《股份制商业银行风险评级体系（暂行）》，拨备覆盖率是实际计提贷款损失准备对不良贷款的比率，该比率最佳状态为 100%，比率越高代表覆盖呆坏账的能力越强。拨备覆盖率是评价商业银行的重要指标，这个指标考察的是银行财务是否稳健，风险是否可控。

（三）风险控制

正如上文提到过的，商业银行是一种高风险的特殊行业。高风险的突出表现在"硬负债"与"软资产"的矛盾上。"硬负债"是指银行必须无条件支付存款人的本金和利息，而"软资产"则是因为影响贷款本息回收的不确定性因素很多，银行不一定可以收回贷款本金与利息。因此，合理有效地控制风险、稳健经营是商业银行生存发展的基础。银行业的风险点主要在于信贷资产方面，控制好信贷资产的风险是重中之重。尤以信贷资产的安全经营为重，银行是否稳健经营，可选择以下指标分析。

资本充足率指标：资本充足是维持商业银行稳健经营和抵御风险的关键因素。我国按照《巴塞尔协议》，采用资本与权重风险资产相比分析资本充足程度。按照银监会《商业银行资本管理办法（试行）》及相关规定，自 2013 年 1 月 1 日起，商业银行应达到最低资本要求，其中核心一级资本充足率不得低于 5%，一级资本充足率不得低于 6%，资本充足率不得低于 8%。选择这一指标是因为核心资本是银行资本中最重要的部分，对各国银行来说是唯一相同的部分，具有资本价值相对稳定，并能在公开发表账目中查找等特点。

贷款风险度指标：贷款风险度是综合评价商业银行贷款风险程序的指标。商业银行贷款的综合风险度是按以下方法计算的。贷款风险度 = ∑ 贷款余额。其中：贷款加权权重额 = 贷款加权风险权重×贷款余额；贷款加权风险权重 = 贷款对象风险系数×贷款方式风险系数×贷款形态风险系数。从以上计算方法可以看出，贷款风险度指标综合了贷款对象、方式、形态三个因素，能从整体上反映商业银行信贷资产质量的高低。

二、基础财务数据对品牌价值和整体资产估值的影响

财务数据分析中的盈利能力指标分析是一个综合全面的过程，其中可以通过盈利状况得知银行的业务结构、资产质量以及风险控制等一系列重要财务指标。财务数据真实地反映了公司的经营情况和未来发展能力，正确地提升财务数据表现不仅可以为公司带来更稳定的发展、更好的收益，还可以更好地提升品牌价值与品牌形象。因此，国有大行需通过对财务数据的分析，了解目前自身的优势与问题，在继续扩大优势的前提下，努力提升不足。

（一）业务结构层面

目前，利息净收入仍是国有大行的主要营业收入，但在利率市场不断深化改革的情况下，存贷利差问题可能会遇到更加严峻的挑战。如何改进业务结构，提升盈利能力将是国有大行

必须面临的课题。刘步凡（2020）[①] 指出，我国银行业的中间业务发展水平与发达国家相比存在较大差距。金融全牌照可能是一个突破口，但我国金融监管越发严格，有两个方面可以在业务结构层面做出改进：重视中间业务的发展与优化利差结构。

正如下一章将会提到的内容，商业银行的客户需求正在多元化发展，传统的存贷业务已无法满足客户需求，而发展中间业务可以缓解大部分客户的多元化需求。中间业务横跨了金融专业不同细分的领域，除了银行外，还包括证券、衍生品、外汇、保险等各种细分领域。不仅如此，还需要具有宏观视角对全球经济进行判断。组建优秀的投研团队才可以在同质化严重的环境下为客户进行财富管理，提升国有大行的品牌形象与口碑。

优化利差结构，包括提升生息资产收益、降低负债业务成本两点。国有大行需根据自身优势结合当地特色开展最优的贷款业务，有效地促进实体经济发展，最大限度地增加生息资产收益。国有大行还需加速数字化转型进程，大力推进传统业务从线下到线上的过渡，降低成本，优化业务结构。另外，国有大行还应适应利率市场化带来的改变，开展创新类的存款产品，在同质化严重的背景下，提升稳定性，提高客户认同感。

（二）资产质量与风险控制层面

国有大行可以从两个方面来控制资本充足率：其一是增加资本总额，称为"分子对策"，包括按要求增加核心资本和附属资本；其二是缩小资产规模和调整不同风险权重的资产结

---

① 刘步凡. 商业银行业务结构及盈利能力浅析［J］. 现代金融，2020（2）：38-40.

构，称为"分母对策"。需要注意的是，资本充足率也不能过高。比率过高，也许表明经营保守，不善于吸收外部资金转化为盈利资产。

资本充足率管理通过对资本充足率水平进行及时监控、分析和报告，与资本充足率管理目标进行比较，采取包括控制资产增速、调整风险资产结构、增加内部资本供给、从外部补充资本等各项措施，确保国有大行的各级资本充足率持续满足监管要求和内部管理需要，抵御潜在风险，支持各项业务的健康可持续发展。

准确把握资产质量演变态势与阶段性特点是国有大行有效防控风险、实现加速转型发展的重要前提。国有大行只有保持自身资产质量稳定，才能具备持续服务实体经济的能力。因此，国有大行要准确把握宏观调控政策的脉搏和银行监管政策的变化，前瞻性地采取风险管控措施，有效防范重点行业、重点区域、重点产品风险，把保持资产质量持续稳定放在更加重要的位置。

（三）指标适宜度

各项指标都客观存在"适宜度"问题。不是说要求大于多少的指标就越高越好，也不是要求小于多少的指标就越低越好。即各项指标都有质的规定性和量的规定性。厘清各项指标运动变化的合理区间，把握好其运动变化的度，才能正常充分发挥所选择各项指标的分析作用。

第二节　市场买卖双方的地位转换影响品牌价值的变化

一、国有大行业务的同质化

事实上，同质化问题在全球银行范围内普遍存在，而在我国银行业的这一问题更加凸显严重。近 30 年来，我国银行业发展迅速，各商业银行的产品、服务和经营方式等都在不断地推陈出新，但商业银行的发展呈同质化趋势，受到多种内外因的影响。由于我国商业银行的发展和改革起步晚、国内金融配套跟不上经济发展等，各银行在产品、市场定位、发展战略等方面的模仿程度很高，经营的同质化倾向严重，差异化明显不足。一方面，银行过度依靠传统的存贷款经营模式和利差收入，且风险偏好趋同；另一方面，利率市场化深入推进、银行利差收入下降后，金融业在多元化过程中普遍存在"抄作业"的现象。金玉（2014）[①] 将商业银行的同质化总结为三大类，分别为服务同质化、产品同质化和盈利模式同质化。

（一）服务同质化

二十年前的银行服务是被动服务，客户找上门处理业务即是服务，随着我国的消费升级浪潮，客户不再仅仅满足于简单办事需求，所需的服务品质也随之升级。随着银行业竞争的加

---

① 金玉. 浅谈银行零售业务同质化现状及解决方案 [J]. 中小企业管理与科技（上旬刊），2014（2）：147-148.

剧及垄断地位的不断动摇，国有大行率先意识到优质的客户服务是银行重要的对外窗口，是银行经营必不可少的一环，强调的服务品质还需继续提升，越来越多的银行已经将服务作为其软实力与竞争力的体现。以最容易被模仿的外在改造与规范的行为为例，个人银行业务口碑较好的招商银行最先使用了柜员叫号后举手示意这一服务，随后被中国银行等相继模仿。

（二）产品同质化

产品是国有大行发展业务的重中之重。个人客户的用户黏性不如对公客户，个人客户会因为产品的优惠程度力度在多家银行间转换。个人客户产品由于模仿性强、产品技术含量低，一个新产品刚刚面市，其他银行便会争相模仿。各家银行虽然在不断创新，寻求产品的独特性质，但刚刚创新的产品，短时间内就会被其他银行"抄作业"。在消费者看来，这些产品并没有实质性的差别。产品虽名目繁多，但其功能大同小异，无法体现出差异化。如银行的理财产品，客户多会选择期限灵活、收益高、风险性小的产品。为迎合客户，各家银行相继推出多款不固定期限的理财产品，如建行的"日鑫月溢"理财产品，工行的"灵通快线"，招行的"日日盈"。虽各有特色，但本质相同。基金、保险产品更为甚之，内核基本相同，同一第三方金融公司的产品可以在不同的银行进行销售，唯一的不同是银行选择销售的重点产品不同，也就是银行基于对市场的判断及第三方金融公司的费率，选择销售的重点产品。近年来，由于高净值资产人群不断增多，高端客户群体成为我国银行业盯上的一块"蛋糕"。无论是股份制银行，还是国有大行，纷纷发力零售业务，均试图通过个人消费金融、私人银行、信用卡等产品深度绑定高端客户群体。以此为例，同质化问题凸显，国有大行无法体现出其竞争优势。

（三）盈利模式同质化

如果说产品同质化是由于创新不足而引发，盈利模式同质化则是这一问题的核心所在。对于银行的零售业务来说，盈利模式主要有两种方式，一是吸纳储蓄存款，发放贷款产生的利差收入。二是中间业务收入，即通过银行系统，包括柜面及电子设备进行业务办理产生的结算费用；代理第三方金融机构如基金公司、保险公司、信托公司产品产生的托管费、代理费等；银行卡消费、分期业务收取商户的手续费等。各家商业银行无论规模大小，盈利模式基本如上述两种方式如出一辙。盈利模式的同质化造成市场竞争的日趋激烈，而盈利模式的同质化只是其表象结果，真正的原因是银行缺乏创新，产品模仿性强，品牌观念淡薄。

（四）信贷业务同质化

信贷业务在商业银行整体业务中的重要性不言而喻，贷款收息作为商业银行的主要经营活动之一，其贷款利息与吸储支付的利息产生的息差，是商业银行主营业务的收入来源。丁振辉（2022）[1]针对商业银行信贷业务同质化问题进行了更深一步的探讨："工农中建交五家国有大型商业银行公司存款占全部存款比重2020年37.89%—66.39%，均值48.77%；贷款占比更高达49.92%—63.39%，均值56.62%。股份制商业银行公司业务存款占比更高，均值72.44%；存贷款占比相对较

---

① 丁振辉. 商业银行公司信贷如何在同质化竞争中走出差异化服务道路 [J]. 杭州金融研修学院学报，2022（1）：36-40.

低，均值 50.65%。"可以见得，商业银行公司信贷业务面临严重的同质化竞争问题，其问题突出表现在以下四个方面。

1. 信贷结构高度同质化

从表 2-1 可见，工农中建交五大行信贷投放高度集中在交通运输、仓储和邮政业，制造业，租赁和商务服务三大行业，每家国有大行前三大贷款余额最高的行业均为上述三大行业，贷款占比之和均超过 50%，中国银行最高达到 60%。除中国银行外，交通运输、仓储和邮政业都是工农建交四大行贷款余额最大的行业，贷款占比均超过 20%（交行 19.11% 除外）。五大行的贷款余额最大的前 5 大行业占比保持了高度的一致性。同时，各行前十大客户贷款占比都在 2%—3%。股份制银行与大型商业银行类似，前 5 大行业，也高度集中在上述 6 大行业外加批发和零售业，极个别包含建筑业等。

表 2-1　大型商业银行信贷结构

建设银行	工商银行	农业银行	中国银行	交通银行
交通运输、仓储和邮政业	交通运输、仓储和邮政业	交通运输、仓储和邮政业	租赁和商务服务业	交通运输、仓储和邮政业
租赁和商务服务业	制造业	制造业	制造业	制造业
制造业	租赁和商务服务业	租赁和商务服务业	交通运输、仓储和邮政业	租赁和商务服务业
电力、热力、燃气及水生产和供应业	水利、环境和公共设施	电力、热力、燃气及水生产和供应业	房地产业	房地产业
房地产业	电力、热力、燃气及水生产和供应业	房地产业	电力、热力、燃气及水生产和供应业	水利、环境和公共设施

资料来源：各银行年报。

2. 地域分布高度同质化

建设银行和工商银行地区间贷款占比结构高度相似，两个银行在同一地区间的差值最大不超过4%，说明在区域结构上，工商银行和建设银行已经像一对孪生兄弟般，双方信贷区域投放高度一致，区域竞争十分胶着。可以看出，长三角地区作为经济最发达的地区是五大行的兵家必争之地；东北地区发展相对落后，五大行贷款占比在4%左右，但各行之间在东北地区贷款的差值也不过1.04%，可见同质化问题极为严重。建设银行地区间贷款占比方差最低，为0.27%，表明各地贷款占比相对比较均衡；工行次之，为0.28%；交行最高，为0.57%（见表2-2、表2-3）。

表2-2 国有大行贷款地区分布

银行	建设银行	工商银行	农业银行	交通银行	中国银行	
总部	4.96%	4.15%	2.32%	8.68%		
环渤海	16.84%	16.27%	14.63%	14.22%	华北	11.96%
长三角	17.94%	19.24%	22.99%	26.96%	华东	31.76%
珠三角	16.55%	14.74%	16.32%	12.00%	中南	23.03%
中部	18.42%	14.98%	15.20%	16.39%		
西部	16.37%	18.09%	22.16%	11.63%	西部	10.08%
东北	4.58%	4.52%	3.65%	3.98%	东北	3.54%
境外	4.36%	8.01%	2.73%	6.14%	境外	18.91%

资料来源：各银行年报。

表2-3 各行地域定义

地域范畴	工商银行、建设银行、农业银行、交通银行	地域范畴	中国银行
环渤海	北京、天津、河北、山东、青岛	华北	北京、天津、河北、山西、内蒙古、总行本部

续表

地域范畴	工商银行、建设银行、农业银行、交通银行	地域范畴	中国银行
长三角	上海、江苏（含苏州）、浙江、宁波	华东	上海、江苏、苏州、浙江、宁波、安徽、福建、江西、山东、青岛
珠三角	广东、深圳、福建、厦门	中南	河南、湖北、湖南、广东、深圳、广西、海南
中部	山西、河南、湖北、湖南、安徽、江西、海南		
西部	重庆、四川、贵州、云南、广西、陕西、甘肃、青海、宁夏、新疆、内蒙古、西藏	西部	重庆、四川、贵州、云南、陕西、甘肃、宁夏、青海、西藏、新疆
东北	辽宁、黑龙江、吉林、大连	东北	辽宁、黑龙江、吉林、大连

资料来源：各银行年报。

3. 产品定价高度同质化

从净利差指标看，工农中建交五大国有商业银行基本都在 2% 左右浮动，而生息资产平均收益率均在 3.5% 上下浮动。而股份制商业银行在净利差指标与国有大行基本持平的条件下，生息资产平均收益率超过 4.5%，明显高于国有大行。国有大行的生息资产收益率普遍比股份制商业银行低可能存在三个方面的原因，一是国有大行会为很多大型国有企业发放贷款，而这些国有企业因为其特殊的性质与地位，获得的贷款利率很低，相对基准利率都是打折的；二是国有大行按揭贷款占比较高，按揭贷款利率相对较低，而且存量中还有很多按揭贷款也是根据基准利率打折的；三是国有大行作为国家的经济稳定器，有着稳健的文化属性，利率较低的情况下对客户的背景与要求较高，有着更高的抵押物要求，过去十多年的数据也印证了国有大行不良资产率会低一些。另外，可以按生息资产平均收益率分为国有大行组和股份制商业银行组，反映出两组类别商业银行组别间差异条件下的组别内同质化竞争（见图2-2）。

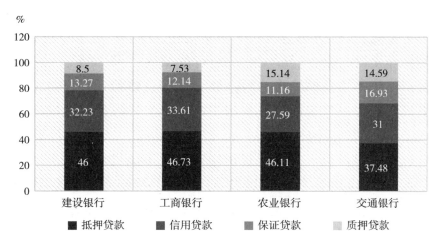

图2-2　国有大行担保方式对比

（资料来源：各银行年报）

4. 经营模式高度同质化

抵押贷款是国有大行最主要的贷款品种，抵押贷款占全部贷款的比重高度一致，为46%左右。考虑到信用贷款主要投放至国有企业等高信用评级客户的因素，对非民营企业信贷投放中抵押贷款占比可能会更高。除抵押贷款外，占比较高的为信用贷款，国有大行（除农业银行外）占比为31%—33%，也保持了较高的一致性。质押贷款和保证贷款占比相对较低，国有大行的占比也比较一致，没有超出大致区间。通过比较利率相近的不同种类的贷款占比也可以看出国有大行的经营理念与经营模式的同质化问题。

5. 中间业务经营缺乏特色，产品同质化明显

根据《商业银行中间业务暂行规定》，商业银行通过开展中间业务形成的银行非利息收入，不计入表内资产负债。商业

银行并未形成债权债务关系，也无须动用自有资金。中间业务因风险相对较小、收入来源稳定的特点，这些年正在普遍推广。主要包括银行卡、结算清算类、代销代理类、顾问咨询类、担保承诺类、理财业务、电子银行等，且各类产品的变动趋势类似。如近年来监管加大减费让利力度，并持续降低基础结算等项目的收费标准，上市银行的顾问咨询、结算及清算等产品整体均呈现下降趋势；股票市场整体低迷，保险监管新规导致中短存续期产品供给下降等，又导致代销类收入呈现下降趋势。即使已经逐步建立起服务和经营特色的银行，极少存在独一无二、其他同业完全不能提供的服务。由于产品的同质化明显，客户难以通过服务差异化选择银行，价格就成了主要选择参数，于是费率一降再降，大打价格战的方式却并不可取。

二、客户的多元化需求

（一）投资产品多样化的需求

目前随着个人财富的增长以及需求的多元化，商业银行的客户需求已不再是简单的储蓄与贷款业务，传统的银行产品和服务已无法满足客户需求，而是需要更加全面的财富管理功能。邓圆圆（2017）[①] 观察到我国投资者的投资范围随着资本市场的进步而改变，从最早的储蓄，到后来储蓄、房产、股票，再到后来期货、基金、保险，产业基金、艺术品、文娱项目产品等。直到近年来的数字资产热潮，投资种类越来越

---

① 邓圆圆. A 银行私人银行产品与客户需求间的匹配问题研究 [D]. 南京师范大学，2017.

多，投资渠道也是日渐丰富。我国投资者随着眼界的提升，投资意识也在不断发生着变化，他们领悟到了控制风险的重要性，"鸡蛋不能放在一个篮子里"成为其投资信条。

当前我国资本市场仍是分业经营模式，银监会主要是为预防金融风险所设，导致银行业的金融产品多为标准化的稳妥收益型。投资者在随着我国资本市场的升级而成长，定制化的金融产品需求在不断上升。客户需求的多元化体现在投资选择与渠道的增加对商业银行有更多的压力及挑战，但不仅仅于此，传统的固守产品如若还作为商业银行的主力军，虽能满足客户的流动性以及稳健型收益的基本需求，但面对客户多元化的需求还远远不够。商业银行无法提供丰富的产品矩阵，仅利用其销售手段，无法提高客户黏性与忠诚度的情况下，客户满意程度难以提升。邓圆圆（2017）通过调查发现，仅有20%对现有产品体系表示满意，超90%的客户希望产品可以更加丰富。

（二）储蓄资产安全性的需求

当下，在这个一旦当日股市下跌幅度过大，"基金又跌了"这类的热搜关键词就会登上微博热搜的时代，人均投资基金与股票已然达成了共识。在投资热情高涨的大环境下，广大股民和基民对无论是投资资产还是储蓄资产的安全性需求越来越高。"原油宝"事件的不良社会影响引起大众对投资产品的担忧以及我国有关监管部门的重视。加之微信、支付宝在上市初期利用资金灵活、利率高的特点快速崛起，使商业银行的吸储水平大大降低，竞争力明显不足。然而，在监管力度逐渐增强，蚂蚁金服上市被叫停后，其背后一定是存有巨大的风险；微信钱包的"零钱通"、支付宝的"余额宝"利率优势逐渐平庸化。当越来越多的人使用微信、支付宝进行基金、理财投资时，在股市下跌的周期中，大众会越发地意识到储蓄资产的安全性和重要性。

三、市场买卖双方的供需错配

通过观察客户需求多元化问题以及国有大行业务的同质化问题，我们可以看出目前金融市场上的买卖双方存在供需错配。但供需错配问题不仅仅表现于此，供需错配问题的发生是因为我国经济以及社会的发展发生了深刻的变革，虽然有足够的金融供给，但是过去的金融供给没能适应新时代的发展需求，进而发生了以下三大供需错配。

一是期限错配。我国金融体系是以银行为主导的间接融资的金融体系，供给的主要是短期资金。但是企业和实体经济发展，在相当大的程度上需要更多长期资金，然而我国在长期资金方面的供给存在明显不足，企业不得不花费大量的时间精力寻找更多的短期资金以维护正常运转，避免发生资金链断裂。二是资本结构错位。我国融资体系以债权融资为主，股权方面融资相对不足，导致诸多企业的杠杆率高企，债务率居高不下，这在很大程度上加重了企业的债务负担，影响企业长远稳定的发展。三是资金供给错配。以资金和信贷的供给为例，对比国有企业与民营企业、成熟产业与新兴产业、大型企业与中小微企业，存在明显的差异。资源投向的错配导致了金融供给的结构性失衡，偏离了金融要为实体经济和人民生活服务的根本原则。

第三节 数字经济的崛起使品牌价值的估值逻辑发生了转变

一、数字资产为国有大行带来的新机遇

由于新冠疫情，数字经济迎来了前所未有的发展机遇。疫情初始，线下经济受影响十分严重，实体店被迫关门停业，大量商家转为线上营业。微信、支付宝已然形成了支付领域的双寡头垄断地位，但此类关系到国家民生稳定的底层基础建设，还需把握在国家手中。

早在 2014 年，人民银行就开始了法定数字货币的研究工作。2016 年 9 月，《中国金融》杂志第 17 期刊发了"央行数字货币研究与探讨"专题，集中展示了人民银行数字货币研究成果。截至 2020 年 4 月，人民银行下属的主要负责我国法定数字货币研发工作的三家机构（数字货币研究所、印制科学技术研究所、中钞信用卡产业发展有限公司）共申请了 130 件与数字货币相关的专利，覆盖了数字货币发行、流通、应用全流程，形成了完整的产业链。在技术储备逐渐成熟的同时，目前数字人民币已在多地区、多场景进入了测试阶段。2020 年 10 月，人民银行在深圳首次通过面向个人公众消费市场发放数字人民币红包的形式进行用户体验测试；2020 年 12 月，苏州也面向符合条件的苏州市民发放 2000 万元数字人民币消费红包；2022 年冬奥会期间，国有大行也对数字人民币进行了积极推广。未来，将在更多省市开展数字人民币试点工作。这意味着数字人民币试点环境从封闭走向开放，系统能力和基础功能已

经基本具备。展望未来，数字人民币推出后对商业银行各个领域的业务将产生不同的影响。

2021年12月12日，国务院发布关于印发《"十四五"数字经济发展规划》（以下简称《规划》）的通知。《规划》提出，数字经济是继农业经济、工业经济之后的主要经济形态，是以数据资源为关键要素，以现代信息网络为主要载体，以信息通信技术融合应用、全要素数字化转型为重要推动力，促进公平与效率更加统一的新经济形态。

《规划》强调了八方面重点任务。一是优化升级数字基础设施。加快建设信息网络基础设施，推进云网协同和算网融合发展，有序推进基础设施智能升级。二是充分发挥数据要素作用。强化高质量数据要素供给，加快数据要素市场化流通，创新数据要素开发利用机制。三是大力推进产业数字化转型。加快企业数字化转型升级，全面深化重点行业、产业园区和产业集群数字化转型，培育转型支撑服务生态。四是加快推动数字产业化。增强关键技术创新能力，加快培育新业态新模式，营造繁荣有序的创新生态。五是持续提升公共服务数字化水平。提高"互联网+政务服务"效能，提升社会服务数字化普惠水平，推动数字城乡融合发展。六是健全完善数字经济治理体系。强化协同治理和监管机制，增强政府数字化治理能力，完善多元共治新格局。七是着力强化数字经济安全体系。增强网络安全防护能力，提升数据安全保障水平，有效防范各类风险。八是有效拓展数字经济国际合作。加快贸易数字化发展，推动"数字丝绸之路"深入发展，构建良好国际合作环境。围绕八大任务，《规划》明确了信息网络基础设施优化升级等十一个专项工程。

值得注意的是，《规划》提到在"十四五"期间，要优化升级数字基础设施，首先是加快建设信息网络基础设施。建设高速泛在、天地一体、云网融合、智能敏捷、绿色低碳、安全可控的智能化综合性数字信息基础设施。

除此之外，《规划》还在"……六、加快推动数字产业化"部分提到：要增强关键技术创新能力、提升核心产业竞争力。着力提升基础软硬件、核心电子元器件、关键基础材料和生产装备的供给水平，强化关键产品自给保障水平。在"……九、着力强化数字经济安全体系"部分提到：支持网络安全保护技术和产品研发应用，推广使用安全可靠的信息产品、服务和解决方案；推动提升重要设施设备的安全可靠水平，增强重点行业数据安全保障能力。

我国的数字人民币已经进入快速试点测试阶段，数字人民币将构建"中央银行—商业银行"的双层运营体系。国有大行作为数字人民币面向大众的窗口，提供数字人民币兑换、流通等服务职能，是数字人民币运行中的关键一环。可以预料，国有大行承载了数字人民币的重要职责，将影响国有大行现行的业务模式与其他金融机构的竞合关系。国有大行应从战略、技术等众多层面上做好充分准备，抓住机遇，迎接挑战。

国有大行应抓住央行发展数字人民币这一重要契机，改变微信、支付宝这类第三方支付方式垄断市场的局面，努力吸引流量改变用户习惯，将国有大行的手机银行 App 作为主要支付手段。不仅如此，国有大行手机银行 App 还需努力搭建客户生态圈，还需像微信、支付宝一样，培养用户习惯，使用户使用国有大行的手机银行 App 进行理财、投资等金融行为。除此之外，数字人民币还可提升普惠金融数字化水平。由于难以触及目标人群，普惠金融面临成本压力过大的局面，当数字人民币可以触及我国每一个智能手机使用者时，可以推动金融机构服务下沉，让人民群众感受线上金融的便利性，享受数字发展的红利。

建设银行 2021 年数字人民币试点及推广情况：

2021 年，在人民银行统一领导下，建议银行按照"稳步、安全、可控、创新、实用"原则，继续在深圳、苏州、雄安、成都、上海、海南、长沙、西安、大连、青岛 10 个地区和 2022 年冬奥场景开展数字人民币试点测试工作。全力搭建数字人民币支付场景，不断优化数字人民币受理环境建设，全面覆盖交通出行、生活消费、生活缴费、餐饮住宿、学校教育、医疗健康、娱乐休闲、政务服务及网上平台等零售支付领域。积极参加深圳、苏州、雄安、成都、长沙、海南等地数字人民币红包活动，组织开展系列惠客活动，邀请客户参与数字人民币试点测试。积极参展数字中国建设峰会、陆家嘴论坛、陕西西部数字博览会、海南消费品博览会等，大力宣传推介数字人民币应用优势及特点。迭代优化建行端数字人民币系统和数字人民币钱包体系，不断优化数字人民币兑换及流通服务体验，努力为社会公众提供更加安全、通用、普惠的零售支付服务。2021 年，建设银行创新推出了数字人民币组合支付、红包实时发放和钱包余额自动兑回银行账户等服务。截至 2021 年末，建设银行数字人民币累计交易笔数 8475 万余笔、金额约 435 亿元。

建设银行将按照央行统一部署，结合前期试点情况，进一步扩大数字人民币应用场景覆盖面，优化数字人民币服务体验，并结合数字人民币特点，积极探索开展数字人民币产品创新、应用创新和模式创新，建设建行端数字人民币运营体系和风险防控体系，努力为数字人民币试点工作做出更大贡献。①

---

① 建设银行 2021 年财报。

二、商业银行应该资产数字化还是数字资产化

在回答这一问题之前，还需弄清楚二者之间的区别与不同。刘鹏林（2021）[①] 在其文章中描述了如何对二者进行区别："'数字'和'资产'的次序简单调整，内涵却大不相同。数字资产化是将数字转化为一种具有价值的资产的过程，资产数字化则是将实体资产转化为虚拟世界的二进制数字的过程。"具体来看，资产数字化与数字资产化之间的经济实质、价值实现过程和核算方式差异显著。

（一）经济实质

从经济实质看，数字的资产化标志着一种新的生产要素的诞生，意味着数字具备了稀缺性，成为一种经济资源。数字资产化的代表性案例便是大数据技术。此处的"数字"与"数据"的含义更为接近。在我国，数据成为新的生产要素。因此，归于此类范畴的"数字资产"可被称为"数据资产"。

资产数字化指将物理世界的资产转化为数字形式，映射至数字空间的过程。资产数字化的主要目的是改善实物资产的价值交换过程，使交易更便利化。从某种意义上说，资产数字化并没有创造新的资产，此处的"数字资产"代表了既有的信用关系。

[①] 刘鹏林. 数字资产：资产数字化还是数字资产化 [J]. 中国信用卡，2021（8）：33-35.

（二）价值创造过程

从价值的创造过程看，数字资产化的价值创造过程在于通过所有者的加工、处理和分析，优化现实世界的资源和财富配置。数字资产化的价值实现依赖于所有者的能力，和无形资产更为相近，其价值是通过间接过程实现的。

资产数字化并未改变资产价值的原有实现方式，其存在依赖于实体世界的既有资产。将实体资产映射到数字世界之后，信用关系的存在形式发生转变，但资产的内在价值和使用价值保持不变。以数字货币为例，数字形态的货币依然发挥着交易媒介、价值尺度和贮藏手段等职能，与纸币并无本质差异。

（三）核算方式

从核算方式看，数字资产化的会计核算和无形资产更为接近，价值取决于企业通过该资产能够获得的经济效益。对商业银行而言，数字资产化的价值体现为基于数字构建的模型创造的价值。

资产数字化的会计核算与传统的金融资产则更为接近。可以想象，通过众筹等方式发行的STO，实际上相当于数字世界中发行的股票。因此，尽管目前尚无成熟、统一的会计核算方法，但是其基本核算原则应当与既有金融资产保持一致。

对比数字资产化和资产数字化发现，数字资产化更强调数据资产的创造，资产数字化更强调资产向数字形式的转变，二者含义差别较大，以"数字资产"概括二者容易引起混淆。巴塞尔委员会和各国监管机构也将数字资产纳入了监管框架，一

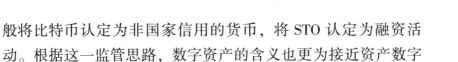

般将比特币认定为非国家信用的货币，将 STO 认定为融资活动。根据这一监管思路，数字资产的含义也更为接近资产数字化，因此，可以考虑以"数字资产"特指资产数字化，以"数据资产"指代数字资产化。

在了解资产数字化和数字资产化的区别，即资产"数字化"没有价值创造过程，数字"资产化"，创造新的价值。国有大行应合理适度的资产数字化，推动数字资产化。逐步加码技术储备，发展底层基础平台，积极做好准备。

三、商业银行的第四张报表——数字资产表

当前正是高速发展数字化经济的初始阶段，作为数字化程度最高的行业之一，商业银行应如何管理及经营数字资产的理论尚未成体系，实践操作也还处于初步探索阶段。国有大行需在新的数字化经济时代占得先机，面临很大挑战。因此，科学管理数字资产，将数字资产与其他资产一同对待，将其看作企业资产的一部分，最大化实现资产的保值与升值。陆岷峰、王婷婷（2019）[①] 在其文中为我们介绍了以下几种商业银行数字资产经营与管理的主要路径。

（一）将数字资产的经营与管理提升至国有大行的经营战略层面

经营战略规划是商业银行在未来一段时间发展的目标与方向，应当将数字资产的经营与管理形成一种实现战略目标的重

---

① 陆岷峰，王婷婷. 基于数字经济背景下的数字资产经营与管理战略研究——以商业银行为例 [J]. 西南金融，2019（11）：80-87.

要工具。一是要将数字资产的经营列入资产经营与管理分目标当中，要有具体的保值增值数量目标，要有具体的数字资产管理的具体质量和数量的要求；二是要明确实现数字资产经营与管理目标的具体实施步骤与方法；三是要有实现数字资产经营与管理目标的具体保障机制及支撑资源；四是要将数字资产的经营与管理列入其他战略分目标达到考核。

（二）突出数字资产的经营理念确立与机制构建

数字资产既然提到资产的定位，商业银行必须按照资产一般经营原则及数字资产的特点进行经营与管理。一是确立数字资产的品牌意识，各家商业银行的数字资产既有结构化数字产品，也有非结构化数字产品，但各行之间的数字资产一定是不尽相同，均有自己的数字资产品质，因此，各商业银行应当打造本行数字资产的品牌，品牌越响，价格才越高，社会效用才越大。二是对本行数字资产进行定位，明确本行数字资产的优势，打造本行数字资产的核心竞争力。三是确立数字资产营销观念，数字资产不交易其价值越小，因此，商业银行要重视并学会经营数字资产，要像社会上数字公司一样推销其数字资产产品，要由被动使用转化为主动营销。四是构建数字资产生态圈，各家商业银行之间要加强数字资产的交易与合作，数字资产生态圈越大，交易印证数字源越丰富，其资产的效用才越大。五是在强化数字资产营销过程中，要切实加强数字资产的管理，内部对数字资产的使用要严格限定使用对象，要强化数字资产的风险管理，特别是泄密、侵权等。

（三）强化数字资产管理体制与体系的设计

作为商业银行无形资产的一个重要组织部门，数字资产目前在管理方法等方面无现成的理论与实践可借鉴，但是，作为一种探索，商业银行可建立本行的数资产管理体制与体系。一是构建数字资产形成的底层机构，即正常的商业银行各经营单元，形成数据单元；二是设计数字资产种类、品质要求并体现在基层数据单元中；三是对海量数据的处理系统，对数据进行清洗，整理出符合管理目标和要求的有用数据资源或资产；四是通过数据模型的搭建，要有相应的数字资产评估、定价、成本核算系统，自然生成可交易的数字产品；五是有数字资产风险评估系统，因为数字资产贬值与损失可能是瞬间之事；六是就如何实现数字资产的外延上保值、增值及内生数字资产产品有效利用，尽可能通过管理体制和技术体系来解决与完成。

（四）搭建全行数字资产经营与管理机构

数字资产管理系统需要有相应的专职机构对其进行专业化的管理，在不具备设立一级部门或机构的背景下，商业银行宜在部门设置上明确专门的机构负责全行的数字资产的经营与管理工作，并列入部门的经营与管理目标责任制。另外，要将数字资产的经营与管理列入分支机构的经营管理责任当中，要与其经营绩效挂钩。对于直接经营数字资产的银行职员要视同其他业务经营的经理同考核、同奖惩，逐步形成数字资产管理有机构、有人员、有目标、有奖惩的"四有"机制，为数字资产的正常化经营提供其本保障机制。

（五）设立数字会计管理核算与管理系统

会计工作是任何资产管理最基础工作，如果没有会计核算，资产管理就无法计价、衡量其是否保值增值或无法完成交易。目前尚无关于数字资产计价方面的会计原则，但是有无形资产方法的会计准则或计价方法，因此，在出台新的关于数字资产管理方面的会计准则之前，商业银行不妨按照现行的会计惯例对数字资产进行探索性核算与管理。在会计科目上可列入无形资产当中，首先要在会计账簿上找到数字资产的地位；其次是对数字资产的计价，目前无形资产计价主要有评估法、市场价格法、成本法等，对于直接购入的数字资产其计价较为方便，可按其购入价直接计入成本，交易时加上适当利润构成交易资产的价格；再次对数字资产要进行分类，计入会计账簿的数字资产主要是对外交易的资产；最后对数字资产存量、增量及时记入，纳入核算并作为考核的重要依据。

（六）加大数字资产的开发与研发力度

数字资产有一部分是可以随主营业务或交易自动生成，但大部分数字资产是要开发或设计的，因此，商业银行一要研究市场对数字资产需求动态，提升本行的数字资产生产目标；二是要根据本行的数字资源以及可调配的数字资源，设计并开发相应的数字资产产品；三是数字资产产品经理要按更高的要求来配备，由于数字资产不像一般的物质资产可逆有限，它会千变万化，不断形成新的资产业态，只有高精尖的人才才有可能将数字资产由附加资产上升为主动经营生成资产。

第四节　传承和创新是品牌价值发展的两大要素

一、依靠传承促进人文文化的广泛影响

一年企业靠运气、十年企业靠管理、百年品牌靠文化，先进的品牌文化是企业基业长青的保证。品牌价值的提升除了依靠不断创新之外，还需要建设可以不断传承的品牌文化。国有大行如何面对民资银行和股份制银行的崛起、外资行的入侵以及在银行业同质化问题越发严重的情况下突出重围，建立独有的品牌文化，使客户信赖、员工认可，成为更需关注的焦点。

李建党（2005）[①] 在其文章中专门讲述了银行与企业文化的建设："企业文化是一个企业在长期的经营实践中凝聚、沉淀起来的一种文化氛围、精神力量、经营境界和广大员工所认同的行为道德规范，是物质文化、制度文化和精神文化的复合体。它主要是通过精神和文化的力量，从管理的深层规范企业的行为，为实现企业的目标服务。它既体现了深邃的文化价值观念，也蕴含了广泛的高层次的管理内容，是一个现代化人文管理的概念。我国商业银行作为我国市场条件下重要的经济组织，金融企业文化理应站在先进文化的前沿，其企业文化建设也应体现先进文化的前进方向，这样才能有利于企业自身的发展和中国先进文化的建设。"

如果将某一家国有大行看作一个金字塔，那么精神文化便

---

① 李建党. 商业银行企业文化建设探析［J］. 中国科技信息，2005（19）：38.

是其企业文化的底层核心。精神文化是无形的，是融入每个员工思想的企业价值观、目标、态度等，精神文化潜移默化地影响着员工的言行举止，办事风格。制度文化作为精神文化的体现，可以通过独具特色的规章制度、道德准则、行为规范看出端倪。而物质文化可以直接通过外在观察到的种种细节体现出来。因此，企业文化可以在各种方面影响国有大行的发展，具有重要意义。

良好的企业文化对企业的发展进步有三大积极影响。首先，企业文化可以令企业具有强大的凝聚力。一个企业在招人的时候，面试者的一项特质很被看重："三观"是否与企业相匹配。是否认可企业文化对于员工能否融入公司、能否长期为公司效力起到了决定性的作用。每个国有大行都是一个庞大的组织，不同于其他类型的企业，员工或多或少地会聚集在一起上班工作。银行业作为零售网点最多的一个行业，其员工一定都是来自五湖四海。他们的生长环境各不相同，所形成的性格、素质一定存在差异。况且，不同的工作岗位所需要的文化知识、学历程度也不一样，如何能让所有人形成一个集体？企业文化作为这个求同存异的问题的答案，所有员工因为接受相同的企业文化的熏陶和感染，有了共同的语言，形成了特殊的默契，从而产生了强大的凝聚力与向心力。其次是导向作用，每个员工在这个企业文化所形成的企业精神的框架下，形成了相近的道德观念和社会意识，无论是对自我激励、自我约束达成个人目标与事业发展外，还能更好地处理人际关系形成和谐氛围实现企业目标等。除此之外，主人翁精神将推动着员工的积极性，产生责任感与使命感，这能让员工更好地完成任务达成目标，使员工努力工作后可以感受到成就感与归属感。

讨论完建设企业文化的重点后，我们还需具体讨论国有银行需要培养何种文化。总的来说，就是要培养"以人为本"的人文文化。

首先是确立以人才为首的文化。无论是前文提到过的中间业务需要大量复合型人才还是科技创新需要的技术型人才，人才才是在下个阶段发展的重中之重，储备与培养人才，使员工的个人发展与企业发展同步。真正做到"一碗水端平"，积极创造条件，提供让每个员工都可以施展才华的场所，获得实现自我价值的机会。晋升通道必须公开透明，让员工觉得自己的努力是不会白费，是有盼头的。除此之外，人文关怀也是必不可少的，要把每个员工看作国有大行的一份正面"资产"，对员工进行职业技能培养、定期举办活动，为员工办实事、解决员工的关切问题，形成一个可以相互依赖，相互支持，温暖如家的工作氛围。

其次是国有大行应将品牌文化建设与业务更加紧密地结合在一起，使现有用户与潜在用户产生对国有大行的品牌价值认同感。努力培养员工的服务意识，客户经理是国有大行的对外窗口，而服务则是银行的根本。高品质的银行服务是需要渗透情感的服务，从内心出发，通过各个环节，向客户提供优质的服务，展现国有大行形象。客户期待的是人与人之间的深入关系，银行的本质是金融服务业。因此，服务客户的接触场景和金融产品才是决定银行成败的关键。有研究表明，品牌忠诚度更多来自客户经理的服务而非科技。客户经理应改变自己的服务态度，秉承"以人为本"的服务理念，不仅要与客户共情，还需缓解客户财务焦虑，成为帮助客户未雨绸缪的军师；针对客户不同的人生阶段，满足客户的多元化需求，定制适合的体验服务和产品，提升客户体验，努力成为一个让客户接受并且认可的客户经理，真正能与客户心贴心交朋友，让客户真正体会到宾至如归的感觉。只有这样才能建立起良好的形象与口碑，在激烈的市场竞争中脱颖而出。

二、依靠创新挖掘核心资产新价值

国有大行在经历过了辉煌后，在面对新一波的数字化转型升级浪潮时，还需持续创新挖掘核心资产的新价值。中国银行业监督管理委员会发布的《商业银行金融创新指引》中提出，金融创新指为适应经济发展的要求，通过引入新技术、采用新方法、开辟新市场、构建新组织，在战略决策、制度安排、机构设置、人员准备、管理模式、业务流程和金融产品等方面开展的各项新活动，最终体现为银行风险管理能力的不断提高，以及为客户提供的服务产品和服务方式的创造与更新；是以客户为中心，以市场为导向，不断提高自主创新能力和风险管理能力，有效提升核心竞争力，更好地满足金融消费者和投资者日益增长的需求，实现可持续发展战略的重要组成部分。

创新的路径主要有三大方向：一是制度创新，国有大行重新思考其体系的优势与劣势，不断完善各种设置与制度，升级组织架构。传统商业银行由于其烦琐的体系架构，需一级一级审批。应以客户为中心，在组织结构和业务流程设计过程中尽量给客户提供方便，如果不以"急客户之所急，想客户之所想"，在现在这种瞬息万变的金融市场下，冗长的审批时间会使国有大行错过最佳时机，从而错过大量的潜在客户。应将"快速响应客户需求"作为工作方针，这需要国有大行设计构建敏捷技术架构，促进产品创设的敏捷化，搭建数字化产品货架，调动分支行积极性，打造数字化营销体系，提升数字化运营能力，加速业务办理的流程与时效。二是业务创新，跳出传统思维定式这个"舒适圈"，尝试新的思维方式，无论是逐步优化业务结构、资产结构，还是不断升级更为实用且个性化的产品。三是科技创新，持续加码成熟的科技技术，不断赋能数字化转型、产品创新等重要方向，更好地服务客户，满足客户需求，使国有大行保持竞争力。

国有大行应肩负起相关的社会职责，除了要积极地献言献策，还需对自己的产品体系不断创新，加大金融产品创新的力度来适应经济发展的需要。在金融全牌照的大背景下，合理利用大数据、云计算等新型技术手段，针对不同的市场主体，积极创新其他金融领域的产品，满足客户多元化需求；针对不同细分市场提供差异化的金融服务。比如针对普惠金融、"三农"、中小微企业，运用新的理念、新的思维、新的技术，研发出一些新的产品、拓展新的渠道、开发新的模式来满足他们的需要。针对个人零售业务，国有大行应持续创新及开发其手机银行 App 的功能，目前诸如建行等国有大行已经在其手机银行 App 中增加了生活服务等各类功能。国有大行还需将自身手机银行 App 打造成开放平台，构建起服务客户的生态，在重构客户服务模式的同时，也重塑了客户关系。

建设银行在其 2021 年年报中披露其创新理念与行动：

2021 年，建设银行坚持开放共享原则，积极响应监管机构"推动大型银行向中小银行输出风控工具和技术"及"鼓励科技领先银行向金融同业输出金融科技产品与服务"的要求，依托新一代核心系统建设成果及专业科技人才队伍，运用新金融逻辑方法和思维方式推进同业合作平台建设，着力构建共建共治共享新金融格局，为维护我国金融稳定、打赢防范化解金融风险攻坚战，提供建行方案、做出建行贡献。整合企业级架构能力优势，以数据和科技驱动同业赋能，助力同业金融机构提升能力、强化治理、拓展应用。已成功在多家政策性银行、大型商业银行、股份制商业银行等各类金融机构落地核心系统建设和业务咨询服务，核心系统上线运行表现优异，得到同业客户认可。依据自身技术优势和最佳实践，积极为同业提供金融级分布式自主解决方案，助力提升我国金融业信息技术自主可控整体能力。同业共享和赋能为本集团带来新的盈利模式，截至 2021 年末，建设银行已累计向 1027 家中小金融机构提供"慧系列"风险工具，输出智能化和数字化风控技术，推动风险共治；同业合作平台已与 2916 家金融机构建立合作关系，经济效益和社会效益逐步显现。建设银行将汇聚集团力量、践行大行担当，持续推进同业赋能扩面、上量、提质、增效，朝着"最懂金融的科技集团"方向坚定迈进。[①]

国有大行应持续创新，满足国家经济发展，发挥好稳定器与推进器的作用，走出一条具有中国特色的银行业发展之路。

三、传承和创新均衡匹配为最佳

品牌建设不是一劳永逸、一蹴而就的，而是需要坚持不懈、日积月累的持续努力与付出。在强调不断发展科技创新的同时，传承品牌文化、人文文化等精神文化也是必不可少的。精神文化就如一个企业的基石，国有大行需不断强化其独有的文化底蕴，创造其独有的品牌文化，在银行业同质化越发严重的背景下突出重围，展现世界级强国的国有大行风采。科技创新作为强化品牌形象的一把利器，可助国有大行在数字化转型

---

① 建设银行 2021 年财报。

浪潮中勇夺头筹。无论是文化传承还是科技创新，最重要的都是人才的培养与建设。因为"人民至上，以人为本"的理念无论是在国家层面还是公司层面都是大力弘扬的。只有这样，才能真正做到从客户的角度出发，想客户所想，满足客户所需；员工感受到了被重视，被关怀，才能更加积极地、全身心地投入自己热爱的事业与企业。

需要厘清的是，发展国有大行品牌价值升级的不仅是金融科技的进步，更是银行业务底层逻辑由"以产品为中心"向"以客户为中心"的转变和回归。不能过度强调文化传承，形成"闭关锁国"被时代抛弃，更不能一味地强调创新而丢失国有大行的传统"底色"。因此，传承文化与强调创新应齐头并进，这样才能最大化发展国有大行的品牌价值，确立屹立不倒的国家经济支柱。

第三章 商业银行的市值管理、价值管理和品牌管理

第一节 商业银行的市值管理

我国股票市场成立至今，在 A 股上市的商业银行已增至 42 家，交易规模不断扩大，活跃投资者数量也随之增多。但长期以来上市银行市值表现不佳，超过 50% 的上市银行，股价低于净资产，市值管理已经成为上市银行面临的重要课题。

一、市值管理的内在逻辑

市值是指在某特定时间内某只股票的价格乘以当时的发行数量所得出的股票总价值，作为企业价值的表现形式之一，反映出企业的市场认可度。对于上市银行而言，在资本市场上的市值是其既往经营业绩与未来业绩预期的浓缩，也是口碑和形象的价格体现。同时，上市银行在资本市场上的价值也会以品牌形象的方式，转化为在服务市场上的形象和竞争力。因此，上市银行市值长期间偏离其内在价值——被低估或高估而

得不到纠正，会同时影响其在资本市场上的投资者和在服务市场上目标客户的选择。当前，加强市值已经成为上市银行的客观需要和必然选择，上市银行不仅要努力提高自身经营水平，更应该高度重视自身的市值管理，综合运用各种合理合规的市值管理方式，进而提升在资本市场的形象、提高整体核心竞争力。

2014 年 5 月，国务院发布的新"国九条"中，明确提出要"规范上市公司控股股东、实际控制人行为，保障公司独立主体地位，维护各类股东的平等权利。鼓励上市公司建立市值管理制度。"有关于市值管理的定义，一些人粗糙地将其与"股价管理"画等号，蓄意抬高公司股价，导致伪市值管理事件频频发生。学者也从多方面对其进行了论证和阐述，巴曙松和矫静（2007）指出，市值管理是企业通过内在价值管理，提升企业流通市值，进而使企业的股价正确、真实地反映企业内在价值①。其中，内在价值管理大致可以归结为两个方面，主业发展和公司管理。一方面，公司慎重进行主业的选择和定位，明确该做什么、不该做什么，集中资源做强主业，加强持续的主业发展能力，稳定企业核心价值；另一方面，上市公司的管理水平可以影响公司对社会资本的吸纳能力，影响投资者对公司的青睐程度和社会资本在公司内部的积聚程度。管理能力越强，或者说治理水平越高的公司，越是容易被投资者看好，进而增强其吸纳社会资本的能力。此外，他们也指出，市值管理也包含企业对投资者关系进行管理，即通过透明的信息发布等手段，缓解投资者与上市公司之间的信息不对称问题，从而使公司价值获得投资者认同。施光耀等（2008）进一步分析指出，所谓市值管理，就是上市公司基于公司市值信

---

① 巴曙松，矫静. 上市公司如何提高市值溢价［J］. 新财经，2007（1）：41-42.

号，综合运用多种科学、合规的价值经营方法和手段，以达到公司价值创造最大化、价值实现最优化的战略管理行为，最终实现股东价值的最大化[①]。魏建国和陈骏（2013）将市值管理定义为国家运用财政政策、货币政策、产业政策、宏观调控与监管政策对国民经济和资本市场进行宏观调控与监管的过程中，上市公司基于市值信号，在有效研究与科学规划的基础上，有意识地、主动地、创新地运用多种科学、合规的价值经营方法和手段，实现公司价值创造最大化、价值实现最大化、价值经营最优化、政策研究效应转化最优化和风险可控最低化的战略管理行为[②]。其中价值创造最大化是市值管理的基础，政策研究效应转化最优化是市值管理的核心，价值经营最优化是市值管理的手段，价值实现最大化与风险可控最低化是市值管理的目标。夏鑫等（2014）在辩证"市值最大化还是内在价值最大化""纯粹的股东财富最大化还是权衡相关者利益""市值最大化还是市值最优化"三个问题后，提出市值管理是以价值创造为核心，权衡相关者利益条件下追求股东财富持续、稳定增长和最大化，并以价值经营和价值实现为方法与途径，使内在价值在资本市场得到恰当反映，实现内在价值与市值的动态关联，实现市值最优化[③]。中国农业银行财务会计部课题组（2022）将市值管理提炼为公司综合素质或价值的集中体现。具体而言，即公司建立一种追求价值最大化，为股东创造价值，并通过与资本市场保持准确、及时的信息交互传导，促使股价充分反映内在价值，维持各关联方之间关系的

① 施光耀，刘国芳，梁彦军．中国上市公司市值管理评价研究 [J]．管理学报，2008，5（1）：78-87．

② 魏建国，陈骏．上市公司市值管理策略研究 [J]．辽宁大学学报（哲学社会科学版），2013，41（1）：100-107．

③ 夏鑫，吴霞，侯敏．上市公司市值与市值管理探析 [J]．会计之友，2014（32）：65-70．

相对动态平衡的长效组织机制①。

基于学者对于市值管理的研究，可以发现，所谓商业银行的市值管理，本质上是已经上市的商业银行通过包括主业发展、企业管理等多种方法和手段，实现其内在价值的最大化，进而获得资本市场投资者的认可。在此过程中，上市银行也需要进行投资者关系管理，与资本市场中的利益相关者及时、有效地互动沟通，减少相互之间的信息不对称，避免由于投资者对上市银行的错误判断，造成上市银行股价与内在价值偏离。当前，中国的资本市场尚未发展成熟，上市公司的市值偏离其内在价值的情况较为普遍，而上市公司市场价值管理能力的高低直接影响着公司的综合竞争力，市值管理的水平和有效性对上市公司的发展起到至关重要的作用，市场价值管理已成为上市公司生存和发展以及我国资本市场稳定发展的保障。

二、影响市值的市场因素

企业市值是企业内在价值的市场表现，其有效衡量方法为，将企业未来各期利润根据市场的折现率折现后的现值加总。在资本市场上，市值往往以股价与股数的乘积来直观表现，即：市值＝股价×股数＝资本规模（净资产）×市净率＝资本回报率×资本规模×市盈率。其中，市盈率（PE，股价和每股收益之比）、市净率（PB，股价和每股净资产之比）是常见的市值指标，综合展示一家企业在盈利能力、产品定价、风险管控以及公司治理等可持续核心竞争力的差异，也体现了市场

---

① 中国农业银行财务会计部课题组，姚明德. 深化市值管理　推进国有大型银行高质量可持续发展［J］. 金融会计，2022（1）：18-26.

对于企业发展前景的综合认知。

影响商业银行市值的因素，主要可以分为内在因素和外在因素两个方面。

从企业本身出发，一是创效能力，即企业通过产业布局及行业判断，不断打磨自身的商业模式，从而构建自身核心竞争力，直观表现为净资产利润率，也称为股东权益报酬率（ROE），用来衡量公司运用自有资本的效率，净资产利润率越高，说明自有资本获得净收益的能力越强。二是资本能力，商业银行的资本能力首要衡量指标就是资本规模。银行的资本是银行经营的本金，反映出一家商业银行的经营实力和风险可承受能力，是商业银行市值稳定增长的关键基础。三是营运能力，一般来说，上市银行的营运能力越强，其运用各项资产赚取利润的能力越强，而与一般经营性企业不同，由于银行业务的特殊性，常见的营运能力指标如存货周转率、应收账款周转率并不适用于银行营运能力的判断，普遍使用总资产周转率。四是偿债能力，对于利益相关者而言，商业银行的偿债能力越强，经营风险则会相对减小，对于上市银行的股价有更高的评估，进而提高市值。区别于上述四个基于财务视角的指标，影响商业银行市值的第五个因素是专项能力，由资本充足率、拨备覆盖率、不良贷款率等指标来表示。六是成长性和战略定位，一方面，商业银行所处的行业发展前景、市场环境及其自身的市场地位等决定商业银行后期发展空间，包括外延式的并购或者内生式行业的发展，都会影响投资者对于商业银行后期的成长性预判，进而影响市值。另一方面，商业银行是否具有清晰的发展战略、精准的竞速赛道、明确的行业定位，也会影响其在资本市场上的形象。七是资本运作方式，上市银行进行包括公开增发、定向增发、配股、可转债等在内的融资操作，或是通过重大资产重组，扩大业务规模，实现转型升级，这些资本运作手段无疑都会向投资者传递积极的信息，通过资本运作或送转增加股本规模提升市值。

上述讨论主要聚焦在商业银行内部价值成长性和前瞻性视角，此外，宏观经济、经济政策、市场环境、行业潜力、投资者偏好等外部因素也会影响商业银行的市值。例如，2020年11月26日，央行发布第三季度中国货币政策执行报告，一方面，在稳健货币政策的基础上，表示政策会更加灵活适度、更加精准导向，并强调市场上流动性将会进一步宽松。而商业银行作为市场上最重要的流动性载体，在该政策吹风中直接受益。另一方面，2020年9月信贷发放数据边际改善，一般贷款5.31%（不含票据和按揭），环比上升5个基点；票据融资3.23%，环比上升38个基点；按揭贷款利率5.36%，环比6月下降6个基点，降幅缩窄。经济修复、需求拉动贷款定价提升，暗示商业银行极有可能重回景气的市场环境之中。基于政策利好和宏观环境改善的双重加码，次日开盘后，工行、建行等大型银行股即迅速冲高，单日银行股市值增长超2000亿元。总而言之，上市银行市值的变化，实质上是市场估值水平的变化，估值水平取决于投资者对于公司内在价值、外在环境以及双方信息传递效率，任何影响公司未来价值的因素均会影响到公司的市值。

三、市值管理的目的和意义

所谓市值管理，是采用适当的途径和方法，实现上市公司内在价值在资本市场上得到充分反映，不是让上市公司的市值不断上涨，而是要使上市公司的市值在公司内在价值基础上，形成一个稳定且合理的溢价。值得注意的是，市值管理的目标不是市值最大化，而是市值最优化。在成熟、完全有效的资本市场，上市公司的市值应该是完全反映其内在价值的。然而，我国的资本市场尚未成熟，上市公司的市值偏离其内在价值的情况十分普遍，而过度偏离会导致虚假市值，进而损害利益相关者的权益。因此，需要上市公司进行市值管理——使市场价值恰当反映企业内在价值。

对于商业银行而言，市值管理有助于提高其再融资能力、降低并购成本，最终实现长远发展。首先，商业银行上市就是一种融资手段，以期吸纳社会资本，服务于自身业务的发展，并将参与企业发展的受益回馈给投资者。大型商业银行作为服务实体经济的中坚力量，通过有效的市值管理，能够有效提高投资者对于公司价值的认同度，促进公司内含价值不断提升，进而为大型商业银行持续夯实资本基础创造良好的市场环境，支持自身和经济的高质量发展，服务实体经济高质量发展。其次，当上市公司使用股票支付作为并购手段时，有效的市值管理可以降低并购成本，股票市值越高，意味着上市公司能够使用较少的增量股份获得并购标的，而并购完成后，每股收益随之上升，公司市值进一步提升。最后，商业银行在资本市场的负责任形象会有效传导至其品牌形象，资本市场投资者大部分也是其日常业务覆盖的客户，商业银行长期有效的市值管理，会提升其在客户心中的可信度，客户支持度提升，业务覆盖广度和深度的双向延伸，无形中完成其向经营业绩的转换。而市值管理的出现，也是上市公司的经营目标由利润最大化改为市值最大化，原本基于过去的、静态的资产负债指标考核体系被面向未来的、动态的市值指标替代，公司发展更注重前瞻性和长远性。

对于上市公司重要股东而言，公司市值与股东利益息息相关，股权成本是伴随市值管理而被提出，经营活动、投资活动、融资活动或鼓励政策等一切经营管理行为都会直接影响到股东收益。因此，将所持股票价格稳定在合理区间，是一个最优选择。因为股票价格如果太低，容易被举牌；而股票价格抬高，则会担心泡沫积聚。而稳定股价，就是一种市值管理的目的。不同的企业对于市值管理的实现方式不尽相同，大部分企业会选择将市值维持在一个合理的区间，令其不会来回大幅震荡；也有部分企业选择让市值稳步攀升。

对于资本市场而言，商业银行市值管理有助于国有金融资本保值增值，提升资本市场稳定性。我国的商业银行基本为国家财政，或是地方财政支持下的产物，大型商业银行作为金融重器，自负国有资本保值增值的重要使命。商业银行应该坚持以提升内在价值为核心，通过高效的价值创造和估值管理，持续推进自身的改革创新，强化自身核心竞争力，为投资者创造长期、稳定、可持续的投资回报，展现良好的市场形象，发挥金融体系"压舱石"和稳定器的作用，助力建设规范、透明、开放、有活力、有韧性的资本市场。另外，基于国家战略考量，商业银行市值管理能够提升全球投资者对中国经济、中国银行业价值投资的信心，助力"双循环"新发展格局。当前，全球新冠疫情反复、乌俄紧张局势持续、国际经济环境复杂严峻，中国成为国际资本的避险新选项，而中国要实现稳定的经济复苏预期、构建多层次资本市场，正需要进一步吸引外资进入中国市场。商业银行积极主动地开展市值管理，提高信息披露质量，全面展现中国经济发展、金融改革深化和银行业转型创新的最新成果，提升全球投资者对中国上市银行长期投资、价值投资、安全投资的信心，有助于将中国打造成为全球价值投资的信心高地，推动构建国内国际双循环相互促进的新发展格局。

第二节 商业银行的价值管理

一、价值管理的逻辑思路

20世纪50年代中期，伴随产权市场的出现，美国管理学者率先提出企业价值的概念，企业管理由利润最大化导向转变为价值导向，即以价值最大化为目标。而企业价值作为企业商品化的产物，主要被应用于企业并购和股票定价。20世纪80年代，美国麦肯锡顾问公司的汤姆·科普兰（Tom Copeland）为价值管理理论的推广和应用做出重要贡献。在其《价值评估》（*Valuation*：*Measuring and Managing the Value of Companies*）一书中，他将价值管理定义为以价值评估为基础，以价值增长为目的的一种综合管理模式。

企业本质上是营利组织，长期以来企业经营管理的目标就是要在符合法律法规和社会道德规范的前提下，实现利润的最大化。利润在一定程度上体现了企业的经济效益，然而，财务报表上的利润是一个基于过去的、静态的经营结果，只是反映企业当期的盈利，并不能反映企业未来长期的盈利。此外，利润是一个绝对值，没有考虑资本投入和经营风险，因此，尽管理论上利润的增长能够带来股东价值（包括股价和获得的红利）的上升，但股东价值的上升与利润的增长经常不成比例，甚至出现利润水平和股东收益逆势增减的情况。鉴于此，企业所有者转而需要关注到其他更关注所有者价值的指标，进而实现自身利益最大化。与传统的企业管理注重利润最大化不同，企业价值管理突出企业价值在日常管理中的核心地位，立足于整体价值的提升，强调企业内部经济价值与外部市场价值的统一。

随着我国市场经济的逐步深入和金融业开放步伐加快，来自国内外的同业竞争压力不断渗透到银行业，以银行体系为主体的间接融资方式在资金市场上的地位相对下降，商业银行的中介地位呈现下降趋势；随着客户需求的日益多样化，金融创新工具不断增加，国内商业银行临的竞争更加激烈、生存环境更加严峻。这客观上要求商业银行必须变革原有经营管理模式，构建行之有效的价值管理体系，提升商业银行自身核心竞争力。在传统经营方式下，商业银行偏重于发展业务，为应付监管要求通过限额或是规避的手段进行风险管理，但这容易造成风险管理与业务之间的冲突。与传统管理不同，银行价值管理着重于风险控制与业务发展的统一，价值管理以风险调整后的业务发展绩效为最终目标，强调业务发展的资本回报主要是反映股东投资风险的资本回报率（RAROA）和经济增加值（EVA），实现风险管理与业务发展、价值创造之间的相互制衡、相互促进。实践表明，在美国、欧洲、我国香港等国际资本市场上，风险控制能力较高的银行往往具有较高的市场溢价。

自20世纪90年代以来，以上市银行为主体的现代银行业逐步确立，商业银行的管理目标经历从利润最大化、股东财富最大化，过渡到银行价值最大化。价值管理以价值创造为取向标准，以提供价值这一银行生存和发展根本为抓手，对影响银行价值的各个因素和所有经营管理过程进行价值分析、评估，以合理安排管理过程和决策，实现价值增长。对于商业银行而言，实施价值管理有利于银行管理者制定合理的经营战略，分析自身所处行业竞争状态、经营环境、自身在资源和运营方面的优劣势等，把握现实情况和未来发展机遇，整合战略资源，为求得生存和长期稳定发展，对银行的发展目标、实施目标的路径和手段进行总体谋划。同时，实施价值管理有利于银行建立有效的激励约束机制。良好的激励约束制度能够合理地协调股东、经理人和员工之间的利益，以提高企业的凝聚力。而基于价值的管理能够使公司主要利益相关者的利益奖系结合在一起，从而创造出价值，因此它有利于有效激励约束机制的建立。银行价值最大化的实质就是银行通过合理经营，采用最优的经营策略，充分考虑资金的时间价值、风险与报酬的关系，在保证银行长期稳定发展的基础上使银行价值最大化，以创造股东价值、实现价值增长为目标，从战略的角度对银行资源进行系统的整合与优化，探求价值创造的运行模式和管理技术，从整体上提高银行的核心竞争力和可持续发展的能力。

二、利益相关者、有效市场和投资者关系

前文已明确，商业银行价值就是商业银行未来预期净收益折现后的总额，其中，未来净收益与商业银行的经营模式、业务规模、成本管控、风险控制、战略定位、内部治理等方面的实践和部署相关，整体价值指标综合考虑了实践、风险、资本因素。商业银行的价值管理，实质上就是通过引入银行价值这一新型绩效评价指标，敦促商业银行审慎选择最优经营策略，积极合理运营，充分考虑资金的时间价值、风险和收益的

关系，在保证银行长期稳定可持续发展的基础上，实现银行价值的最大化，进而提升商业银行的核心竞争力和可持续发展能力。由此可见，从价值创造和价值经营的角度看，无论是利润最大化还是股东财富最大化，都是完全基于股东的视角考虑的，利润最大化除了没有考虑时间和风险价值外，其最大缺陷是容易导致经营的短期行为。纯粹的股东财富最大化虽然考虑了时间和风险价值，但仅考虑股东财富的增加，忽视其他相关者的利益保障，无法真正实现内在价值动态、可持续的长期创造和稳定增长。例如，当企业为了谋求超额收益，过度压榨职工，侵害到员工薪酬、休假、工作环境等福利保障，可能会引起员工辞职、怠工甚至罢工，效率低下，势必影响公司未来价值创造能力的提升和增长。

实质上，利益相关者是银行经营所处内外部环境的重要组成部分，各方利益相关者群体均处于各自阵营，按照自身效用最大化原则进行决策，而其决策将会直接影响银行内部的业务、风险、资本战略，最终影响银行的经营绩效和内在价值实现。所谓利益相关者，就是组织外部环境中受组织决策和行动影响的任何相关者。对于商业银行而言，其利益相关者就是与其经营行为和后果具有利害关系的群体或个人，大致上可以分为三类：资本市场利益相关者，包括股东、债权人等银行资本的主要供应者；市场利益相关者，包括存款人、贷款人、其他银行金融服务获得者、当地社团和工会等；以及组织中的利益相关者，包括商业银行所有员工。不同利益相关者群体所关心和聚焦的问题差别很大，有时候也会出现矛盾，例如在投资项目决策时，获得稳定利息的债权人会偏向于收益回报稳定、风险较低的项目，而最终收益与公司利润相关的股权人会偏向于收益回报高、风险较高的项目。

如果基于利益相关者的角度去谈商业银行价值创造，那么其目标应该是权衡相关者利益的股东财富最大化，实现上市银行当前经济价值或价值创造最大化。基于此目标，商业银行不仅要深入分析自身价值驱动因素，还需要设计相应价值创造的实现路径和方法，例如创新商业模式、拓宽市场渠道、深度开发核心技术、科学的激励考核、成本协同控制等。在进行价值创造实现方式方法选择时，综合考虑利益相关者的不同需求，以利益相关者效用满意度为前提的相关者利益同步增长的可持续价值创造为目标，实现上市公司潜在价值的最大化。价值经营必须顺应市场环境，充分权衡各利益相关者的利益，以综合权衡股东效用、客户效用、供应商效用、员工效用、政府效用和社会效用为驱动，选择适当的分配政策、灵活的再融资、增减持、并购重组、股权激励、资产注入、定向增发等手段①。利益相关者关系管理是价值实现的关键途径，追求利益相关者关系持续改善是价值实现的核心目标。

投资者是利益相关者中一个不可忽视的群体，以国有四大商业银行为例，其投资者主要包括中央汇金公司、财政部、社保基金、基金公司、保险公司、信托、银行、企业（集团）、财务公司、外资公司及众多中小投资者。不同的投资主体对应的投资目的均不一样，比如国资股东不仅要求国有上市银行资产保值增值、防范风险、积极履行社会责任、获取最大利润等，还要求国有上市银行体现国家意志，自觉执行国家经济产业政策等；而中小投资者投资则期望国有上市银行的股票，既能获得股票溢价的收益的需求，也能获得稳定投资回报。分析了解主要投资者投资行为对做好大型上市商业银行投资者关系

---

① 魏建国，陈骏. 上市公司市值管理策略研究 [J]. 辽宁大学学报（哲学社会科学版），2013，41（1）：100-107.

管理有重要意义。投资者关系这一概念诞生于美国 20 世纪 50 年代后期，投资者关系管理，既包括上市公司与股东，债权人和潜在投资者之间的关系管理，也包括在与投资者沟通过程中，上市公司与资本市场各类中介机构之间的关系管理。具体而言，投资者关系管理是指运用财经传播和营销的原理，通过管理公司同财经界和其他各界进行信息沟通的内容和渠道，以实现相关利益者价值最大化并如期获得投资者的广泛认同，规范资本市场运作，实现外部对上市银行经营约束的激励机制，实现股东价值最大化和保护投资者利益，以及缓解监管机构压力等。

经过三十多年的发展，我国资本市场已经成为服务国民经济发展的重要平台，上市公司与投资者之间的关系从被动、主动到互动发展阶段，上市公司制度的建立和不断完善也始终不离保障投资者合法权益、促进价值投资的初心。良好的投资者关系，一方面可以为投资者提供充分的企业信息，提振投资者信心，稳定上市公司股价，减少市场投机因素，引导价值投资；另一方面，也为机构投资者的成长和发展培育"温床"，上市公司以更专业更系统的方式与资本市场上的专业机构沟通，能够使机构投资者的投资水准迈向更高的层次；同时，机构投资者为上市公司提供的专业化的顾问服务，能够提高其经营效率和专业水准，同时节约成本。作为资本市场中的重要市场主体，上市公司、投资者和利益相关者之间形成有效的良性互动，实现共同发展，是资本市场健康发展的需要，是资本市场的市场化、有效化的重要标志之一。

三、市值与价值的辩证统一

对于价值和市值之间的关系，学术圈存在两个截然不同的观点。以本杰明·格雷厄姆为首的价值学派认为，内在价值是一个难以捉摸的概念，证券分析只是为购买股票提供合理依据，证明其内在价值是足够的，但内在价值本身没有必要也无法精准测度。换言之，通过公式测算的公司的市值不能反映其真实价值。对此，他们给出的解释是，一方面，在资本市场交易过程中，频繁、活跃的情绪的力量往往比理性的力量更为强大，市场价值有时候会剧烈波动，交易的贪婪与恐惧往往促使股价或高或低于其真实价值，因此市场价值不能作为公司价值的替代指标；另一方面，价值学派认为，股票投资的策略就在于找到市场价格低于公司内在价值的时刻，市值只能作为公司价值评估的参考依据。与价值学派对立的有效市场理论（Efficient Market Theory，EMT）起源于 20 世纪 70 年代，该理论认为市场是完全有效的，在成熟、有效的资本市场，所有关于股票的公开信息都已经适当地反映在它们的价格中，公司市场价值就是对公司真实价值的最为准确的反应和估计，市场对未来的预测和公司的内在价值均能够在资本市场上得到充分的体现。因此，企业更多聚焦自身的价值创造能力，价值管理成为主流的管理体系。但是，在如中国这样尚未成熟的资本市场，由于信息不对称、恶意操纵股价、市场投机取向严重等，上市公司的市值往往与公司的内在价值背离，甚至堆积出泡沫。因此上市公司需要进行市值管理，市值管理是新兴市场走向成熟的客观要求，当市场成熟以后，市值管理也等同于价值管理。

市值是直观的价值，是价量结合的概念，公司市值与价值互为表里、不可分割。市值管理建立在价值管理的基础之上，以公司价值创造为着眼点，是价值管理的延伸和拓展。

　　市值的变化首先与公司的创新能力、产品研发、产品定位、产品品质、成本控制、生产效率、市场营销等有关因素构成的市场竞争力，以及公司的持续盈利前景有关。与公司的治理结构、治理规则、治理效率，特别是公司的战略方向把握也息息相关。其次，市值受到企业附加价值增减的影响，具体包括公司的信息披露制度建设能否及时、准确、完整的对外进行信息披露，积极主动地与投资者形成有效互动机制，积极、客观、负责的品牌宣传等。

　　对于商业银行而言，只有稳步推进内在价值提升，才能获得投资者认同，进而吸引资金关注，将内在价值转化为市场价值。同时，商业银行的市场价值又反过来作用于公司的内在价值。一方面，商业银行通过资本市场融资时，其市场价值越高，便能以更低的成本获得更多的资本，用以进行企业的内部发展，进而提升其内在价值；另一方面，商业银行负责任的品牌形象能够提升行业内客户的信任，基于业务端口提升公司业绩，进而提升公司内在价值。

　　然而，企业的市场价值与企业自身的经营管理不是完全正相关，有时候甚至出现负相关。这是因为企业的市场价值还会受到外部市场环境的影响，包括宏观经济形势、货币和财政政策、资本市场周期、投资者偏好等。此外，由于国内资本市场不成熟，绝大多数散户投资不注重公司的基本面，"炒新、炒小、炒差、炒题材"很常见，导致股票估值出现结构性偏差，产生资本市场泡沫。这些客观存在的市场条件都会对公司的股价和市值产生相当大的影响，导致公司市值偏离企业内部价值。而当这一情况出现时，企业就应该立即进行市值管理，包括与投资者进行充分的沟通、解释舆情事件的内在逻辑、适时进行回购和风险提示等。反观到企业自身发展，商业银行应该专注于所属赛道，做强主营业务，在发展中不断审视自身优势劣势，厘清中长期发展路径，制定一系列与之匹配的战略目标。

第三节　商业银行的品牌管理

一、银行品牌管理是品牌强国战略的重要内容

"品牌"这一概念最先由世界著名广告大师 Ogilvy 在 1950 年提出。根据美国市场营销协会的定义，所谓品牌就是用来识别一个（或一群）卖主的货物或劳物的名称、符号、象征或设计及其组合，以此凸显出与其他竞争者的差异。品牌最基本的含义是标识一种特定商品的属性，此外品牌暗含着某种特定的利益，代表生产者的某些价值感，附着特定的文化，也反映一定的个性，暗示出购买或使用产品的消费者类型。品牌的价值包括用户价值和自我价值两部分，前者的三要素是品牌的功能、质量和价值，而品牌的知名度、美誉度和忠诚度是品牌的自我价值要素。从会计角度，品牌是一个无形资产，品牌是在产品或服务本身之外的一种附加利益和服务，在销售的过程中，品牌会对购买该品牌下产品服务的消费者进行标识。

品牌是企业核心竞争力和可持续发展能力的重要体现，既是企业参与全球市场竞争的重要资源，也是一个国家

经济水平和综合实力的象征。一个国家品牌价值越高，对全球产业链的主导力就越强。我国历代党和国家领导人都高度重视品牌建设，早在1956年3月，毛泽东主席就在《加快手工业的社会主义改造》的按语中指出："提醒你们，手工业中许多好东西，不要搞掉了。王麻子、张小泉的刀剪一万年也不要搞掉。我们民族好的东西，搞掉了的，一定都要来一个恢复，而且要搞得更好一些。"1982年，《中华人民共和国商标法》颁布，"标志着我国开始了以注册商标为标志的品牌发展历程"。中国积极学习国外商标保护的做法，加入了《建立世界知识产权组织公约》《保护工业产权巴黎公约》等与商标有关的国际条约，中国商标保护的国际化水平逐步提高。1992年，邓小平同志在南方谈话中明确指出："我们应该有自己的拳头产品，创造出自己的世界品牌，否则就要受人欺负。"1994年，江泽民同志在视察黑龙江省牡丹江市的时候，提出"立民族志气，创世界名牌"的要求。2007年10月，胡锦涛同志在党的十七大报告中强调，"创新对外投资和合作方式，支持企业在研发、生产、销售等方面开展国际化经营，加快培育中国的跨国公司和国际知名品牌"。2014年5月10日，习近平总书记在河南考察中铁工程装备集团时提出了"推动中国制造向中国创造转变、中国速度向中国质量转变、中国产品向中国品牌转变"三个转变，为推动我国产业结构转型升级、打造中国品牌指明了方向。2017年国务院批复同意设立中国品牌日，标志着我国将经济高质量发展要发挥品牌引领作用上升到国家战略高度。

党的十八大以来，习近平总书记高度重视经济发展质量，提出"推动高质量发展是做好经济工作的根本要求"。当前，我国经济已由高速增长阶段转向高质量发展阶段，正处在转变发展方式、优化经济结构、转换增长动力的攻关期，建设现代化经济体系是跨越关口的迫切要求和我国发展的战略目标。金融业是国民经济的命脉，在国民经济中处于十分重要的地位，而银行业商业银行是金融市场上最主要的金融机构之一，因此银行品牌管理是品牌强国战略的重要内容。

首先，品牌管理有利于银行业更好地服务于国民经济对金融服务需求。对于国民经济中的银行金融服务需求者——居民和企业，品牌建设减少比较、选择金融产品和服务的成本，帮助金融服务需求者识别并区分不同产品和服务的区别，并为高端客户提供差异化和全方位品牌服务，满足客户个性化需求，进而提升这部分消费者对银行的忠诚度和满意度。那么，对于商业银行而言，要提升良好的品牌形象，就必须提升传统业务的效率和质量，并通过创新开发新的金融产品与服务，主动去与行业竞争者进行定位区分，牢固树立质量观念和竞争意识，专注服务于特定客户群，提高产品和服务的附加值。

其次，品牌管理是银行提升核心竞争力、参与国际化竞争的必备条件。由于商业银行业务与其他企业相比具有特殊性，在我国商业银行间金融产品和服务差异小，可替代度高，竞争优势不显著。例如，在专业银行阶段，工商银行主要为工商企业服务，建设银行主要为交通等基础设施建设服务，农业银行主要为农村建设服务等，但进入商业银行阶段后，各家银行的业务范围交叉很大，甚至基本相同。每家银行基本可以同时提供对公和对私各类金融服务。相互间在"全能银行"的概念下激烈竞争，无暇顾及更清晰的市场。且随着我国金融对外开放程度增加，外资银行参与到原本竞争已十分激烈的国内市场。同时，消费者理财观念逐渐成熟，对银行服务的要求也越来越高。这就对我国商业银行的生存与发展形成了巨大威胁，如果不能正视市场需求的差异化和综合化，我国商业银行必然会失去更多客户，想要在市场竞争中长期保持有利地位，就必须改变原来金融产品和服务单一化的粗放型生存模式，转变为以品牌建设为核心的精细化战略模式，打造高端的品牌优势，抢占品牌建设的制高点，才能创新市场空间并保持不败之地。

最后，银行品牌管理是经济强国资本增值的有力杠杆，也是提升国家文化软实力的重要因素。一方面，品牌作为商业银行的无形资产，其价值体现在，对于同质的产品和服务，品牌产品的价值高于普通产品，这一效应还会随着企业资本的增加而不断放大，从而形成巨大的经济效益。而对于一个国家来说，品牌资产的应用水平越高则自我保值增值的能力也就越强，品牌发挥的效应就越大。另一方面，商业银行是金融系统的第一支柱，其在品牌建设的成就，能够给国家带来民族自尊、自信心的增强。国内的企业和个人在全球化市场中进行金融服务选择时，会因为本国银行驰名世界而感到自豪，会因为本国银行在全球范围内的服务能力不逊于异国他乡的本土银行而获得持久的归属感，久而久之，产生强大的爱国感、幸福感，提高民族凝聚力。

二、品牌资产在品牌价值链上的表征

波特认为企业经营过程中，一系列相互独立又相互关联的管理和技术上的活动构成一个动态的价值创造过程，称为价值链。价值链由基本活动部分与支持活动部分构成，前者包括内部后勤、生产经营、外部后勤、市场销售、服务五个环节，辅助活动主要包括企业基础设施、人力资源管理、技术开发和采购等。企业价值链活动创造了消费者需要的产品整体价值，具体表现为在价值创造的活动过程以及边际利润的成果。根据上述定义进一步引申，品牌价值链则指以提升顾客价值为导向和目标，以企业向用户承诺的最终品牌价值和顾客价值保持一致，分析企业经营的整个业务环节的活动，改善和优化每一个创造价值的活动环节，使整体品牌价值链的创造过程符合市场上顾客对品牌价值的要求，以实现提升顾客感知价值的这一目标。这样的品牌价值链贯穿企业经营的所有环节的活动，包括企业管理创新、技术创新、技术开发、产品设计、采购、生产、分销、服务、传播等活动环节（贾平和樊传果，2016）[①]。

品牌有着巨大的商业价值，能为企业创造持续、稳定、独有的有形和无形利益，企业通过产品和服务与消费者建立起品牌绑定关系。品牌资产尝试量化品牌的价值，帮助人们对品牌进行动态的跟踪、评估，对商业银行指定品牌战略具有重大意义。然而，目前不同学者对品牌资产的界定尚未形成统一的定义。基于财务会计学的角度，Aaker（1991）提出，品牌资产是包括品牌、品名、符号的一个资产与负债的集合，它的增减变动会同向作用于对应产品和服务对企业和消费者的价值，当品牌名称或者价值符号改变时，其所对应的资产或是负债可能受到影响或是消失[②]。Keller（1993）提到，品牌资产是品牌所反映出来的将来收益的当前价值，相较于无品牌的同质竞争品，品牌资产给产品和服务带来额外的现金流[③]。然而，Ka-

① 贾平，樊传果. 品牌价值链活动与品牌管理策略研究［J］. 商业经济研究，2016（18）：60-62.

② Aaker, David. Managing Brand Equity［M］. New York：Free Press, 1991.

③ Keller K., Conceptualizing, Measuring, and Managing Customer—based Brand Equity［J］. Journal of Marking, 1993, 57（1）：1-22.

makura 和 Rusell（1993）则认为，品牌资产是指依附于品牌名称的商誉，其本身无法由属性和效用进行衡量[①]。Keller（1998）基于消费者的观点对品牌资产进行定义，认为品牌资产是消费者在接受某一品牌宣传推广之后，对该品牌产生的认知差异，即品牌资产来自顾客对品牌的反应差异，具体体现在对品牌营销的感知、偏好及行为决策上[②]。可以看到，对于品牌资产的定义主要存在基于财务会计、基于市场的品牌力和基于消费者三个类型，三种概念各不相同，且各有利弊。从整合的角度来看，品牌资产可以定义为：首先由企业根据自身的特点，确立并积极向外宣传营销的影响下，消费者在主动识别和被动接受过程中，将品牌与企业之间建立联系，基于对品牌背后的功能、质量和价值的认知。当消费中认同该品牌时，将自觉被标识为品牌暗示下的消费者类型，并为该品牌支付高于其他无品牌商品的溢价，或支付该品牌区别于其他品牌的对应商品和服务金额。品牌资产不只是在品牌价值链的某一环节实现，而是涉及企业价值链、品牌传播、品牌关系管理等各个环节。

首先，品牌的价值始于营销人员在不同地区、以不同方式进行营销活动投资。营销人员基于企业自身特征、品牌形象和目标客户群体制定相应的营销方案，塑造与其他竞争者不同的差异化品牌形象。其次，品牌通过与客户建立独特属性和联想，如感知质量、社会声望和社会责任等，获得顾客心智资源，提高客户偏好度和业务黏性。最后，品牌的市场价值会转化成金融市场上的财务价值。上市公司的品牌通常会体现在商

---

① Kamakura, W. and G. Russell. Measuring Brand Value with Scanner Data [J]. International Journal of Research in Marketing. 1993, 10: 9-22.

② Keller K., Strategic Brand Management. New Jersey [M]. Prentice Hall, 1998.

誉指标中，而商誉的增减会影响企业股价波动，体现出资本市场对品牌价值衡量的重要性。Dutordoir 等（2015）研究表明，当 Interbrand 公司发布"最有价值 100 全球品牌"榜单后，上榜品牌的品牌价值变动可以正向预测品牌所在公司的超额股价收益率，但该关系还受到其他情境性因素的影响①。

三、基于品牌价值链的品牌价值管理

在正确理解品牌理念的基础上，商业银行应该认真分析市场环境，结合自身经营特点和资源优势劣势，扬长避短，以实施品牌战略为核心，着力打造强势品牌银行。

（一）聚焦自身特质，明晰品牌定位

当前，我国商业银行产品服务同质化问题较为严重，产品和服务差异化不显著，银行品牌和金融产品的品牌形象趋同，只有突出差异化特色，精准聚焦到目标客户群体，才能提高客户黏性，打造品牌特色。以招商银行为例，招商银行成立于 1987 年，在树立强势品牌之前，只是一家名不见经转的区域性小银行。1995 年 7 月，招商银行选择了个人金融产品作为突破口，开始推出"一卡通"。由于产品迎合了年轻人求快求方便的潮流，品牌的营销攻势成功有效，"一卡通"品牌迅速打响，短短几年就一跃成为我国商业银行界美誉度最高的银行产品品牌。此后，招商银行进一步明确差异化消费者定位，细

① Dutordoir M, Verbeeten F H M, De Beijer D. Stock price reactions to brand value announcements: Magnitude and moderators [J]. International Journal of Research in Marketing, 2015, 32 (1): 34 - 47.

分出城市的中高收入者作为自己的目标市场，将自身定位为创新型银行、服务型银行、零售型银行，集中资源进行高效、有针对性的整合品牌传播，达到传播效果之最大化。目前，在服务高端人群方面，招商银行已经形成"金葵花"贵宾、"金葵花"钻石贵宾、私人银行在内的客户分层管理体系，针对不同财富阶层的个人理财客户提供针对性、差异化的金融服务。近年来，招商银行持续推进"轻型银行"建设，着力突击"无界组织""大财富管理""批发金融创新""数字化营销建设"四个方向，实现了"质量、效益、规模"动态均衡发展，结构更安全，特色更鲜明，模式更清晰。

（二）创新产品服务体系，努力打造品牌核心价值

产品和服务是品牌传播的基础，如果只是一味鼓吹品牌形象而没有高品质的产品和服务做支撑，则只是无根之木、无水之源，最终无法实现商业银行长期、持久的发展。银行在产品和服务两个方面的创新代表了营销策略方面对银行品牌创建的最强大的、最直接的支持，客户通过接受银行的金融服务，能够感受到人性的关爱、企业的温馨和社会的进步，无疑会提升企业的形象和品牌，如果银行在产品和服务层面获得客户的广泛认可，品牌形象的树立也就水到渠成。在我国金融行业分业管理，银行监管严格，产品创新难度较大的现实条件下，对现有产品的微小变革都会使其向前演进一步，吸引客户的眼球，这无疑具有重要的意义。如浦发银行独家推出了持该行"轻松理财卡"的客户在浦发银行各营业网点的柜面办理异地取款，均免收手续费，受到了顾客的欢迎，提升了浦发轻松理财品牌的知名度。

（三）加强品牌意识，提升宣传力度

首先，商业银行要进一步强化品牌意识，充分认识到品牌的重要地位。一方面，商业银行需要正确理解品牌是能够带来超额利润的无形资产，也是商业银行创新提质的内在驱动力，只有加强品牌管理和维护，商业银行才能在行业竞争中获得优势。另一方面，在确立品牌重要性的基础上，商业银行应该高强度、大范围、全渠道地向社会传播正面信息，持续强化品牌形象，增进公众（尤其是目标客户）对银行的价值认同和品牌认知。尤其在移动互联网时代，除了传统的媒体广告投放外和线下活动外，也要重视网络广告、微博、短视频等新媒体的整合传播。

（四）建设专门品牌管理部门，增强品牌战略的统一协同性

由于品牌战略存在认识上的缺陷，无法有效统筹发展。因此，建立专门制定和实施品牌战略的管理部门就显得至关重要。一方面，有利于制定统一的品牌战略方案；另一方面，专门部门配置业务专员，有利于培养专业的人才队伍。另外，管理部门在总分行之间，完善管理制度，形成高效的响应机制，促进战略发展的协调统一。

（五）重视品牌的危机管理

随着时间的推移和外部环境的变化，银行随时可能遭受品牌危机。当出现危机时，若处理不及时或是处理不当，往往会给商业银行带来重大的经济损失和形象伤害，引发客户对银行

的质疑；反之，若处理得当，不仅能使品牌转危为安，还能使品牌形象得到提升。因此，危机管理对品牌的生存和发展至关重要。一方面，商业银行应该在日常品牌管理工作中，保持敏感性和警觉性，高度关注可能影响品牌价值的潜在危机因素或突发事件，提前预备风险应对预案，一旦危机事件爆发，能够及时采取有效措施，掌握主动，促进品牌危机的消除。另一方面，商业银行可以加强与政府宣传管理部门和金融监管部门的沟通联系和工作汇报，争取工作上的理解与支持，并借助政府及监管部门资源，抢占话语主导权，形成正面舆论导向，为危机公关打好基础。同时强化与媒体的合作，加强经营管理业绩亮点的正面宣传，加大品牌形象和银行产品的广告投放力度，在获取广告价值回报的同时，与媒体达成新闻保护共识，切实维护品牌形象。

第四节　建设银行在市值管理、价值管理和品牌建设的现状

中国建设银行股份有限公司（以下简称建设银行）是一家中国领先的大型商业银行，总部设在北京，其前身为成立于1954年10月1日的中国人民建设银行（后于1996年3月26日正式更名为中国建设银行），是中央管理的国有大型商业银行，国家副部级单位。2005年10月27日，中国建设银行在香港联交所成功上市（股票代码939），登上国际资本市场，品牌知名度和信誉度得到提升。2007年9月，建设银行在上海证券交易所挂牌上市（股票代码601939）。截至2021年末，建设银行市值约为1753.02亿美元，居全球上市银行第六位。按

一级资本排序，本集团在全球银行中位列第二。

建设银行为客户提供个人银行业务、公司银行业务、投资理财等全面的金融服务，设有 14510 个分支机构，拥有 351252 位员工，服务亿万个人和公司客户。在基金、租赁、信托、保险、期货、养老金、投行等多个行业拥有子公司，境外机构覆盖 31 个国家和地区，拥有各级境外机构近 200 家。银行积极践行"新金融"，全力推动实施住房租赁、普惠金融、金融科技"三大战略"，按照"建生态、搭场景、扩用户"的数字化经营策略，强化 C 端突围，根植普罗大众，做百姓身边有温度的银行；着力 B 端赋能，营造共生共荣生态，做企业全生命周期伙伴；推进 G 端连接，助力社会治理，成为国家信赖的金融重器。

一、市值管理

近日来，国内主要银行相继公布 2021 年财报，其中建设银行营业收入 8242.5 亿元，同比增长 9.05%；净利润 3025.1 亿元，同比增长 11.6%，仅次于工商银行（营业收入 9427.62 亿元，同比增长 6.8%；净利润 3502.16 亿元，同比增长 10.2%），排名第二。相较之下，摩根大通银行净利润为 3068 亿元，排在建设银行和工商银行之后。从资产端看，截至 2021 年末，工商银行总资产 35.17 万亿元，同比增长 5.5%；总负债 31.90 万亿元，同比增长 4.8%。建设银行资产总额达 30.25 万亿元，增幅 7.54%；负债总额 27.64 万亿元，增幅 7.37%。而摩根大通银行总资产 23.75 万亿元，负债总额 21.91 万亿元。在资产规模和净利润均优于摩根大通银行的情况下，截至 2022 年 4 月 1 日午间，建设银行市值 1.57 万亿元，排在工商银行（1.7 万亿元）之后，远低于摩根大通银行市值 2.56 万亿元和美国银行市值 2.11 万亿元（总资产 20.13 万亿元，负债总额 18.42 万亿元）。

究其原因，主要差别在净利息收入。2021 年，建设银行利息净收入 6054.20 亿元，净利息收入占营业收入的73.45%，净利润的 200%。对标工商银行，其全年净利息收入6906.8 亿元，净利息收入占营业收入的 73.26%，净利润的198%。反观摩根大通银行，1216.49 亿美元营业收入中，利息净收入为 523.11 亿美元，净利息收入占营业收入的 43%，净利润的 108%，美国银行这三个指标也同样较建设银行更低（利息净收入 429.34 亿美元，净利息收入占营业收入的48.18%，净利润的 141%）。一般认为，一家银行净利息收入过高，则表示其市场竞争力不足。因为长远来说，随着银行间竞争的加剧和利率的走低，中国迟早也会像欧美那样出现"零利率"的情况，对于依赖净利息收入的银行来说，在"零利率"市场下就会完全失去竞争力。

由此可见，建设银行在资本和利润均优于国外摩根大通银行，但市值却仅占其 60%，原因在于非利息收入占比低。这一问题长期困扰我国商业银行的发展，建设银行也在这一过程中不断深耕多个业务领域，提高非利息收入比例。2021 年，建设银行非利息收入 2188.26 亿元，较上年增加 388.77 亿元，增幅 21.60%。非利息收入在营业收入中的占比为 26.55%，较上年增长 2.74 个百分点，主要是受其他非利息收入增长带动。其中，保险业务收入 441.48 亿元，较上年增加 127.42 亿元，主要是分保业务规模调整导致相关收入增加；其他收入153.81 亿元，较上年增加 54.86 亿元，主要是部分子公司业务规模增长。从已有数据可以看到，建设银行在业务端仍然有长足的提升空间，主要在于降低对于利息收入，拓宽诸如财富管理、保险信托等方面的业务发展。

此外，建设银行积极维系投资者关系，促成有效沟通。2021年，建设银行在疫情防控常态化背景下，积极把握新形势新动态新要求，采取"走出去"与"请进来"相结合的方式，不断探索有效的投资者交流形式。首次通过视频直播形式公开举办年度和中期业绩发布会，线上参会人数创历史新高。综合运用线上线下形式，通过业绩发布会、企业开放日、投资者论坛、拜访重点投资者、电话会议、投资者集体接待日、官方网站、投资者热线电话和邮箱等方式和渠道，与境内外投资者及分析师交流千余人次，积极倾听市场声音，传递银行在新金融行动和战略发展成效，以及在 ESG 方面的努力和成果，展现自身长期发展和竞争能力的优势。

严格遵守信息披露制度。近年来，建设银行强化财务报告信息披露真实性监督，坚持过程监督与结果监督并重，报告审核过程中加强重点性、针对性审核，提出前瞻性意见建议。高度重视财务规范性管理，定期听取财务检查等情况汇报，聚焦政策制度的贯彻落实，提出持续加强督导力度，提高制度执行自觉性。严格遵守信息披露相关法律法规和监管规定，加强信息披露制度建设，修订了本行信息披露办法，融入最新监管要求，对临时报告和定期报告规定进行调整，对信息披露流程和发布渠道进行规范，新增了依法合规进行自愿性信息披露的内容。积极履行信息披露义务，持续开展相关培训，保证信息披露真实、准确、完整、及时，不断提升信息披露水平。监事会成员认真出席股东大会及银行重大活动，严格审核会议材料和议程安排，监督议事程序、决策过程和结果、信息披露等合法合规性。

二、价值管理

建设银行牢固树立企业价值最大化的经营理念，权衡利益相关者的各方立场，坚持将风险管理作为商业银行的生命线，严守防控重大金融风险的底线，持续发挥国有大行的责任担当，统筹发展与安全。银行持续完善全面主动智能的现代化风险管理体系，健全横向到边、纵向到底、监督到位的风险管理责任体系，建立普惠金融前中台双向风险报告等制度，完善风险偏好、风险评价、风险画像、责任认定追究等工作机制，全面启动《巴塞尔协议Ⅲ》新规则达标。主动融入新金融实践和业务发展全流程，完善以数据和模型为驱动的数字化、智能化风控模式和工具，支持重点战略能力快速提升。加快智能风控体系建设，不断完善全面风险管理平台功能，有效保障集团稳健经营和创新发展。

建设风险管理架构，层层监管督责。设立由董事会及其专门委员会、高级管理层及其专业委员会、风险管理部门等构成，分行和总行密切联动的风险管理架构。以风险管理部作为集团全面风险的牵头管理部门，下设市场风险管理部牵头管理市场风险。全行信贷风险、国别风险、流动性风险、操作风险、声誉风险、战略风险等各个类别风险分别由相应的专业管理部门负责。董事会、监事会、高管层各司其职，层层监督，形成监管闭环。通过公司治理机制落实母行管理要求，持续提升子公司董事会履职质效，督促子公司稳健经营，服务集团发展战略。强化集团风险偏好传导，开展子公司风险画像，完善"一司一策"风险管控机制，实施精细化、差别化风险管理。加强子公司风险预警管理，强化母子公司风险隔离，规范子公司重大风险事项报告制度，对重点子公司开展全面风险评估分析。

将风险管理和业务发展相结合，做好风险研判，以金融科技力量支持新金融实践。建设银行持续强化信贷管理，强化授信风险管控，提升风险计量能力，加强资产保全经营。在严格控制风险的基础上，优化调整信贷结构，做好重点领域贷款投放管理。配合国家在绿色金融、普惠金融、住房租等方面的部署，加大对应领域的信贷投放力度，不断提升放款审核、零售催收等领域智能化水平，进一步做好贷后投后经营、统一信用风险监控，实现信贷全流程精细化管理。截至 2021 年末，建设银行不良贷款余额 2660.71 亿元，较上年增加 53.42 亿元；不良贷款率 1.42%，较上年下降 0.14 个百分点；关注类贷款占比 2.69%，较上年下降 0.26 个百分点。

三、品牌建设

2022 年 2 月，英国《银行家》杂志发布了 2022 年"全球银行品牌价值 500 强"榜单，中国建设银行以 655.46 亿美元的品牌价值实力，连续五年进入全球最具价值银行品牌榜单，这标志着建设银行新金融实践纵深推进以来，不断取得新的突破。"全球银行品牌价值 500 强"排行榜采取现金流折现方法，通过分析财务数据等方式评估银行的市场影响力、设立不同银行的品牌折现率等步骤测算出各银行的品牌价值，是当今国际上较为权威的全球银行业排名之一，其专业性与独立性受到广泛认可，是了解全球银行品牌价值公认的权威渠道。

建设银行是我国领先的大型商业银行，始终坚持以人民为中心的鲜明导向，以服务人民美好生活、促进共同富裕为目标，纵深推进融合普惠、共享、科技的新金融行动，全力推动实施住房租赁、普惠金融、金融科技"三大战略"，积极推动绿色金融发展，在新金融行动中实现可持续发展目标，助力解决社会、经济和环境"三个维度"的发展问题并通过一系列有效措施提升品牌价值。

在住房租赁领域，建设银行参与推动住房租赁市场发展，助力国家完善住房保障体系，支持发展政策性租赁住房，努力探索可复制推广的市场机制和经验模式，为金融支持租购并举，健全房地产市场长效机制蹚出了一条新路。重点关注住房租赁可持续商业模式探索，建议及时总结经验，不断完善制度机制，促进战略可持续健康发展。截至 2021 年末，住房租赁综合服务平台覆盖全国 96% 的地级及以上行政区，为1.5 万家企业、3800 万个人房东和租客提供阳光透明的交易平台，已核验房屋 1016 万套，合同备案 760 万笔，为政府提供有效市场监管工具。当年，银行住房租赁贷款余额 1334.61 亿元，较上年增加 500.60 亿元，增幅 60.02%。建设银行充分贯彻加快发展保障性租赁住房的国家政策导向，充分发挥母子公司协同效应，大力支持保障性租赁住房建设，针对不同项目类型和融资痛点提供适配的金融服务。

在普惠金融领域，建设银行着力打造普惠金融新生态，丰富数字化产品体系，形成"小微快贷""裕农快贷""交易快贷""个人经营快贷"新模式产品系列。截至 2021 年末，建设银行普惠金融贷款余额 1.87 万亿元，较上年增加 4499.44 亿元，增幅 31.60%；普惠金融贷款客户 193.67 万户，较上年新增 24.12 万户。加大对实体经济让利力度，当年新发放普惠型小微企业贷款利率 4.16%，较上年下降 0.20 个百分点。

在金融科技赋能上，建设银行全面展开技术中台建设，不断夯实技术创新基础。敏捷响应业务需求，深入推进智慧金融建设，打造融合 C 端场景的新零售格局，构建产融结合的新对公生态，支持资本市场业务协同发展，推进智慧渠道及智能运营能力建设，提升集团一体化智能风控能力。截至 2021 年末，建设银行金融科技人员数量为 15121 人，占集团人数的4.03%；金融科技投入为 235.76 亿元，占营业收入的 2.86%。本集团累计获取专利授权 731 件，较上年增加 167 件，其中发明专利 455 件，发明专利授权数量国内银行业领先。

综上所述，建设银行牢牢把握国家大政方针政策走向，洞悉经济发展情势，立足于自身的资源优势和业务特点，积极布局"新金融+高科技"发展战略，服务国家建设能力、防范金融风险能力、参与国际竞争能力协同发展，树立起良好的品牌形象，持续提升品牌价值。

此外，2021 年，建设银行持续加强声誉风险管理体系建设，完善优化制度和工作机制，不断提升声誉风险管理水平。修订印发声誉风险管理办法、应急预案，规范分支机构突发舆情报告、处置流程。坚持前瞻、全面、主动、有效的管理原则，强化声誉风险源头管理、综合治理。加强专业培训交流，强化全员声誉风险防控意识，提升舆情应对能力。主动接受舆论监督，持续改进业务、产品、流程，提升金融服务水平，声誉风险管理水平稳步提升，企业良好形象和声誉得到有效维护。

第四章 国际知名大行的品牌发展对我国国有大行的启示

当今，银行业正在经历百年来前所未有的大变革。数字化发展、金融科技都在深刻改变商业银行的经营模式，并对盈利模式和管理模式产生强有力的冲击。商业以哪个品牌价值为评判标准也随之发生改变。全球知名大行的品牌发展有升有降，在面对新形势、新业态带来的挑战和机遇时，它们对于自身品牌价值的提升走出了不同的路径。在此梳理并总结国际知名大行的经验和教训，将对我国商业银行尤其是国有大行的品牌战略有所借鉴和参考。

第一节 国际大行品牌塑造之路

一、西班牙对外银行以数字银行和赛事赞助双战略[1]塑造"品牌生态"

西班牙对外银行（BBVA）在塑造其品牌价值的过程

---

[1] 徐小鹏.中信银行引入西班牙对外银行的动因及影响探析［D］. 江西财经大学，2018.

中，综合运用了数字银行（Digital Transformation）和赛事赞助（Sport Sponsorship）双战略[1]结合的方式成功构建起了属于它自己的品牌生态圈。

（一）西班牙对外银行简介[2]

西班牙对外银行（BBVA）成立于 1988 年 10 月 1 日，总部位于西班牙马德里。西班牙对外银行是一家全球领先的综合性商业银行，与众多世界 500 强企业都建立了业务关系，业务活动遍布全球。BBVA 在世界范围内约有 8000 家分支机构，其中西班牙本土以外的分支机构占所有分支机构的比率超过 50%，在拉丁美洲地区更是成了当地最大的金融集团。

BBVA 是西班牙第二大银行，以资产质量优良、保守原则、经营稳健在全球范围内获得了良好的声誉。BBVA 的业务种类相比其他银行而言较为丰富，经营范围遍布全世界。业务范围具体包括公司银行、全球市场业务、零售银行、消费信贷、私人银行、资产管理和保险等。在拉丁美洲及西班牙本土地区，BBVA 力压其他银行，成为当地一家实力强劲的商业银行。

BBVA 还曾获得过"欧洲最佳零售银行"的美誉。在一百多年的快速发展中，BBVA 逐渐采用混业经营的模式，成为一个增长迅猛的全球性金融集团。近几年，该银行开始向发展中国家扩展业务，如中国、土耳其及拉丁美洲部分国家。BBVA 中国代表处设立于 1985 年，当时设立的目的主要是为那些在

---

① Santomier Jr, J., Söderman, S., & Kunz, R. Digital transformation and strategic sponsorship: The case of BBVA [J]. Quality in Sport, 2020, 6 (4)：54-70.

② BBVA 官方网站：https://shareholdersandinvestors.bbva.com/bbva-group/bbva-in-brief/（2022 年 3 月 9 日访问）。

中国地区进行投资的西班牙企业提供资金方面的支持，为西班牙企业的国际化发展提供帮助。

（二）西班牙对外银行的数字银行战略①

西班牙对外银行的数字银行战略总体经历了银行数字化转型、数字银行产业链并购、数字银行平台搭建、数字银行平台推广四个过程。

自 2006 年以来，西班牙对外银行（BBVA）就致力于将其自身的业务进行全面的数字化转型。起初，BBVA 的主要发力点在数据挖掘（Data Mining）和智能算法（Intelligent Algorithms）的构建，通过技术投资和并购实现了银行内部的系统现代化发展，以及交易自动化目标的实现。2006—2013 年，BBVA 平均每年在数字化发展方面的投资在 7 亿欧元左右②，甚至在金融危机期间此类投资仍未间断。可以说，这个期间 BBVA 在数字化转型方面技术积累为其全面实现数字银行战略打下了坚实的地基。

在西班牙对外银行推进数字化转型的进程中，它使用了一项关键的发展战术以促进目标的达成。这个发展战术就是引入并使用开放创新（Open Innovation）工具。开放创新（AI）工具是一套利于银行内外创新融合联通的系统，它使西班牙对外银行能够识别突破性解决方案和技术，并与金融科技企业家和初创企业形成战略合作关系，进而促进目标的达成。这项战术工具包含五个流程：第一，借助西班牙对外银行旗下风险投资

---

① Maria Pérez Parera. BBVA Case Study：The effect of financial performance on shareholders wealth before and after Fintech acquisition. Facultat d'Economia i Empresa，Universitat de Barcelona，Curs：2019−2020.

② 根据 2006—2013 年西班牙对外银行上市公司年报整理。

基金的助力，发挥市场配置资源的功能，充分挖掘市场中数字产业发展的"种子选手"，对位于美国、欧洲和拉丁美洲的相关企业进行收购；第二，通过设置开放人才（Open Talent）和创新挑战（Innova Challenge）两个科技竞赛项目促进数字化创新发展，并通过该项目培育自身的科技研发能力；第三，通过内部金融信息分析中心的使用，加强研发能力的内部融合，在内部整合并形成管理标准，促进数字化创新技术的有效落实；第四，通过开放数据 API 的权限，促进内部部门与外部企业的数据流通，形成开放银行的业务模式；第五，加速融合合作，利益共享，银行数字化转型的目的之一仍然是形成收益，而形成开放银行业务模式后，为中小企业提供快速便利的企业融资。① 在战略目标明确，战术工具使用得当的状态下，西班牙对外银行得数字化转型顺利实现。

在 2013—2018 年，为了进一步深化数字银行战略目标的实现，西班牙对外银行依托旗下风险投资基金对数字银行产业链进行了全链条式的并购和资源优化。总体来看，西班牙对外银行在五年的时间内完成了"5 项并购"和"两个联盟"的构建，实现了商业银行数字银行的设想。

2014 年 2 月，西班牙对外银行实施了第一次收购，对象是 Simple 公司，这是一家专门提供移动支付、储蓄的零售银行，在美国拥有大量的使用客户。这次收购不仅使西班牙对外银行进入了移动银行市场，更为它收获了大量的客户资源。同年 12 月，西班牙对外银行实施了第二次并购，对象是一家西班牙本土主营大数据分析和云计算的公司，名为 Madiva Solutions。此次收购，为西班牙对外银行形成三大业务工具奠定了基础，分别是 BBVA Valora、Bconomy 和 BBVA Invest。BBVA

---

① 西班牙对外银行 2019 年公司年报。

Valora 是一个能够通过大数据评估资产市场价值的工具；Bconomy 则是能够统计国内宏观经济，为客户提供储蓄和预算计划的业务工具；BBVA Invest 则能够通过大数据分析客户投资和消费习惯，从而制定最佳投资方案的业务工具。①

2015 年，西班牙对外银行分别将 Spring Studio 和 Atom Bank 并入其数字银行战略产业链条之中。前者是一家美国的设计公司，主要设计客户在数字银行业务体验，从而增强了西班牙对外银行客户在使用时的好感度。Atom Bank 是一家获得银行牌照的移动银行，这为西班牙对外银行在开展数字银行业务提供了更广泛的许可。②

2016 年，西班牙对外银行收购了 Holvi。这是一家专注于为各类客户提供档案管理的服务公司。此次收购进一步扩充并改善了西班牙银行对小微企业的服务质量。③ 自此，西班牙对外银行完成了对数字银行产业链的全链条业务的搭建，完成了约 10 年之久的数字化转型。全产业链资源的整合、业务开拓，使它的数字银行步入正轨，并被称为"全球数字银行领军者"（见表 4-1）。

表 4-1　西班牙对外银行数字银行发展

公司	并购时间	类别	功能实现
Simple	2014 年	手机银行	进入移动银行市场 获得更多的客户 实现更好的用户体验
Madiva Solutions	2014 年	大数据和云计算	完备三大业务工具：BBVA Valora，Bconomy 和 BBVA Invest
Spring Studio	2015 年	设计	完善客户体验

① 西班牙对外银行 2014 年公司年报。
② 西班牙对外银行 2015 年公司年报。
③ 西班牙对外银行 2016 年公司年报。

续表

公司	并购时间	类别	功能实现
Atom Bank	2015 年	手机银行	数字银行许可 扩大客户规模
Holvi	2016 年	中小微企业服务	完善对小微企业的服务质量 数据结构进一步完善

值得一提的是，自 2018 年至今，西班牙对外银行创建了多家致力于金融科技技术创新、开放开源的金融数据机构，以进一步拓展并完善数字银行业务发展，促进数字银行的发展。

从结果来看，西班牙对外银行构建起了全链条业务的数字银行，以适应数字化浪潮给商业银行带来的新业态的形势。在实施数字银行战略的过程中，西班牙对外银行不仅是寻求未来业务的拓展、投资的新领域，更是为了确保西班牙对外银行在未来全球银行业格局中能够占据一席之地。

（三）西班牙对外银行的赛事赞助战略[①]

依靠数字银行战略，西班牙对外银行成功构建起它的数字银行。另外，只是单纯依靠产业链的完善仍不足够使它从众多银行中脱颖而出。因此，在西班牙对外银行实施数字银行战略的同时，赛事赞助成为它在全球业务扩张的重要战略抓手。

随着西班牙对外银行开启它的数字银行战略，业务扩张就成为它的主要目标。2007 年，西班牙对外银行开始实施体育赛事赞助战略以使目标快速实现。实施体育赛事赞助战略原因有三个：一是在欧洲市场，体育赛事是大众最为关注的内容，通过与体育赛事绑定宣传，利于挖掘更多潜在客户；二是体育赛

---

① Santomier Jr, J., Söderman, S., & Kunz, R. Digital transformation and strategic sponsorship: The case of BBVA. Quality in Sport, 2020, 6（4）：54-70.

事本身能够对外界传达正确的价值观，如公平竞争、团队合作、尊重规则、忠诚诚信等价值观，这些价值观符合西班牙对外银行的企业文化，也更容易将价值观与银行建立映射关系；三是西班牙在体育领域取得了卓越的成就，国内对于体育运动的关注热情达到新的高度，如保罗加索尔等西班牙籍篮球运动员加盟 NBA，西班牙国家队在 2008 年奥运会上取得银牌等，这种大众的热情，更利于实施体育赞助战略。

在体育赞助战略实施的初期，西班牙对外银行通过三份重要的赞助协议成功树立起国际知名银行的品牌。第一份是 2008 年与西班牙足球甲级联赛的冠名赞助，后又经过续约，一直持续到 2016 年。① 这份体育赞助协议有效地将西班牙对外银行与全球亿万观众建立了思维的关联，在保留了已有客户规模的同时，又增加了更多潜在的客户规模。另外两项协议是通过西班牙对外银行的阿根廷子公司落实实施的赞助项目，2012 年，该子公司分别与阿根廷两家最成功的足球队博卡青年队和河床队签订赞助协议。② 这两份协议提升了西班牙对外银行在南美洲市场品牌塑造，更拓展了其数字银行在南美洲的使用。

在全球范围内，足球拥有广泛的受众群体，但在北美市场足球并不是关注度高的体育赛事。2007 年，西班牙对外银行在收购 Compass Bank 后正式进入北美的金融市场，后改名为 BBVA Compass（BBVAC）。但真正使其在北美拓展金融服务，还要归功于西班牙对外银行与 NBA 的结缘。

在 2010 年至 2016 年，BBVAC 与 NBA 建立起战略合作关

---

① 经历了纠结与摇摆之后，西甲联赛还是把冠名权给了一家本土企业。http://ytsports. cn/news-10779. html? id=99（2022 年 3 月 17 日访问）。

② BBVA Francés, new strategic sponsor of Boca Juniors and River Plate. https://www. bbva. com/en/bbva-frances-new-strategic-sponsor-of-boca-juniors-and-river-plate/（2022 年 3 月 14 日访问）。

系，西班牙对外银行被 NBA 指定为官方银行。银行的客户可以通过移动银行平台购买与 NBA 相关的文化产品、参与相关的粉丝活动，并能享受优惠和一定特权。基于这种合作关系，使西班牙对外银行在北美的用户数量快速扩张，并且塑造了其"体育银行"（The sports Bank）的品牌形象①，得到了北美市场的广泛认可（见图 4-1）。

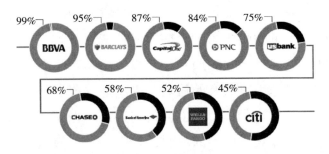

图 4-1 美国体育赞助商占比一览

另外，在 2010 年时，NBA 在中国市场取得进一步发展，这使其全球影响力取得飞跃式发展。篮球作为一项全球性运动，推动着 NBA 品牌的国际化越走越广。而西班牙对外银行此时似乎搭上了一辆在品牌国际化道路上飞驰的列车，它的赞助 Logo "体育银行"的地位愈加牢固。在中国市场，即便没人知道西班牙对外银行的存在，但是通过球员服装上"BBVA"的 Logo 也能知道这是一家与体育结缘的赞助商。

自 2014 年起至 2016 年，西班牙对外银行凭借其数字银行发展已经取得一定的成功。再加上，这个时期，NBA 正在加速自身的数字战略，形成了由客户联通和互动的网络，构建起了基于篮球的具有活力的社交媒体生态圈之一。在这种商业模式下，西班牙对外银行通过数字金融服务推出 NBA 主题的数字

---

① The sports Bank. https://www.bbva.com/en/the-sports-bank/（2022 年 2 月 13 日访问）。

支票和储蓄账户，进一步激活了它对 NBA 的赞助关系，提升了它在全球数字银行中的知名度。

在西班牙对外银行赞助 NBA 取得巨大的成功后，它开启了从全面赞助转向在关键市场重点突破。2016 年至今，西班牙对外银行通过体育场冠名 Logo，将业务推广至更广的客户群体，为大学体育赛事提供比赛场馆，进而使得它的大学生用户数量在这期间呈现快速增长的状态。另外，由于与安舒茨娱乐集团（Anschutz Entertainment Group，AEG）达成长年的战略合作，西班牙对外银行在文化娱乐、社会活动方面更进一步发力，通过音乐会、餐饮、娱乐等活动，推广其数字化产品，扩展并匹配了更多元、多层次的客户群体，这使它占领了更广泛的市场份额。单就北美市场而言，西班牙对外银行在赛事赞助战略的力度是众多同类银行中最大的，从对赛事赞助的预算来看，西班牙对外银行 99% 的经费预算都支出在体育行业，随后的是巴克莱银行（BARCLAYS）和第一资本（Capital One）95% 和 87% 的经费预算。① 足以看出，西班牙对外银行对赛事赞助战略实施力度的坚决，并中获取的了大量收益。

总的来说，作为一家来自西班牙的数字银行能够在北美市场打开局面，取得的成就不言而喻。"体育银行"品牌的效应也为西班牙对外银行带来足够广泛的利润。而且，由于体育赛事本身具有商业成长性，又可以反向滋补赞助商本身的发展。可以说，西班牙对外银行的赛事赞助战略是成功推广其品牌，并提升其品牌价值的最优战略路径之一。

---

① RETAIL BANKS, A Sponsorship Category Update, IEG.

（四）西班牙对外银行双战略相互促进

在数字银行和赛事赞助双战略加持下，西班牙对外银行在近些年来的用户规模呈现快速增长的态势，从截至 2020 年的数据来看，仅在 2020 年一年近 250 万人选择通过数字银行的方式成为 BBVA 的新客户。这一数字占整个集团通过线下网点等方式成为新客户总数的约 33.3%，与 2019 年通过数字方式获得的新用户相比，增长了 56%。[①] 这无疑是双战略实施最好的注脚。

数字银行和赛事赞助双战略的实施并不是一蹴而就，首先需要厘清主次，其次需要长期经营，最后才能实现"品牌生态"塑造。在数字化浪潮的过程中，各个金融机构的数字化发展均已取得一定进展，但能够脱颖而出，为更广泛的市场的客户所熟知则需要更进一步的战略规划。基于西班牙对外银行的双战略案例，能够最终搭建起"品牌生态"需要具备三个方面条件：

首先，认清商业银行自身的发展基准和定位。作为商业银行，实现利润是最基本的目标。数字化发展的目的仍然是为了追求更广泛的利润。同时，需要对最终形成的银行形态要有较为成熟的构想，如西班牙对外银行在实施双战略的初期就制定了成为"数字银行"的目标，其形态将以"零售银行"为主，"开放银行"作为其分析利润、制定战术、规划发展的辅助手段。

其次，制造实现"品牌生态"的条件。从技术方面来

---

① BBVA breaks another record in attracting new customers through digital channels https://www. bbva. com/en/bbva-breaks-a-new-record-in-attracting-new-customers-through-digital-channels/（2022 年 3 月 21 日访问）。

看，西班牙对外银行无疑运用了一个"最笨"但有效的方式，即通过对数字银行全产业链并购以实现技术的全面支撑。在这个过程中，并购基金充分发挥了利用市场机制的优势，实现了技术升级，是有效的工具抓手。从战略方面来看，战略的主次需要明晰。"数字银行"作为在数字时代商业银行的新形态是保证其实现利润持续增长，可持续发展的必要战略，因此，这是优先战略。"赛事赞助"作为必要的营销战略是扩大商业银行品牌影响力的重要路径，虽然并不能直接为商业银行带来利润的增加，但是由于其品牌外溢效应能够带来可观的长期效益，所以，这仍然不失是一个高效战略手段。事实证明，二者的结合实现了"1+1>2"的效果。

最后，量化的风险管理模式和可持续监控是实现转型发展的必要基础。在数字化发展的过程中，各行各业面临的都是新业态、新模式和新风险。转型成功的前提是要实现可持续发展，而发展的过程需要必要的风险监控和管理模式。这不仅需要引入新的理念和管理方法，同样需要沉淀足够的定量和定性的数据以为新管理模式提供依据。以西班牙对外银行为例，它在基本实现双战略实施的前中期，为了巩固成果，开展与国际数据分析实验室、数据风控行业联盟等业内机构的深入合作，将最新、最有效的风控理念运用于管理之中，从而保障了银行发展的稳定。

西班牙对外银行的品牌生态的塑造之路具有其独特性，银行本身的轻质化基础使它在数字化发展的过程中方向明确，对银行来讲，它只需要安心经营好基于数据资产开展的业务即可实现利润的持续增长。对于西班牙对外银行未来的发展，可进一步持续跟踪和研究。

二、摩根大通银行以业务多样性提升其品牌价值

摩根大通银行（JP Morgan Chase & Co）由 J. P 摩根公司和大通曼哈顿银行合并而成，在 2008 年收购贝尔斯登银行后，摩根大通已成为美国最大的全能银行。根据德勤的报告，作为全能银行的摩根大通在经纪交易、并购咨询、股债承销、资产管理、市场研究方面均处于全球领先地位，其构建品牌生态的方式更是依赖全能银行业务多样性为抓手。这就为我国商业银行提升品牌价值提供了案例依据。

摩根大通是综合金融的领军者，典型的"全能选手"。截至 2022 年 7 月，摩根大通市值达 3350 亿美元，居美国主要商业银行市值之首，2021 年 ROTCE（Return on Tangible Common Equity，有形普通股股本回报率，区别于 ROE）达 24%，明显高于美国银行、富国银行、花旗银行的同期水平。业务横跨商行、投行、资产管理及财富管理等板块，并在这些业务领域位居美国甚至是全球银行业前列。

历史悠久的大行。摩根大通拥有两百多年历史，是美国历史最悠久的商业银行之一，历史上由 1200 多家机构合并而来。可以说，摩根大通的发展史是美国金融业的缩影。今天的摩根大通是资产规模 3.95 万亿美元（22Q1），年营收超千亿美元，年盈利超 480 亿美元的银行巨擘。

（一）摩根大通的并购之道弥补业务缺口促成全能银行

纵观摩根大通两百多年的历史，我们能够发现"并购"的身影贯穿其中。如今的摩根大通是过去由 1200 多家机构先后

合并整合而来。作为摩根大通前身的化学银行（Chemical Bank）在 1996 年与大通曼哈顿银行（Chase Manhattan Bank）合并，保留了大通曼哈顿的名称。2000 年，大通曼哈顿银行与 J. P. 摩根公司合并为摩根大通集团，实现了客户群体和业务优势的互补，补全了机构服务、富人服务以及消费者业务。虽然，合并后发展并不如预想的顺利，但金融"航母"就此开启了航行。

并购美一银行（BANK ONE）是摩根大通发展过程中重要的一次并购，这使摩根大通成为跨地区的大银行。此次并购发生在 2004 年 6 月，并购次年摩根大通资产总额达 1.2 万亿美元，仅次于美国银行（Bank of America）的 1.3 万亿美元和第一大银行花旗的 1.49 万亿美元，而且业务也从东北部扩展到整个中西部，成为继花旗之后跨地区银行。此次合并实现了美一银行在零售银行、信用卡和中小型企业客户的优势和摩根大通在投资银行、资产管理和大型企业客户的优势有机结合。并购后，利息收入、投资收入和佣金与手续费收入均大幅增长，2005 财年合并后的摩根大通净利润达 84.83 亿美元，同比大增 90%。

并购收购贝尔斯登使摩根大通的投行业务更加强势。2008 年，由于金融危机的冲击，贝尔斯登濒临破产。应美联储的要求，摩根大通用了"超低"的成本"抄底"了贝尔斯登，使其投资银行业务更加健全。另外，摩根大通通过并购华盛顿互惠银行（Washington Mutual）实现了零售业务布局进一步布局。同样由于金融危机冲击，华盛顿互惠银行宣布破产，摩根大通趁机购买了该银行。自此，助力摩根大通在美国西海岸完善了零售银行业务的布局。

在服务中小企业方面，摩根大通通过一系列的战略投资、股份持有、并购收购，实现了对中小企业服务的业务布局。其中，收购 WePay 实现了摩根大通对中小企业支付服务的管理，开启了金融科技应用的实际布局。最终为其带来了更大的市场占有份额。

一系列的并购使摩根大通成为国际金融巨头，全能银行的形象成为其品牌价值的体现。

（二）立体全面的业务服务打造高价值摩根大通

从业务的发展来看，在 21 世纪头十年里，摩根大通主要有批发和零售两大类业务。具体而言，批发业务主要有三个板块：投资银行，现金管理与证券服务和资产管理。批发业务下的三大板块主要面向机构投资者、大型公司、政府、高净值个人等。零售业务则由零售金融服务、信用卡服务和商业银行构成。零售业务下的三大板块主要面向中小企业和零售消费者。不同业务板块在每年根据业务需求进行调整。

在这个过程中，摩根大通就通过并购实现了业务的推陈出新。2011 年摩根大通推出零售品牌"OneChase"，以改善用户体验。主要是将零售银行、信用卡、汽车融资和按揭整合化一。批发业务则进一步完善其三大业务板块，实现了业务的进一步扩展，如投行业务在原来的投资银行（咨询、债券及股票承销）、做市交易及投资（固定收益产品、股票）、企业贷款、优质服务与研究四大项基础之上，新增信用资产组合管理，以提升业务板块的整体竞争力。

在 2012 年第四季度之后，摩根大通又重新对其业务进行调整和分类，整合成为四大业务板块，包括零售银行板块（CCB：Consumer & Community Banking）、公司和投资银行（CIB：Corporate & Investment Bank）、商业银行（CB：Commercial Banking）、资产和财富管理（AWM：Asset & Wealth Management）。摩根大通各板块分工明确并沿用至今，秉承着资源互通的理念，以客户为中心开展各项业务，已经取得卓越的成绩。根据摩根大通的财报显示，2021 年摩根大通营业收入1253 亿美元，四大业务板块分别占比 39.96%（CCB）、41.30%（CIB）、7.99%（CB）、13.53%（AWM），公司与投资银行板块占比最高。2021 年四大板块的 ROE 均在 20% 以上，41%（CCB）、25%（CIB）、21%（CB）、33%（AWM）。其中，零售银行板块 ROE 最高。

摩根大通的四大业务板块均处在业内领先地位。具体来说，消费者与社区银行板块服务覆盖近 6600 万美国家庭，为美国第一信用卡发行银行，2021 年营收 501 亿美元，盈利达209 亿美元；公司与投行板块的投行手续费收入为全球第一，2021 年营收 518 亿美元，盈利 211 亿美元；商业银行板块在 2021 年营收 100 亿美元，盈利 52 亿美元；资产与财富管理板块规模是北美第一、全球第一的私人银行，5 年累计净客户资产流动排名第二，4.3 万亿美元的客户资产，2021 年营收170 亿美元，盈利 47 亿美元。另外，摩根大通通过科技赋能实现了其品牌价值的进一步加强，这使摩根大通作为美国最大的银行，品牌效应凸显。摩根大通还格外重视科技，2021 年科技投入达 55 亿美元，各板块均呈现强劲发展势头。

三、摩根大通银行品牌生态的构建历程

（一）明确自身定位，加快全球布局

从摩根大通的发展历程来看，近十年来，摩根大通通过不

断调整业务比例，在实现业务优化的同时，进一步巩固其"全能银行"的品牌价值。从业务变化来看，以顾问咨询、主体交易为代表的中介与资本中介型业务规模持续攀升，而银团贷款、证券信贷融资等资本型业务规模却逐年下降。这表明，摩根大通以发挥资本市场中介作用为目标，将资源向货币与资本市场做市商业务倾斜，尽可能防止以信贷方式将自有资金投向金额过大、久期过长的资产，从而有效地规避了部分资产可能带来的信用风险和流动性风险。

另外，布局全球是摩根大通品牌评价长久不衰的关键原因。摩根大通投行业务国际化长期保持着较高水平。一方面，摩根大通通过实施高薪策略聘请目标国专业的顾问，着重发展高收益业务，通过精准择时实施全球宏观策略，并将业务空间拓展至欧洲与非洲。另一方面，摩根大通在以中国大陆为首的亚洲太平洋地区加快派驻机构建设速度，深度介入亚太资本和并购市场。

（二）瞄准优质客户，强化板块联动

摩根大通的四大业务板块联动发展，合力突进，已经形成了能够为各行业头部客户提供全市场、全模式、全地域综合化融资方案的模式。具体来看，其一，摩根大通在股债承销和并购市场上尤为活跃，如摩根大通参与欧洲电信巨头 Altice 公司 21 亿美元 IPO、韩国游戏公司 23 亿美元 IPO、中国邮政储蓄银行 76 亿美元 IPO 等多个行业标杆项目，不仅获取丰厚回报，更进一步巩固其品牌名声。

其二，四大业务板块联动形成合力发展。具体来看，在摩根大通的北美区客户中，有约四成用户分别来自摩根大通的商业银行业务板块（CB）、资产管理业务板块（AWM）和消费社与社区银行业务板块（CCB），这些高净值个人用户通过咨询投资建议、财务管理和家族办公室的服务又将资金投入项目中。这种模型对于摩根大通而言实现了资源的高效配置。

（三）激发科技动能，提升研究能力

科技赋能，大力开发金融科技。通过投资、并购等一系列操作，摩根大通形成了全面、成熟的金融科技体系，覆盖前中后台全业务领域，包括数字银行、移动服务、机器学习、大数据、智能投顾、电子交易、区块链等均曾作为投资重点。目前，摩根大通的投行业务在金融科技加持下已经实现数字与项目的深度融合。例如，目前，摩根大通股权和债权承销部门的客户经理可以运用智能终端为客户实时梳理、筛选与展示资本市场的海量信息，并在综合宏观经济形势和微观融资需求的基础上为客户选定合适的融资时机与融资规模。

在研究能力的精准度上，摩根大通投行研究部门充分利用其信息与科技优势，在 2018 年预测出我国存在降低金融市场外资准入门槛的可能性。基于这个判断，摩根大通率先向我国监管层提出设立控股证券公司的请求，摩根大通控股证券公司成功入驻中国，体现出高质量研究成果对于摩根大通战略的支持。

四、美国银行"聚财莫嫌金银碎"的服务模式塑造其品牌影响力

美国银行是世界领先的金融机构之一，其主要业务和特点是为个人消费者、中小型企业和大型企业提供全方位的银行、

投资、资产管理和其他金融及风险管理产品和服务。美国银行以其便利性备受青睐。目前，通过约 2700 个贷款中心，2600个消费者投资金融解决方案顾问的金融中心和大约 2400 个商业中心，为 6600 万消费者和小企业客户提供服务，覆盖美国全境。在财富管理、企业和投资银行方面，美国银行是全球银行业的佼佼者，其客户覆盖世界各地的企业、政府、机构和个人。"聚财莫嫌金银碎"使得美国银行形成了一套独特、高效、灵活的经营模式，进而形成了享誉全球的品牌。

从美国银行发展的历史中可看出其持之以恒的经营特点，即美国银行从开始就是按照现代控股公司模式经营的银行之一。美国银行的前身是于 1904 年由意大利移民创立的意大利银行。起初，美国银行以太平洋沿岸各州的意大利移民存放款业务为主要业务，随着吸收存款规模增加，为中小企业提供抵押贷款和发放消费信贷成为其业务迅速扩张的关键。在 20世纪 20 年代，意大利银行就已成为美国西部最大的银行，并获得美国国民银行执照。同期，美国银行与加利福尼亚美国银行合并，改名美洲国民信托储蓄银行，成为美国最大财团之一的加利福尼亚财团控股的银行。由于加州是美国西部最为富庶的地区，这就为该行的业务扩张、资本积累提供便利。到 1945年，美洲国民信托储蓄银行的资产超过大通曼哈顿银行，成为美国第一大行。时间到了 1969 年，才真正形成了以美国银行为基础的单一银行持股公司——美国银行持股公司。美国银行就此登上了银行业的历史舞台。在美国银行史上，美国银行的经营模式具有独特的特点，它不同于专注于服务大企业和政府的摩根大通，美国银行更注重为中小企业和个人客户提供金融服务；它有别于花旗银行致力于发展银行的批发业务，美国银行更注重开拓零售市场业务。在中小企业融资和零售业务方面，美国银行被全球多家主流金融媒体评价为年度最佳中小企业贷款行和最佳零售银行，足以见得其发展理念自始至终都是"聚财莫嫌金银碎"，因而形成了独特的品牌形象。

美国银行的这种品牌形象并不是一蹴而就，而是经过顺应经营环境、竞争环境及法律环境的变革而形成的发展结果，这重点包括三个重要的发展战略：零售银行战略、金融中心战略和并购战略。通过这些战略的实施，才真正奠定了美国银行的地位。

（一）零售银行战略

零售银行战略的实施具有一系列基础前提：一是扩充银行零售网点数量；二是扩大零售网点营业空间；三是延长零售网点营业时间；四是改造零售银行营业模式；五是改善营业网点服务方式；六是增加零售网点服务功能；七是深度开发零售客户。基于这一系列基础，美国银行在21世纪初期获得关键的发展机遇。一是由于其他银行的忽视，使美国银行占据了零售银行巨大的发展空间和市场份额，在外无强敌的状态下，美国银行的零售银行业务得以顺利开展；二是零售银行业务虽然每笔业务规模小，但也意味着潜在损失小，并且便于预测。对比动辄百万、千万、亿万级别的公司贷款，对银行来说需要承担的潜在风险都是巨大的。也恰恰因为这种对于信贷的保守态度，使美国银行不仅能够把业务重点聚焦在零售银行业务上，更使它的风控能力强韧，扛过了金融危机更在此期间收购了美林银行。

（二）"金融中心" Banking Center 战略

基于美国银行零售银行的战略基础，相比于其他的商业银行来说，美国银行服务区域最为广泛，分支机构最多，其 AT-Ms 的普及率也最高。恰恰基于这些基础设施，零售银行业务对于分支网点也有独特的要求：一是扩大经营网络的覆盖；二是服务设施需将便利化达到最大；三是服务质量更高。这也是近些年来，美国银行对其经营网点实施全面升级的重要原因。进而形成的是金融中心战略的高效实施。总结而言，就是将单一的银行业务整合，在同一网点就可以享受全面的金融服务，服务场所的面积更宽阔。在为客户提供高质量金融服务的同时，进一步提升了其品牌的认可度。

（三）并购战略

与其他国际大行类似，并购战略能够为银行的业务提供更多的补充，更符合用低廉的成本实现银行的战略发展。美国银行同样通过并购战略实现了自身的快速发展和服务业务的完善。之所以实施并购战略，美国银行布局的出发点有两个方面：其一，着重服务于金融中心战略的有效实施；其二，顺应国际金融市场的激烈竞争。

自 20 世纪 90 年代末期以来，美国银行先后发起了两次大型并购，分别是与国民银行合并和收购波士顿舰队金融公司。这两起并购给美国银行带来肉眼可见的经济效益：首先，并购完成后，美国银行的规模基本达到 1 万亿美元，这为其未来的发展提供了充足的资源；其次，并购完成后，美国银行的营业性分支机构已经能够覆盖美国全境，全美约 2/3 的城镇都纳入了其业务版图，利于美国银行推广更多的零售业务；最后，众多银行网点错综交叉，为美国银行带来和谐的协同效应，如投资银行业务、保险业务、贷款业务均可以实现高效地开展和精准地配置，不仅降低了运营成本，更实现了大幅业绩增长。

第二节 商业银行发展战略比较研究的启示

对比国际顶级银行的发展经验以及梳理国内主要银行发展战略来看，国内主要银行的战略愿景描述大多比较宏观，战略目标也较于远大，建设成为世界一流银行成为主要的口号。从战略管理的框架来看，战略发展的主要内容包括战略愿景、战略重点和实施路径等内容。结合国际银行的发展经验来看，当前国际大行的战略发展重点呈现出较为明晰的趋势性、方向性特点，主要包括：以数字化转型推动科技赋能战略、顺应消费金融推动零售战略、高度重视客户体验、持续推进轻型化集约化综合化布局战略以及深化体制机制配套改革等几大方面。

一、金融科技战略是银行业的战略重点

近年来，金融科技不断崛起，随着新冠疫情的全球蔓延，基于金融科技的线上应用业务优势更加凸显。从宏观来说，各国金融监管部门正积极构建金融科技监管的规则体系，以推进金融与科技深度融合。从行业的角度来看，银行业纷纷加快对金融科技的布局。在中国的银行中，对于金融科技的布局大致可分为两类，第一类强调探索金融科技的外部应用，聚焦提升客户的服务体验，包括农行、交行、招行、中信及汇丰银行等。从客户角度出发，是这些银行的战略方向，其战略重点则是以金融科技为驱动，实现全面数字化转型和线上线下一体化的深度融合。第二类强调金融科技的内部整合，聚焦提升自身经营效率，包括工行、建行、中行、浦发、光大、

平安以及摩根大通银行等。这些银行的战略布局是希望调通过实现科技与金融深度融合，基于金融服务平台，以实现数字化、智慧化转型，提升风控能力等领域，进一步实现银行内部治理的数字化水平。

二、商业银行零售战略转型是大势所趋

目前，我国正在积极促进消费拉动经济的模式升级，我国银行尤其是国有大行纷纷响应宏观政策，开启零售银行转型，以促进经济结构的优化。银行零售业务已经成为各家银行未来战略布局的重中之重。根据上市银行的财报显示，近些年来，个人零售业务呈现快速增长的状态，达到两位数增长。零售战略布局主要包括两类：一类是积极布局财富管理、私人银行等领域，通过中间业务实现零售转型。以光大银行为例，通过加强与基金、保险、信托等非银金融机构合作，加大代销业务销售力度，加快财富管理业务发展，推动零售业务转型。另一类是积极布局个人或者零售业务。如招商银行持续深入推进零售金融 3.0 数字化转型，致力于打造最佳客户体验银行。银行业的零售战略转型符合我国经济高质量发展的需求，同时银行部分公司业务和同业业务出现萎缩的状态，也突出了零售业务将成为新的增长点。

三、以客户为中心是商业银行可持续发展的关键

目前，银行产品和服务同质化严重，通过网点铺张，削减成本等方式已经难以维持业务的持续增长。在此背景下，客户

体验好坏就成为打破银行业务同质化僵局的关键。在数字经济背景下，客户的可选项越来越多，金融产品的周期越来越短，促进提高客户体验也成为商业银行发展的必经之路。对比国际知名大行的历程，将客户体验上升为集团战略已经成为共识。在我国，客户体验的重要度也不断提升，越来越多的商业银行都将提升客户体验度、服务客户等写进集团战略。例如，交行为推动其争做"长三角龙头银行"的目标落地，正在紧密对接上海"三四五"战略布局和"两张网"建设项目，努力打造长三角居民身边的首选银行。

四、轻量化、综合化的战略布局成为必然

目前，推出"轻量化、综合化"的发展模式成为多家银行的选择，也成为银行实现突破性发展，"弯道超车"的趋势。目前，国内商业银行主要在交易银行和投资银行业务方面布局"轻量化"业务发展，如招商银行、平安银行、中信银行在战略中明确提出"做深做精交易银行和投行业务""有效推动交易银行和投资银行两大业务体系转型升级"的发展目标。中资银行基本都设置有投资银行部门，且在不断培育交易银行的核心业务能力。

银行"综合化"战略布局主要体现在通过线上、线下渠道实现业务的"一站式"供给，打通产品与客户之间存在中介的隔阂。这种"综合化"战略布局的银行往往通过借助外部平台和产品，搭建起"银行+"的金融服务平台，实现全场景融入和全产业链整合，为客户提供综合化服务。

五、机制优化和改革是银行长治久安的关键

优化组织架构和流程、缩减成本等体制机制改革战略举措。从国际银行的战略来看，摩根大通、汇丰、花旗等一流银行具有竞争力的基础是高效的经营。为适应由全球经济特征变化带来的经营环境变化，国际大型银行采用加快渠道转型和优化流程，应用金融科技削减成本，加强调整优化组织架构等多种手段以达到经营效率的提升。例如，在摩根大通的战略布局中，"改善和简化员工反馈流程，建立一个多元化的人才通道，利用大数据技术为产品开发、服务、员工计划和社区投资提供信息和驱动决策"。在德意志银行的年报中显示，"投资银行业务人员减少，以专注于核心业务发展；实施成本削减计划，以提高运营效率"。

第三节　国际大行品牌生态构建对我国银行发展建议

战略是一种方向的选择，银行战略规划的制定不仅要对外部环境进行深入分析，广泛借鉴同行的经验，还要根据银行自身的实际情况进行综合权衡，制定战略愿景、目标设定、路径选择、战略提供、推进实施、审查评估等管理控制应形成一个循环系统。在监管政策的指导下，在有限的资源下，商业银行必须结合自身的属性特点，在战略定位、重点方向、重点地域等方面决定做什么或不做什么。例如，交通银行"上海主场+普惠金融"的双突进，加快在长三角地区建立龙头银行的步

伐，争取再创一流。商业银行的发展战略应该是以市场为导向，以客户为导向，以产品为导向。只有清楚地认识到自身的优势和劣势，才能制定出清晰明确的战略目标和合理、清晰、完整、高效的战略路径，从而实现资源的科学配置和高效的组合配置。在正确的战略指导下，我们才能获得对竞争对手的持续优势，才能形成可执行的行动计划和时间表，并付诸行动，为战略目标的有效、有序实施和银行的高质量发展做出贡献。

符合我国"十四五"发展规划需求是商业银行战略转型的必然条件，银行发展战略必须与国家"十四五"规划中提出的12个重点产业领域，五大城市群规划，紧密衔接，把握好双循环新格局下新实体、新基建、新科技、新业态成长的新动能新机遇，进一步匹配资源、打造特色，建强能力、建优机制，把国家战略与银行战略紧密对接。为了适应当前的经济形势，一些银行已经将自己的战略细化、集约化、专业化，平台化发展已经成为中国银行业的共同选择。随着全场景、全产业链的整合，金融服务链的效率将迅速提高，产业链、供应链、创新链的整合将越来越紧密，有效服务于国内外新的商业循环模式。

数字化转型是银行发展的新动力。在"三新"经济（新产业、新业态和新商业模式）的快速发展中，移动支付、网络文化和服务等新商业模式开始倒逼商业银行的数字化转型，新流行病冠名将提升医疗、教育、就业和网络消费的可及性，网上分销、电子商务和电子政务蓬勃发展。电子政务也得到了蓬勃发展。随着数字经济在服务业、制造业和农业领域的渗透不断加快，各级政府都在设立大数据办公室，以打破数据孤岛，促进互联互通。因此，对于商业银行来说，未来赢得市场和客户的新动力是全面推动商业模式和运营管理模式的数字化转型。中国银行业需要顺应数字化、智能化的大趋势，促进金融科技、业务发展和客户体验的高质量融合，加强银行对城市建设和人民生活的参与。

风险管理始终是银行战略管理的关键环节，全面提升各类风险管理能力、守住不发生系统性风险底线是助推银行精准服务实体经济、顺利转型发展的重要保障。随着利率市场化改革深化，银行存贷款净息差不断缩小，利润率不断下降，传统盈利模式受到挑战。因此，商业银行积极开展各项金融创新活动，在增强金融机构间与金融市场间的联动性的同时，也放大了同业与混业经营的风险敞口。因此，未来商业银行要继续坚持"经营好风险就是创造价值"的经营理念，在与多方合作中提升自身的风险管理能力。

第四节　我国国有大行提升品牌价值的路径选择

一、树立品牌正念为自身品牌国际化打造良好基础

企业发展的路径大致有三条，一是追求强大规模以进入世界500强；二是追求上市目标以实现快速扩张；三是以更高的理想与抱负做出世界公认的品牌。国有大行在追求快速增长时，若想要追求第三条发展路径，则必须要树立品牌正念。唯有在品牌正念的指导下，方可为自身品牌国际化打下夯实的基础。

品牌发展的第一大正念是长期主义。若要坚守长期主义，就意味着国有大行要以追求长期价值为发展目标。现实中

有诸多企业因历史的和现实的原因而急功近利，急于求成，因此在很多情景下，它们忘记了长期主义的正念并被短胜迷惑，最终这样的品牌往往会被国际国内社会遗忘。而坚守长期价值对国有大行而言将意味着远胜、常胜、终胜，因此国有大行首先要铭记坚守长期主义。

品牌发展的第二大正念是盈利能力。品牌的初衷便是对附加价值的追求。中国入围世界 500 强的企业个数自 2020 年起就超过了美国，但是就入围企业的平均利润来看，中国企业只有美国企业的一半，说明中国企业的盈利能力仍有上升空间，同时这样的现象也会加深国际社会对中国企业赚钱水平低的刻板印象。因此对于要提升国际竞争力的国有大行而言，在品牌建设之路上需要把盈利能力放在第一位，而不是过分追求销量、增长速度和市场份额，反而国有大行应试图控制自己的增长速度。一方面，国有大行要考虑到中国消费者的现实环境以及薄利多销的传统商业模式；另一方面，面对这种普遍且长期存在的情况，国有大行作为国家的龙头企业也应奋勇当先地去追求盈利能力的提高，而不被眼前的销量和增幅所迷惑而满足现状。

品牌发展的第三大正念是承诺为本。信守承诺在东西方都有溯源，西方文明伦理强调诚实的传统和契约精神，中国儒家思想也主张"心正意诚"。坚持承诺为本，就意味着国有大行首先要抛弃商业行为中使消费者深受其害的忽悠行为。在品牌建设中，国有大行需要吸取西方的契约文化，以信任和承诺作为品牌的核心。在品牌价值链中以品牌关系和顾客的体验感受作为品牌价值的根源，在做品牌的过程中，以诚信和承诺为宗旨并毫不动摇地坚持下去。

因此，国有大行在推动自身品牌国际化的长征中，需要时刻反省自己：坚持了长期主义吗？有没有把盈利能力放在首位？是不是把承诺和信用作为底线？以这三大正念作为基础，企业会遵循一个内应外合的正向反馈过程。在外部，国有大行的品牌资产价值得到提高；在内部，品牌价值观和品牌愿景推动着企业拥有长远的未来。在树立并坚守品牌正念的基础上，即使千难万苦，国有大行也会踏上正道获得自身的品牌价值，最终提高国际竞争力。

二、"双循环"新格局下的品牌发展路径

在全球化和消费升级的时代背景下，国有大行面临两个重大的挑战。一方面，国际大行要构建全球性品牌，促使其从高性价比向高附加值转化，提高中国品牌在全球市场的知名度，让全球消费者愿意接受、消费和推荐具有明显中国特色的品牌。另一方面，国有大行要准确把握中国国内新兴消费群体，迎合消费升级，促进品牌高端化以满足日渐富裕成熟的中产阶级消费者的需求。

在全球化的背景下，中国品牌的影响力正在逐步上升。为了能在与海外品牌竞争时脱颖而出，国有大行不仅要创造出具有创新性、设计精良的产品，还要将这些成果有效地传达给消费者。为此，我们提出六种全球化的策略，助力国有大行构建成功的国际化品牌。

第一，国有大行需要对数据有敏锐的洞察力，将数据洞察定位为品牌战略的基石。尤其是将数据洞察融入"走出去"规划的每个环节，从产品研发到产品定位测试，从选择国别市场到定位目标消费者，从消费者洞见到品牌定位测试与优化等。同时积极采用人工智能技术，提高客户的参与度以谋求拥有更

多的回头客。

第二，从品牌驱动的角度出发，国有大行需要基于一个"大创意，大理念"而构建品牌，品牌愿景越宏大，品牌的潜力越无可限量。坚持品牌建设人人有责的原则，将品牌建设贯穿到企业上上下下的各个部门，条件允许时高层领导需要亲自督阵，确保全体员工心系品牌。关注当下，国有大行更要放眼未来，把品牌力作为衡量品牌表现的核心指标，并找出驱动品牌力的关键要素。同时，对这些关键要素进行准确、持续的追踪监测。此外，还应探究各个要素与消费者参与、品牌偏好、销售业绩等关键指标的内在关联。

第三，国有大行在开拓国际市场时，需要做好深度接触的充分准备。在制定本土化战略时，为符合当地市场的需求，国有大行需以本土化的思维对全球品牌战略进行适当调整，以量身定制的点对点品牌沟通手段向特定受众推广量身定制的产品。凭借高度的差异化和无可替代的相关性，国有大行应努力在功能和情感层面与受众建立双重联系，通过高效的接触手段力争上游。同时，国有大行需要学会巧妙地讲述品牌故事，考虑如何在正确的时间、地点、场合提供正确的信息。

第四，国有大行要为提高国际竞争力积极备战。为了开拓全球品牌，国有大行要做到高度灵活、快速调度，培养随机应变的品质打造世界一流的国际品牌。在做好一切准备后，要激情洋溢、义无反顾地按下"发布"品牌的按钮。

第五，国有大行需坚定推进国际品牌的目标。从一开始，就要对十年之后的发展有着清楚的构思，为成为行业领袖做准备。在数据洞察的基础上，结合运营和营销成本来考虑产品可能会在哪些市场畅销企业，应当持续评估业务目标，努力争取好的机会，并设法缓解或规避风险。以全球品牌的标准来要求自己并加以行动，站在全球市场的立场制定有利于品牌全球化的决策。开明的文化对于世界品牌企业至关重要，国有大行要做到广纳意见、不吝于招募各类人才或邀其成为合伙人，并与人才共同成长。

第六，国有大行需突破思维定式，坚持创新发展。为成为国际品牌，国有大行应自始至终思考如何引领创新，并在需要时与志同道合的品牌强强联手。

中国经济正在从生产驱动转向消费驱动。随着中产阶层消费者日渐富裕成熟，中国品牌的关注点也从价格亲民转移到"高端化"。为了应对消费者升级的国内市场，国有大行可以从以下几方面来构建中国品牌实力。

第一，国有大行要结合洞察力与创新力找到中产阶层的首要需求，并需利用创新满足这些需求。例如面对中国中产阶层重质不重量的价值取向，国有大行要追求产品的品质。同时由于中产阶层消费者喜爱那些既能够传达他们的个性，又能给他们带来乐趣的产品和体验，因此国有大行需在产品中增添乐趣。

第二，中国的电子商务增长潜力巨大，国有大行应抓住时代的浪潮，大力发展电子商务及移动策略，积极投资数字媒体并且进行内容营销。应对国内媒体环境复杂、数字移动平台发展快的现状，多媒体协同做到最大化的触达变得至关重要，国有大行应持续多屏投放从而驱动品牌价值增长。

第三，国有大行需要迅速反应国内市场的变化。在当今大多数国家，速度和敏锐度是品牌取得成功的关键，而在崇尚积极行动的中国市场，这两点特性变得更加重要。保持战略性和深思熟虑固然重要，过度谨慎也有可能导致落败。

在双循环格局的时代背景下，数字化转型对国有大行而言分外重要，助力平台经济则是推广品牌的一大有力举措。

零售银行需要调整盈利模式，提升交易、分销等业务的盈利能力，通过丰富场景服务培养用户和获客，提升交易流量，获得结算收入和低成本资金沉淀，通过海量交易衍生新的利润增长。据此观察，构造适应数字化落地需要的组织供给能力，全方位打造服务触点的数字化获客、留客能力，以 C 端为起点，打造数字化深度创新能力，全面提升风险防控能力和消费者权益保护能力，当是零售银行数字化转型的主要路径①。

面向未来，银行可以通过新业务的孵化和培育，创新更多金融服务场景。开放银行应基于 B2B2B 与 B2B2C 模式，将金融产品嵌入企业 ERP、SaaS 平台或消费互联网平台，实现批量获客，将终端服务客群从大型集团客户延伸至小微企业和 C 端的长尾客户，同时推出行业或场景定制解决方案，由此显著提升银行的服务广度与深度，为银行带来新的客群和收入贡献。以业务创新和科技赋能推广平台经济，凭借数字化重塑道路持续深化国有大行的品牌发展。

三、商业银行的中国文化符号是品牌内核

品牌国际化的过程也是跨文化的品牌沟通过程，这意味着品牌在建立全球性感知时也可以采取本土象征价值定位，国有大行的品牌战略中同样可以融合中国文化的概念。以国有四大行的富有中国文化特色的银行标志为例，可以看出中国银行在品牌建立初期就做出了成功的尝试。

中国工商银行的整体标志是一个隐性的方孔圆币，圆形货

---

① 零售银行数字化　这五大能力是关键．玖富研究院［J/OL］．（2019-07-08）. ht-tps://www.sohu.com/a/325514433_790142（2022 年 4 月 4 日访问）。

币能够体现金融业的行业特征。徽标的中心是一个"工"字，中间留白，使工字更加突出，同时工字两边对称，为了表达出银行与客户之间相互平等的友好关系。以"断"强化"续"，以"分"形成"合"是银行与客户的共存基础。拓展资料设计手法的巧应用，强化了标志的语言表达力，中国汉字与古钱币形的运用充分体现了现代气息。

中国建设银行的标志以古铜钱为基础的内方外圆图形，有着明确的银行属性，着重体现建设银行的"方圆"特性，方，代表着严格、规范、认真；园，象征着饱满、亲和、融通。

图4-2　中国工商银行及中国建设银行标志

中国银行的标志以中国古钱和"中"字作为基础，古钱图形是圆形与方孔的设计，中间方孔，上下加垂直线，呈"中"字形状。古钱形状代表银行，"中"字代表中国。寓意天方地圆，经济为本。

图4-3　中国银行及中国农业银行标志

中国农业银行的标志由中国古钱和麦穗构成，外部为圆形古钱币，寓意货币、银行；内部由方形麦穗贯穿上下，象征着农业，构成了中国农业银行的名称要素。麦穗中部形成一个

"田"字，体现出农业银行的特征。麦穗芒刺直指上方，使外圆开口，给人以突破感，象征中国农业银行簇拥着中国农业的发展，不断开拓前进。采用大自然的绿色为主要色彩基调。绿色是生命的本原色，象征生机、收获、纯朴、稳健，表示中国农业银行诚信高效的美好形象，同时寓意中国农业银行事业蓬勃发展。

从四大行的标志我们可以看出在全球化背景下，国际品牌作为一种文化象征，并非只有为获取和提升合理性而趋向全球化文化定位，还可以兼顾体现国家文化色彩，通过传播具有独特的国家文化资源来获取国际消费者的认可。通过文化延续传承而保留下来的共有特征或属性是一个国家的文化原型，源于文化原型的品牌原型则来表征品牌的类别化，是消费者一般的品牌认知方式。从打造文化原型的角度出发，国有大行品牌在国际化进程中，可以从以下三方面来利用国家文化资源，打造独特、差异化的品牌形象以获得国际消费者的认可。

第一，国有大行需准确识别出中国文化原型资源。当市场上的产品变得日益雷同，国有大行可以尝试利用丰富的原型资源，来激发消费者内心潜意识的偏好。要走向国际化，首先就需要挖掘通过文化延续传承而保留下来的共有文化特征或属性，包括国民性格、行为取向、价值观、社会规范、重要人物、传统礼数、艺术符号等。通过根植于中国文化特征，采用基于价值符号、人物形象和主题三大原型表征来识别中国文化原型资源。

第二，国有大行需实现对中国文化原型资源的转化。中国文化原型资源被识别出来以后，经过品牌国际化的营销运作，可以将其转化为品牌原型。尽管原型本身无法直接观察，但可以通过拟人化、形象化、叙事化等外在形式来具化显示。因此,国有大行可通过原型化策略,将国家文化原型资源转化为可供国际化操作、受国际消费者欢迎的品牌原型表征。具体而言,包括符号化策略、拟人化策略和叙事化策略。

符号化策略是指品牌能够通过表层的文字、图案、标识以及仪式等符号,将中国文化价值符号原型意义转化为可供国际化传播的名称、标志、价值等品牌符号表征的一系列操作。国有四大行的标志设计理念就充分体现了符号化的策略,即挖掘出能体现银行品牌的中国文化原型符号,借助原型表征中反映品牌价值的图案与文字将原型代表的意义物化呈现为品牌标识以传达品牌所承载的文化意义。

拟人化策略是指将人类特有的理智、思考方式、行为特点、意图、情感等特征运用在非人类的产品上。以国有大行为例,中国工商银行推出 AI 吉祥物"小象"及一系列如小象乐园、小象卡等的活动吸引消费者注意力。通过吉祥物生动灵巧的形象,活跃品牌形象,以其丰富变化的动感形态吸引人们的注意力,拉近品牌与消费者之间的距离。它是中国工商银行品牌形象传播的重要载体和最具价值的无形资产之一,具有很强的行业属性及趣味性,与中国工商银行品牌标识之间紧密相连,并在品牌领域的传播中扮演着十分重要的角色。

图 4-4　小象卡

叙事化策略是指品牌通过讲故事的形式，向消费者传播其品牌内涵与核心价值观等意义，以引起消费者的情感共鸣，从而对品牌产生更多的支持与认可。

第三，考虑到国际环境的复杂性，国有大行需要关注东道国消费者对转化而来的品牌原型的感知与态度，以检验转化的有效性。一个是品牌的中国文化象征性，能否让东道国消费者感知到其具有"中国元素"；另一个是品牌与东道国的文化一致性，品牌原型表征的文化内涵或意义是否具有一定的国际共识性，是否能让不同文化背景下的消费者容易理解并感知到与当地文化一致的品牌价值内涵。

国有大行品牌国际化的重要战略之一，就是立足于中国文化根基、应用"中国元素"塑造中国的国际化品牌，即基于中国本土独特的文化资源，通过有效的品牌原型战略，将受世界认可的中国国家文化原型资源转化为品牌原型。在这个过程中，国有大行要想打造自身独特的价值，获得国际市场持续的竞争优势，就需要学会识别并开发中国独特的文化原型资源，通过品牌国际化的营销运作，将其转化为品牌原型，从而提高企业在国际市场的竞争力，构建中国式的全球品牌。

四、引入国际战略合作伙伴打通品牌国际化窗口

从"引进来"战略转化到"走出去"战略，国有大行为打通品牌国际化窗口已经做了多年的准备，通过各类国际合作，实现了品牌的双向输送。

以中国工商银行为例，工商银行以"并购+自建"相结合的方式，截至 2020 年初，在全球 47 个国家和地区建立 428 家境外机构，通过参股标准银行集团间接覆盖非洲 20 个国

家，与 145 个国家和地区的 1491 个境外银行建立了代理行关系，构建了牌照完备、运营高效、服务优良的全球服务网络，将工商银行的品牌推广至各大洲。同时工商银行也助力其合作伙伴在中国的推广。在非洲和中东地区，工商银行发挥作为最大单一股东参股 20% 的南非标准银行的优势，组建专门团队对接南非标准银行等当地大型金融机构，依托自身及合作伙伴的区域网络、市场影响和客户资源优势，充分发掘当地优质出口企业报名参展，帮助客户抓住进博会的巨大商机。在工行集团的积极推动下，南非标准银行作为参展商在第二届中国国际进口博览会"服务贸易"板块进行展示①。

借助国际合作，国有大行的品牌在海外市场得到了一定的推广，形成了自身的国际影响力。而通过引入战略合作伙伴，国有大行汲取了外国银行的先进技术和管理经验，提高了自身的品牌资产，推动品牌国际化。

（一）中信银行和西班牙对外银行战略合作

中信银行于 2007 年引入西班牙对外银行有限公司（BBVA）作为战略投资者，双方在零售银行、风险管理等多个领域开展合作。中信银行引入 BBVA 并实现上市后，双方就积极磋商并筹备下一步合作领域和合作方式等内容。根据 2007 年双方签订的《战略合作协议》，中信银行将与 BBVA 在公司银行、零售银行、资金资本市场、风险管理、信息技术和人才交流等方面加深战略合作。

在公司银行业务的合作方面，中信银行的公司银行业务具

---

① 工行合集团上下之力　发挥全球化服务能效 ［J/OL］金融界．（2019 - 11 - 05）．https://baijiahao.baidu.com/s? id = 1649332155176776605&wfr = spider&for = pc（2022 年 4 月 5 日访问）。

有一定的传统优势，其经营收益大部分来自公司银行业务。BBVA 作为国外成熟的银行，有着更先进的业务水平。BBVA 战略持股后，双方这几年在公司银行方面的合作主要有汽车金融业务、小企业金融业务等。一方面，近年来中信银行汽车金融合作品牌数和提供融资额持续增长，业务发展态势良好。2009 年双方就汽车金融业务流程、风险管理、IT 系统等流域进行多次会谈，基本完成了合作模式的谈判。2010 年 BBVA 下属子公司 COR-FISA 与中信银行合资成立中信汽车金融公司，主要提供汽车金融产品、服务及解决方案。2011 年，中信银行汽车金融融资规模、合作经销商户数量等经营指标得到显著增长，进一步巩固其在汽车金融业务的竞争优势。凭借汽车金融领域的突出表现，荣获"2011 最佳汽车金融服务银行"等奖。

零售银行业务是中信银行的一个业务短板，中信银行寻求与 BBVA 在私人银行进行深入的合作来弥补劣势。中信银行与 BBVA 的重点合作领域是在零售银行业务，重点领域主要集中在私人银行业务、财富管理业务等。在私人银行业务上，双方通过不断地深入合作取得良好的效果。2007 年中信私人银行中心成立，是国内首批开设私人银行业务的银行。2008 年与 BBVA 深入沟通了私人银行业务上的产品研发、IT 系统建设、风险管理和人员培训等，为进一步合作协商做准备。2010 年计划与 BBVA 共同出资 4 亿元成立独立的私人银行业务合作单元，双方各出资 2 亿元。私人银行业务合作单元在运作上与其他部门相互独立，是其内部部门之一。其管理委员会有 10 名委员，其中中信银行委派 8 名，BBVA 委派 2 名。BBVA 在私人银行业务上具有国内私人银行无法企及的运作经验，此次合作不仅有利于私人业务的发展，而且还能丰富国际业务经验。

2011 年双方合作的私人银行合作业务单元进入正式运营。中信银行也就成为我国唯一拥有中欧合作背景的私人银行服务机构。中信银行先后获得"中国最完整私人银行产品线""最佳私人银行""最佳满意度私人银行"等荣誉称号。

在国际化业务方面，2012 年中信银行为 BBVA 秘鲁子行、智利子行、委内瑞拉子行、纽约分行等成功开立了 11 个跨境人民币结算账户，在拉美地区主要国家都开设了人民币账户，其国际收支收付汇量占市场份额 4.55%，居股份制商业银行首位。同年 6 月，中信银行与 BBVA 合作的 QFII 业务成功开始运作，这是国内首家股份制银行开展 QFII 托管业务。

对于本次的战略合作引入，中信银行的组织架构及业务管理能力得到了明显的提升。在中信银行引入 BBVA 前，银行组织架构尚不完善，在运营过程中，组织架构无法帮助企业完成期望的目标。BBVA 入股以后，对中信银行内部管理人员进行优化，明确了专门委员会的职责，完善了中信银行组织架构，具体表现在审计与关联交易控制委员会、提名与薪酬委员会风险管理委员会以及战略发展委员会的设立。这四个专门委员会设立在董事会下，由董事会直接领导，为董事会的决策提供直接建议。2007 年 3 月，中信银行董事会任命了各专门委员会的主席和成员。中信银行建立四个专门委员会之后，将董事会的一些权利分派到了下设的专门委员会。银行的职能划分更加清晰明确，为中信银行的长远发展做出了巨大贡献。

BBVA 与中信银行在人才交流、风险管理、技术创新以及各项银行中间业务领域展开了合作，不断为中信银行提供专业化的建议和技术方面的支持，增强中信银行在这些方面的业务管理水平。在投资银行业务方面，中信银行积极与 BBVA 展开并购重组、项目融资等综合性业务的开拓，学习 BBVA 在这方面先进的经验，不断扩大自身的业务范围和影响力。在国际业务方面，中信银行与BBVA进行客户共享，将中国本土客户介绍给BBVA，同时BBVA也将其在世界范围内的客户介绍给中信银行，双方的分支网络实现了共享，使中信银行的国际业务发展得顺风顺水。在零售银行业务方面，双方主要在汽车金融及私人银行方面进行合作，这两方面都是中信银行比较薄弱的业务，在有了BBVA相关的业务管理经验后，这些业务逐渐地成为中信银行的优势业务。在资本市场业务方面，双方在产品和客户资源方面实现共享，由BBVA向中信银行共享产品及业务系统，加上中信银行在国内巨大的销售网络，为客户提供综合性服务。人力资源方面，双方多次进行人员互相交流和业务培训，为中信银行的管理运营团队带来了国际化理念，也在整体上提高了银行员工的业务能力和素质水平。

通过本次的合作，中信银行在实践中学习到了BBVA优秀团队的业务管理能力，为中信银行的改革带来了更多具有长远意义的帮助①。

（二）建设银行和美国银行战略合作

为了学习海外先进的管理经验，与国际市场接轨，在2005年6月，建设银行便与美国银行签署《战略协助协议》，建立了战略合作伙伴关系。持续的战略协助与合作，推动了建行在风险管理、人才培养、技术应用、经营理念等领域能力与水平的提升。

在与美国银行结成战略合作伙伴后，建设银行学习并借鉴了美国银行"以数据为基础的管理"，促进建设银行从"经验

① 徐小鹏．中信银行引入西班牙对外银行的动因及影响探析［D］．江西财经大学，2018.

管理"的传统管理方式向"数据管理"的科学管理方式进行转变。数据管理，即通过利用健全的数据分析体系进行明确计量、精准定性、科学分析，形成真实可靠的科学依据，为管理者进行有效决策提供帮助。采用这种精细化的管理方式，完善了建设银行的管理体制。此外，建设银行还借鉴了美国银行"流程银行"的建设，进一步规范了银行的业务办理、组织体系、管理程序等相关流程，优化升级"部门银行"模式，推动了建设银行流程标准化、一致化管理方式的完善。

客户名单对银行来说意味着潜在的资源，名单不仅包括了客户的信用状况、财务信息等关键数据，此外，通过银行客户经理对客户的接触和了解，能够获得更多潜在的可开发价值，这都是难以用财务指标进行精确量化的。美国银行（亚洲）的零售业务，在香港本土银行中处于领先的地位，通过此次并购事件，建设银行利用美国银行（亚洲）在港澳地区的个人业务优势，使建设银行在港澳的客户名单增加为原来的 2 倍，客户贷款由原来的第 16 位提高到第 9 位。业务规模翻了一番，建设银行的个人普通客户、中高端客户、高端客户特别是国际客户业务市场竞争力大幅度提升。

建设银行与美国银行完成了多个协助型及咨询型项目、多次开展经验分享项目，美国银行有超过千名专家为建行员工提供了各类培训，建设银行得以借鉴先进的人才管理经验，以及人才创新意识的培养方式，为建设银行创造了良好的人才发展平台，提升了人才竞争优势，为建设银行的发展带来更高的经济效益。

信息技术的提升可以降低企业的经营费用和成本，提高企业经营效率，从而给企业的财务绩效带来积极影响。在与美国银行结成战略合作伙伴后，建设银行引进了美国银行"客户之声"的调查方法，从而改善了此前理解的片面性、凭经验进行主观决策的市场客户调查技术，进一步落实了建设银行"以客户为中心"的经营理念。此外，美国银行（亚洲）具备先进的银行管理系统，是香港首家为客户提供电子提示服务的银行。美银亚洲利用邮箱和短信自动提醒客户，将安全敏感的交易信息通知客户，还在港澳地区提供人民币 ATM 服务，为客户进行跨境购物提供方便。因此，建设银行可以通过借鉴美国银行提升自身的信息技术①。

（三）交通银行和汇丰银行战略合作

在党中央、国务院提出国有商业银行的股份制改革后，交通银行于 2004 年 8 月率先进行财务重组，引进了汇丰银行作为境外战略投资者。汇丰银行斥资 17. 5 亿美元，购入交通银行 19. 9% 的股权，与交通银行建立战略合作关系。

自汇丰银行入股以来，两家银行一直保持着密切的交往，合作的宽度和深度进一步拓展，在多个方面取得了显著的成效，其中涉及信用卡、公司业务、国际业务、资金托管等业务领域以及技术领域，形成了互利互惠、合作双赢的局面。

一方面，双方在多个层面上构建了的沟通与协作机制。在决策层面上，双方的董事长、行长以及执行总裁已多次举行例会及会晤。除此之外，还举行了多次峰会和不定期的非正式会晤，探讨和制定两家银行合作的战略规划和重要事项。在执行层面上，双方积极磋商沟通。每月都会举行一次双方的执行主席会议，商讨两家银行的业务合作事项，不断总结取得的成果、解决存在的问题。在基础层面上，如具体的工作内容，双

---

① 石舒怡. 中资银行海外并购绩效研究［D］. 西南财经大学，2016.

方注重合作交流，两家银行频繁地交流具体业务方面的经验，洽谈具体合作项目并积极推动项目开展。

另一方面，在项目实践中，合作双方高层制定的战略得到积极的开展。首先，汇丰银行派遣高级管理人员，参与到交通银行的项目决策和日常运营等事项中。在历届的交通银行董事会成员中，汇丰银行先后总共提名了五名董事，每一位都是国际银行界的翘楚。得益于他们丰富的专业知识和行业经验、高尚的职业操守和敬业态度，交通银行董事会的战略决策水平有了实质性提高。除了加入董事席位外，在 2005 年，汇丰银行中国业务前任总裁叶迪奇先生被推荐至交通银行担任副行长职务，帮助整合零售业务的架构。2013 年 4 月，汇丰银行著名的国际业务和公司业务专家伍兆安先生被交通银行正式聘用为战略合作顾问，这意味着两行在国际业务方面的合作更上一个新台阶。"

同时，双方开展了共享技术、互利双赢的交流合作。2004年，交通银行与汇丰银行签订了技术支持与协助协议（TSA）。汇丰银行派出多位专家进驻交通银行，分别对巴塞尔协议内评法、全面风险管理、市场推广及精准营销进行指导；为交通银行高层管理人员和业务员提供现金管理、私人银行、投资银行、单证业务、零售信贷等方面的培训。2007 年，双方签订的技术合作与交流协议（TCE），将合作模式提升至新的高度。不再是由汇丰银行单向提供技术支持和协助的模式，而是进行双向合作。通过互派指导专家、授课培训及人员交流等方式，汇丰银行与交通银行充分实现了资源优势互补。

此外，双方还进行多方面的业务合作。在各个领域及业务线开展广泛密切的合作，外汇实现优势互补，互利双赢，取得了积极成果。在个人业务领域，2005 年，交通银行联合汇丰银行成立了交通银行太平洋信用卡中心，联名发行太平洋信用卡。截至 2013 年末，在册卡量已达到 2703 万张，客户活跃度和卡均消费额都处于同业领先水平。除信用卡业务之外，在个人理财业务方面，双方还合作推出了针对高端客户服务的"沃德财富"，以及从事境外市场投资的"得利宝"系列理财产品。在公司业务领域，双方在为跨国公司提供银团贷款的项目上保持着密切合作。交通银行得益于汇丰银行共享的境外资源，针对跨国企业客户的全球现金管理业务发展迅速，服务能力持续增强。同时双方还加深了村镇金融、绿色金融及海外上市、承销债券等方面的业务合作。在国际业务领域，随着中国国际经济地位提升，汇丰银行与交通银行抓住人民币国际化的机遇，开展了包括跨境人民币业务、信用证结算、外汇财资交易、外币清算业务等在内的合作。2013 年 4 月，双方签署了跨境人民币业务合作备忘录。这标志着双方将在跨境人民币贸易、境内外企业人民币融资、全球资产托管、基金业务及个人业务等方面开展合作，开拓出新的利润增长点。

　　交通银行与汇丰银行推出了"1+1 全球金融合作"模式。该模式是交行集团客户部、公司部与汇丰"海外中国企业服务部"等多部门建立的月度沟通机制。目的在于深入交流中国企业"走出去"的市场前景与客户需求，挖掘潜在项目，探讨合作模式与服务方案，扩大合作成效。这种由汇丰锁定境外业主，交行锁定中资出口商的模式，同时发挥了汇丰海外市场优势与交行国内市场优势，提升了双方对企业境外工程承包项目的服务能力，真正形成"风险共担、利益均沾"的可复制合作模式，对后续两行联合提供财务顾问及牵头组织银团合作具有十分重要的借鉴意义①。

---

　　①　交通银行与汇丰银行喜迎战略合作十周年［EB/OL］. 腾讯大秦网．（2014-09-17）. https://xian.qq.com/a/20140917/059081.htm（2022 年 4 月 4 日访问）。

从交通银行和汇丰银行的合作成果来看，交通银行不仅充实了资本金，而且达到了引进先进技术、拓展业务领域、完善公司治理结构等的目标。实践证明，交通银行通过与汇丰银行深化合作，明显提升了市场竞争力和自主创新能力，同时推进了战略转型的进程①。

五、商业银行品牌战略助力实现中国梦

随着经济全球化深入发展，世界进入品牌经济时代，全球市场各个领域的竞争已经越来越集中地体现为品牌竞争。品牌不仅是企业核心竞争力和可持续发展能力的重要体现，还是一个国家经济水平和综合实力的象征，对全球经济贸易活动有重要影响。改革开放以来，中国经济社会发展取得了巨大成就，产品和服务质量明显改善，已经成为世界第二大经济体和制造业第一大国。随着经济和居民消费水平的提高，品牌经济时代已经到来。但是中国品牌目前仍然处于全球价值链的底端，实属经济大国、品牌弱国。为了改变这种现象，国家高度重视品牌建设工作，习近平总书记强调要"推动中国制造向中国创造转变、中国速度向中国质量转变、中国产品向中国品牌转变"。这"三个转变"，为推动中国产业结构转型升级、打造中国品牌指明了方向。

为了建设品牌大国，国有大行应担负起必要的社会责任，实施品牌战略，助力中国品牌强国梦。国有大行需在品牌培育、品牌管理、品牌保护等品牌发展基础上展开研究，成立国际品牌发展研究中心，集中优势团队，全方位开展联合技术

---

① 程媛媛. 中资银行引入境外战略投资者后的绩效变化研究［D］. 复旦大学, 2014.

攻关，有效地为中国品牌建设提供技术支撑。国有大行需助力建立中国品牌建设的品牌机制，打造享誉世界的品牌。同时推动绿色发展，设立中国产品基金。尤其是围绕"一带一路"倡议的推进，国有大行需打造有自身特色的产业品牌，推动中国优质产业走向国际。以品牌价值发展理论为基础，以"一带一路"倡议为指导思想，引领全球各个国家形成发达国家和发展中国家合作共赢的品牌发展之路。

品牌是全社会的共同财富，是推动创新转型、经济繁荣增长的新动力。社会各界要增强品牌意识，共同关注品牌、培育品牌、保护品牌，营造品牌发展的良好氛围，提升中国品牌竞争力，共同促进中国品牌做大做强。当前，围绕"一带一路"倡议，国有大行更应加强品牌建设，带动中国产业发展，推动中国品牌走向世界。

第五章 从品牌价值管理到实现
我国经济高质量发展

当前，我国对品牌的重视已经从企业层面上升到国家战略层面。品牌成为助推供给侧结构性改革，实现产业与消费转型升级的重要抓手。加强品牌建设也是深化金融改革的破题之道。对于商业银行来说，除了公司的内在价值外，品牌价值已经成为银行自身价值重要的构成部分，更是银行的核心资产，直接关系到企业的生存与发展。世界管理学大师彼得·德鲁克曾评价说："21世纪的组织只有依靠品牌竞争了，因为除此之外它们一无所有。"由此来看，品牌价值管理也将要成为银行提升竞争力的必要手段。另外，我国加入WTO之后，政府不断开放市场的行业和领域，允许国外企业涉足，以此充分改善品牌产品的市场条件。同时，党的十六届五中全会进一步将"形成一批拥有自主知识产权和知名品牌、国际竞争力较强的优势企业"纳入我国经济社会发展的主要目标。时至今日，英国品牌评估咨询公司"品牌金融"（Brand Finance）发布"2022年全球品牌价值500强"榜单（Global 500 2022）显示，美国和中国继续占据主导地位，在榜单中占全球总品牌价值的2/3。美国品牌总品牌价值占49%，总价值约3.9万亿美元，中国品牌总品牌价值占19%，总价值约为1.6万亿美元。中国企业的品牌价值在全球范围内已经获得巨大的成就。同时，中国经济体量也已经达到世界第二位。品牌价值和国家经济实力呈现出了正相关演进的趋势。我国商业银行尤其是国有大行在我国经济中占据举足轻重的地位，其自身的品牌价值的提升同样促进着我国经济的发展。因此，对于我国银行业而言，增强自身品牌价值管理能力，提高品牌价值，将实现我国经济的高质量发展。

第一节　品牌强国战略下的银行业品牌价值跃升

品牌，既是企业乃至国家竞争力的重要体现，也是赢得世界市场的重要资源。品牌建设是构建现代化经济体系、形成新发展格局的内在要求，是实现我国由经济大国向经济强国转变的重要途径，是满足人民日益增长的美好生活需要的根本要求。"品牌强国"国家战略应运而生。作为贯彻落实"品牌强国"国家战略的重点项目，"品牌强国·自主品牌优选示范工程"也于 2019 年 5 月正式实施，成为推动品牌信用建设影响力，提高中国企业的国际竞争力，助力中国品牌走向世界的重要路径。近些年来，我国一直把品牌发展作为提升国家竞争力的方式之一。具体来说，我国政府、企业和机构不断推出了以中国制造、中国形象为主题的宣传片，相继举办了北京奥运会、上海世博会、上海进博会，还设立了"中国品牌日"，以政府和制度的力量引领国家层面的品牌建设与管理。目前，我国的"品牌强国"战略已经行驶入"快车道"，呈现快速发展、多点开花的局面。对于我国银行业来说，品牌是银行重要的无形资产，既是银行个性化的体现，也是区别于其他银行的重要标志。成功的品牌能在消费者心中产生持久的印象，形成卓著的信誉和优良形象，有利于提高银行信誉度和竞争力。因此，我国商业银行必须着眼于提供优质产品和服务，把品牌建设置于战略的高度，实施个性化的品牌战略，才能在客户心目中树立良好形象，进而在激烈的市场竞争中占据优势，从而实现品牌价值的跃升。

一、"品牌强国"战略是国家发展的重要方略

在 2016 年 6 月 10 日，以国务院办公厅发布《关于发挥品牌引领作用推动供需结构升级的意见》为标志，品牌战略上升到国家层面。一国的综合国力和软实力受到其跨国企业的品牌实力影响，打造国际竞争力和吸引力急需品牌驱动强国。"十四五"规划中指出："开展中国品牌创建行动，保护发展中华老字号，提升自主品牌影响力和竞争力，率先在化妆品、服装、家纺、电子产品等消费品领域培育一批高端品牌。""品牌强国"战略，是指一国通过引导、鼓励、支持企业进行品牌创立、建设、维护、扩散，实现国家综合实力与国际竞争力、吸引力的跨越式提升，为人民群众谋福祉，增加人民幸福感的重要战略。自我国加入世界贸易组织以来，国际上大量的知名品牌进入了我国市场，为我国人民消费提供了多种多样的选择，而期间与之相对的国产品牌则多被视作为较为次级的选择。如今我国的综合国力已经提升到新的台阶，实现中华民族的伟大复兴提上日程，打造中国自身的知名国际品牌成为必要选项。面对世界市场品牌竞争的新格局，要培育和造就一大批能在国际市场中竞争制胜的中国品牌，必须进一步坚定不移地实施品牌强国战略，打造拥有自主知识产权的产品和驰名世界

的国际大品牌，实现从"贴牌大国"向"品牌强国"的转变。[①]

"品牌强国"是全方位的综合强国战略，主要涉及民生领域，包括制造业、金融、电子设备、高等教育等方面，重点是打造高端品牌，提高品牌知名度与品牌价值。在制造业方面，2015年5月，国务院印发了《中国制造2025》，全面推进部署实施制造业强国战略。制造强国重要的标志之一，就是在先进制造领域拥有一系列具有重大国际影响力的全球知名品牌和顶级品牌，在先进制造领域没有系列全球知名品牌，就不可能成为名副其实的制造强国。由于技术、材料等方面的原因，先进制造领域的一些产品质量不具备优势，产品的安全性、可靠性、稳定性等与世界顶级产品相比还存在提升空间。而且，中国先进制造领域最具价值品牌偏少，品牌价值相对较低，品牌的影响力不大。在建设制造强国的进程中，仍需大力推进中国先进制造领域品牌出海，强化先进制造领域品牌文化内涵和独特性的建设，从而推动先进制造领域国企建设全球顶级品牌，推动著名品牌环境、社会和法理的建设。[②]

二、提升核心竞争力是银行业品牌塑造的基础

核心竞争力是指能够为企业带来可持续竞争优势的有价值的、稀缺的、难以模仿的、不可替代的资源和能力。一般而

---

① 柳思维. 努力将贴牌大国打造成自主品牌强国的思考 [J]. 北京工商大学学报（社会科学版），2012，27（4）：1-7.

② 李金华. 制造强国建设路径：打造全球知名品牌方阵 [J]. 新疆师范大学学报（哲学社会科学版），2021，42（2）：120-131，2.

言，企业核心竞争力的概念包含两个方面：一是企业所拥有的资源，二是企业所拥有的能力。资源是核心竞争力的基础，包括品牌资源、人力资源、生产装备和资金等，资源类核心竞争力可以为企业带来竞争优势。能力是企业核心竞争力的较深层次因素，表现为多个层面如技术能力、管理能力、营销能力和服务能力等，能力类核心竞争力也可为企业带来竞争优势。核心竞争力是企业竞争力的基础，是企业持续竞争优势的源泉，只有构建了核心竞争力，企业才能生存于日益激烈的市场竞争中。①

不同于一般的企业，商业银行在核心竞争力方面的定义有所不同。商业银行核心竞争力是商业银行通过自主经营、品牌战略、市场营销、文化塑造等途径形成的与其他金融机构截然不同的比较优势创造能力。具体而言，商业银行核心竞争力是商业银行在激烈的市场竞争中，以长期的经营实践经验为基础，而形成的领先于竞争对手、具有持续发展和竞争优势的可能，体现了商业银行获得持续竞争优势、特殊的市场价值取向和抵抗市场风险的能力。在激烈的市场竞争中，核心竞争力对商业银行的生存、发展具有重要的意义，它内蕴于各种竞争要素之中，同时又是各种竞争要素提升的力量和动力，是企业文化、经营能力和经营方式长期积淀的结果，是商业银行市场价值和综合实力的集中体现。而这些竞争要素主要包括商业银行的盈利能力、风险管理能力、市场占有能力、市场反应能力、流动能力和发展与创新能力。②

---

① 孙昌玲，王化成，高升好. 核心竞争力能够提升企业业绩吗？——基于文本分析的经验证据 [J]. 东南大学学报（哲学社会科学版），2021，23（6）：72-82，146.
② 林志扬，张刚. 基于核心竞争力的商业银行组织结构优化研究 [J]. 经济问题探索，2013（7）：93-99.

核心竞争力是商业银行品牌价值评价其中最为重要的一环。作为吸收存款的银行业金融机构，商业银行的品牌价值内涵包括核心竞争力、客户好感、企业文化和社会形象，其中核心竞争力能够与其他内涵互动并加强。品牌的本质是一种信誉，是产品品质、商标、企业标志、广告语、公共关系的相互融合，底蕴是独具特色的企业文化。而商业银行品牌是指商业银行在长期的市场营销活动中，在金融产品的开发、管理、销售过程中逐渐形成的被客户熟悉、与其他同类商品在标志上有显著区别，为客户接受和认同的某一金融产品以及使客户对其所属银行本身形成偏好、信任感和依赖感的金融企业。① 在这种长期的品牌塑造过程中，核心竞争力是我国商业银行品牌塑造的发动机、动力源。只有通过打造核心竞争力，商业银行才能够塑造自身的独特品牌，形成被人熟知的品牌形象，培育具有黏性的品牌文化，构造无形而宝贵的品牌资产，在同业竞争或国际竞争中取得重要优势。

三、产品特点丰富银行业品牌内涵

在众多的产品品牌建设方式中，差异化、独特性的视角受到业界和学术界的广泛重视。从消费者选择的角度看，产品差异化存在两种不确定的结果：其一，从供给方进行的差异化策略不能有效满足消费者的需求，消费者并不认可差异化的产品，而消费者不选择的结果使差异化策略的有效性得不到实现，其经济后果是差异化策略并没有引起市场份额的扩大，甚至可能导致市场份额的减少，这种差异化策略称为无效差异

---

① 赵辉. 关于构造我国商业银行品牌战略的思考［J］. 金融论坛，2003（3）：44-49.

化。其二，有效差异化，即指供给方提供的差异化产品得到消费者的认可，赢得了消费者选择，市场份额必然随之扩大。由此，能否满足消费者需求从而赢得消费者选择，成为有效差异化策略的判断标准。从本质上讲，差异化的有效程度取决于消费者的选择行为，消费者在择优选择过程中，在对不同产品的比较中必然发生包括时间成本、精神成本、学习成本等在内的选择成本，因而影响和制约消费者选择行为的局限条件是选择成本。因此从这个意义上讲，真正能够实现利益一定条件下的选择成本最小化的要素，便是确保有效差异化实现的必要条件。① 因此，实现金融产品品牌建设需要开展有效差异化策略，从最小化客户成本出发，实现银行与客户共同成长，从而促进商业银行的品牌价值提升。

金融产品的品牌建设关键在于产品的差异化构建和独特性展示。由于金融产品本质上是一种服务，具备服务的各种特性，需要从服务的流程来对其进行优化。服务的特点是产品的生产和消费发生在同一时间，需要消费者和厂商共同参与。这种消费者和厂商的接触就变得尤为重要，在服务营销学里称为"关键时刻"或"真相时刻"，金融产品的品牌建设就围绕其展开。正如其他成功的品牌搭建一样，金融产品品牌建设与商业银行的核心竞争力息息相关，核心竞争力所在决定了品牌的内容。一般而言，企业核心竞争力是指本企业所特有的技术、服务、管理等方面的能力。寻找、创造和积累产品的核心能力，是企业经营决策者的主要任务。一个产品竞争力的强弱，主要取决于有无能力建立其核心竞争能力。从金融产品的角度来看，首先，金融商品无法申请专利，因此可以被轻易模

---

① 沈丽，于华阳. 中国信用卡竞争的理论与实证分析——基于有效差异化竞争的品牌经济模型［J］. 金融研究，2010（4）：191–206.

仿。金融产品创造价值的多少，不但取决于产品的设计，还取决于服务的构成及附加服务的质量，模仿者能够依靠更优质的服务来战胜创新者。因此，产品的创新要有服务的创新作保障。其次，金融监管部门要求银行所提供的金融产品的相关信息要公开和透明，便于监管者和客户掌握和评判该产品的风险状况，这同时也为竞争对手模仿带来便利务核心条件。所以，金融产品的竞争力体现于对手所难以模仿和获得的素质，如独特的企业文化、人力资源管理水平、市场开拓能力、服务体系、科技实力等，唯有在这些方面不断进行改革创新才能增强竞争实力①，通过核心竞争力的打造建设起商业银行的金融品牌。

四、适应市场认可的国际品牌评判标准

品牌提升的路径是自我强化的市场占有率无限提高，国际市场的影响力是品牌提升的必要追求。我国商业银行在国内搭建好品牌后，下一件事就是在国际中提升影响力，塑造跨国品牌银行。在国际品牌评估领域，各式榜单五花八门，但最具权威的不外乎 Interbrand、BrandZ、Brand Finance 和 World Brand Lab 这四个榜单，在全球受到广泛认可。

---

① 孙彧. 商业银行金融产品品牌构建路径浅析［J］. 山西财经大学学报，2011，33（S3）：70，73.

表 5-1 国有大行国际品牌价值排名①

银行	2022 年品牌金融《全球银行品牌价值 500 强》	2021KantarBrandZ《全球最具价值品牌 100 强》	2021 年世界品牌实验室《世界品牌 500 强》	2022 年品牌金融《全球500 强》
工商银行	1	51	40	8
农业银行	3	—	340	14
中国银行	4	—	202	24
建设银行	2	94	209	11
交通银行	13	—	—	112
邮政储蓄银行	17	—	—	—

品牌全球化能够有效地通过具有国际影响力的品牌带动本国经济的发展。品牌全球化主要是指该国家以商品、金融资产等形式流通在全球范围内的资产，并能够以此获得经济和社会效益。在面对海外市场时，全球品牌资产价值的高低与其资产标准化程度高低正相关，即不同国家和地区的消费者对于该品牌资产感知差异度越低，品牌强度越大，其价值就越高。相比于对内的品牌价值塑造，在对外输出方面，我国的品牌全球化塑造和定位就相对清晰和明确。在 2022 年公布的全球银行品牌价值 500 强榜单中，工建农中四大行继续分列前四名。不止在"银行品牌"榜单中，近些年，中国进入各种品牌榜的企业越来越多，品牌价值越来越大，企业类型也逐渐丰富。这是从全球市场中为我国经济带来经济效益和社会效益。在"十四五"规划发展阶段，我国仍面临供给侧结构性改革的问题，接下来的方向可以以品牌全球化继续落实和推进。

---

① 数据来源为各机构官网（2022 年 3 月 24 日访问）。
https://brandirectory.com/rankings/banking/.
https://www.kantar.com/campaigns/brandz/global.
https://www.worldbrandlab.com/world/2021/brand/43.html.
https://brandirectory.com/rankings/global/.

品牌全球化在产生经济效益和社会效益的过程中，主要依托品牌价值链的运转而成。这也是国际知名银行形成塑造并积累其品牌价值的普遍逻辑。首先，在对外出口输出的过程中，依据不同国家的现状制定相应的营销方案，这是对外输出标准化到本土化的过程，从而形成了该品牌在不同国家的品牌资产集合。这个品牌资产集合中存在优质资产，即成功塑造了品牌认知，反之是劣质资产。换句话说，不同国家的消费者对同一品牌所形成的顾客心智不尽相同，这就又形成了顾客心智资源集合。其次，在品牌价值链中，能够产生市场业绩的资产正来自顾客心智资源，而且，由于心智资源具有心理因素的特殊性，又能够产生对于品牌独特的联想，从而能够促进品牌价值呈指数型上升。品牌价值链的最后环节是由市场业绩带来的价值能够转化为金融市场上的财务价值，如股票价格、债券价格等。对于品牌价值链有三个思考：（1）我国国有大行出海多以服务配套建设工程为主要形式，因此需要秉持对外开放，加强"一带一路"建设，促进更多的国际合作项目落地；（2）商业银行提供的是金融产品和服务，在为项目和东道国提供金融产品和服务时，能够高效的接入是关键，因此，《金融标准化》将是金融供给侧结构性改革的必然，这是统一监管的需要，又是对接全球的需求；（3）顾客心智资产是品牌价值链中的核心资产，因此，品牌的社会声望高低、受众感知质量好坏和社会责任履行程度是维护顾客心智资产的重要抓手。

研究商业银行品牌的国际影响力需要了解现行各大品牌评估机构的品牌价值评估方法。Interbrand、BrandZ、Brand Finance 通过各自的理论和方法，计算品牌的具体价值。世界品牌实验室（World Brand Lab）评判依据是品牌的世界影响力，对品牌进行了评分，但不计算具体价值。目前我国国有大行尚未在 Interbrand 取得排名，在讲述评估方法时可供参考。

Brand Finance 使用特许费率法计算品牌在其排名表中的价值，此方法通过计算出一个品牌的特许费率来估计未来可归因于专利使用的收入，以达成"品牌价值"，将其理解为许可人在开放市场通过品牌授权可获得的净经济利益。即假设品牌在并未被使用者所拥有的情况下，品牌使用者所需支付的款项。

BrandZ 是全球最大的传播集团 WPP 旗下调研公司凯度华明通略（Kantar Millward Brown）发布的品牌报告，从 2006 年开始发布 BrandZ 全球品牌价值 100 强榜单。作为全球权威的大型品牌建设平台，BrandZ 研究对象是那些已经融入消费者日常生活之中的品牌。这项品牌估值研究采用了业内独有的调查方法，将企业的财务市场数据和一线调研数据相结合，综合考虑品牌的财务表现（根据凯度消费者指数和彭博的数据）以及根据消费者研究获得的品牌贡献值（Brand Contribution Index）。

世界品牌实验室经过 16 年研究与品牌测评，于 2019 年起采用调整后的收益现值法对品牌价值进行测评。收益现值法基于经济适用法，综合了消费者研究、竞争分析以及对企业未来收入的预测。世界品牌实验室参考了国际上通用的品牌价值评估方法，比较了各种评估模型的特点，结合当前全球的经济背景和竞争环境，对影响品牌的各个指标进行测评分析。这种计算方法充分考虑到了企业品牌自身的经营状况（包括营业收入、增长率等）和品牌为企业带来的收益（品牌附加值指数以及品牌强度系数）。①

Interbrand 定义的"全球品牌"，需要业务覆盖全球、财务数据公开透明、长期盈利持续增长、直接面向消费者，因此许多进入世界 500 强的中国巨头公司都被排除在了榜单之外。它

---

① https://www.worldbrandlab.com/valuation.htm（2022 年 3 月 24 日访问）。

采用的主要评判要素为：（1）30%以上收入，必须来自本国以外的地区；（2）必须在亚洲、欧洲、北美地区占据重要地位，并广泛涉足新兴的发展中国家和地区；（3）必须有足够公开的财务信息；（4）必须长期盈利；（5）必须在全球主要经济体拥有公众形象和知名度。其中，属于它方法的独特要素为品牌强度，这个要素是衡量品牌为其所有者带来的长期收益能力。通过10个关键指标来衡量品牌作用力，分别是内部因素中的品牌清晰度、品牌承诺（内部重视程度）、品牌管控、品牌响应，以及外部因素中的品牌真实性、品牌相关性、品牌差异性、品牌一致性、品牌存在感和品牌参与度。对这些维度的评估是相对于同行业中其他品牌进行的，通过这种分析，可以判断某个品牌在哪些方面最具品牌实力。①

五、银行业的数字化发展将促进品牌价值的提升

美国信息技术咨询公司高德纳认为开放银行是一种为生态系统成员提供数据、算法、交易等功能共享服务的平台化银行商业模式。开放银行的本质是数据的开放共享，是银行业的一种新型展业模式，实施依据是数据携带权。数据的开放共享是指，特定主体在一定条件下，可以通过访问客户银行账户收集客户银行账户及交易数据。数据可携权是赋予数据主体以结构化、通用化和机器可读格式接收其提供给控制器的个人数据以及将这些数据从一个控制器传输给另一个控制器的专有权利。开放银行通过 API（应用程序接口）与 TSP（第三方服务提供商）等技术将银行服务与产品直接嵌入合作平台，实现银行与

---

① https://www.sohu.com/a/348267114_369451（2022 年 3 月 24 日访问）。

第三方之间的数据信息共享与融合，由"API""数据共享""平台合作"三个部分构成。① 开放银行的核心是把整个金融业内外的数据整合起来，让数据成为一种生产要素，做到金融数据共享，以此创造出金融服务的新业态，让金融服务的从业者、创新者、消费者及监管者各得其所，从而实现金融服务的自动化、行动化、智能化、创新化。②

2018 年，开放银行在英国率先落地，英国成为全球开放银行的领先市场。从国内来看，自 2018 年以来以国有大型商业银行和全国性股份制商业银行为首的银行业金融机构纷纷加快了在开放银行领域的布局，多家大型商业银行相继出台了开放银行战略。与英国开放银行打破竞争不充分的兴起动因大相径庭，中国开放银行是银行业在新的发展态势下为走出市场困境、争取市场主动而做出的主动探索。中国人民银行于《金融科技发展规划（2019—2021 年）》中也提到"打造新型商业模式""构建开放、合作、共赢的金融服务生态体系"等字眼，广大中小型商业银行也正积极探索参与开放银行角逐的最佳实践，开放银行正迅速成为国内业界和监管部门讨论的热点。③

第二节　经济增长和银行业品牌价值

经济增长是经济学长盛不衰的研究命题，亚当·斯密指出

① 杨学科，安雪梅. 开放银行实践：数据可携权及其监管逻辑 [J]. 金融经济学研究 36（2），132–142.

② 易宪容，陈颖颖，周俊杰. 开放银行：理论实质及其颠覆性影响 [J]. 江海学刊，2019（2）：86–93，254.

③ 郭亦能，肖斌卿. 数字经济时代开放银行发展模式与路径：中英两国对比研究 [J]. 河海大学学报（哲学社会科学版），2021，23（4）：51–59，107.

资本积累和劳动分工是经济增长的两大动力；李嘉图、穆勒等着重强调资本积累是经济增长主要推动力；Solow 认为经济增长来自物质资本和人力资本；Arrow 将技术作为经济增长的内生变量；舒尔茨提出用人力资本理论来补充和发展技术进步；诺斯提出由制度因素可以内生于经济增长，并基于此逻辑进行了严谨的实践证明；以 Flam 和 Helpman 等经济学家从产品质量和种类的角度研究经济增长。总的来看，影响经济增长的因素繁多。对于经济增长的观点可以大致梳理成两个特点：一是从实物资源到无形资源的计量，如以资本存量、劳动数量及其他自然资源为主要研究对象的实物资源，以及以技术、研发、制度和文化为主要研究对象的无形资源。二是从宏观到微观，例如从产品质量的角度研究经济增长，则是以微观企业的资产与负债的角度对于经济增长进行解读，而不仅仅只是宏观的资本较量。国与国的竞争从宏观的资本到微观的产品质量这一视角的转变，意味着一个国家的资本、技术等终究要靠企业来体现。正如迈克尔·波特指出的，站在国际竞争最前沿的，是企业而不是国家。

当下，正处于"品牌强国"战略实施的关键时期，关于品牌与经济增长已经成为无法绕过的领域。Julien 和 Giana 认为，品牌化发展对经济发展十分重要；Simon Anholt 从消费的角度研究了地方品牌建设对经济的作用；陈永维分析了品牌战略对经济增长的拉动效应，理论的研究都已经逐步将品牌与经济增长进行剖析。实证方面，Tahir 利用金砖四国的品牌价值与经济增长的数据进行了数量分析；李仁良和傅小竹利用中国注册商标增长率数据分析了品牌资本对中国经济增长的贡献率；祝合良和关冠军以中国和美国的商标和专利等知识产权活动情况作为衡量品牌的指标，对品牌引领经济增长的作用进行了国别比较分析。总的来说，经济增长已经与品牌价值的高低有了千丝万缕的关系，在这个方面，首先需要对品牌价值进行有效的评判；其次，需要将影响经济增长的众多要素抽丝剥茧的有效区分，并重点聚焦在基于品牌价值的要素上展开分析；最后，形成有效的国内和国际分析范式，进行科学、合理的实证研究。

一、推动普惠金融发展是银行业品牌价值挖掘的领域

近年来，新冠疫情成为冲击世界经济的"头号杀手"，由于疫情影响，国际经济形势走向不甚明朗。对于我国实体经济而言，疫情引发的市场环境波动严重阻碍了中小企业的日常生产经营活动。此外，当今世界头号大国美国，为了缓解疫情对美国经济带来的影响，美联储进行了史无前例的量化宽松政策，导致大宗商品价格上涨，而中国主要是进口大宗商品、出口工业品，这会严重损害我国实体经济发展。对于我国中小微企业而言，除了面对外部冲击，还面临融资难的窘境，虽然商业银行信贷是支持实体经济的主要力量，但事实上，实体经济在资金获得方式上过于单一，融资成本也出现了相应的增加。而在具体操作中，大量中小企业由于和大型企业实力相差较大，无法满足政策标准，出现了融资难问题，无法从银行政策中得到帮助。

小微企业是国民经济发展的主要助力，同时也是我国市场经济稳定的稳定剂，对于经济发展以及社会进步都起着重要的作用。因此，商业银行必须将提高服务实体经济的能力提上日程。应该提高小微企业融资资历、降低金融机构贷款成本以及

健全企业担保体系建设，推动小微企业融资工作的开展，为小微企业的发展提供助力，同时也为社会经济的稳步发展提供推动作用。①

从政策实施的角度来看，2017 年 5 月银监会发布《关于印发大中型商业银行设立普惠金融事业部实施方案的通知》，从监管层面改革商业银行内部普惠金融业务发展的架构和业务模式。2018 年银保监会向商业银行提出"两增两控"目标。2020 年 4 月银保监会决定将普惠金融在商业银行金融机构分支行综合绩效考核指标中的权重提升至 10% 以上，鼓励加大小微信贷投放。由于上述监管政策的不断加强和升级，在普惠金融领域支持小微企业已成为商业银行业务发展的硬约束。首先，商业银行组建普惠金融条线。各商业银行从总行到分行再到支行，三个层级纷纷成立普惠金融事业部，在乡村振兴背景下也挂牌了乡村振兴的牌子。其次，普惠金融产品的研发和运用也在提速，由于原有的传统商业银行内部运作模式逐渐跟不上业务发展的需要，新的商业模式将在前端批量获客、场景化获客、数字化获客方式，中端关于项目评估和审批的大数据、信息化建设，以及后端的智能化风控管理等方面发生较大变革。最后，2021 年第四季度，央行在货币政策执行报告中表示，下一步要充分发挥好两项直达工具接续转换后的市场化政策工具的牵引带动作用，进一步激励地方法人银行加大对小微企业、小微企业主和个体工商户的支持力度，积极挖掘新的合理融资需求，提高普惠小微信用贷款比重，持续推动普惠小微贷款"增量、降价、扩面"，有效缓解小微企业融资难、融资贵问题。

具体来说，商业银行为中小微金融供给与服务实体经济需

---

① 闫祎坦．我国小微企业融资问题研究［J］．商场现代化，2020（24）：84 -86. DOI：10. 14013/j. cnki. scxdh. 2020. 24. 031.

要进行必要的优化：一是加强策略引导。① 我们要对商业银行小微金融的发展加强政策上的引导，引导对中小型商业银行进行扶持，加大对于中小商业银行发展的支持力度，提升在中小银行中小微金融业务的占比，减少中小银行的审批程序，提高审批效率，出台相应的优惠政策，能够帮扶更多小微企业。二是完善小微金融长效机制。商业银行需要将做好小微金融服务作为长期性的战略目标不断完善小微金融的供给长效机制，从自身发展战略的全局眼光，系统性的建设商业银行内部的小微金融长效机制。同时，将商业银行小微金融发展的长远目标与自身发展战略协调起来，保持商业银行内部小微金融业务的持续性发展。三是提高创新能力。小微金融产品的创新对商业银行自身发展来说也是十分重要的，商业银行应该坚持以自身发展需要以及市场变化规律为基础不断进行改动，根据小微企业的发展特点，制定不同的小微信贷产品，为其提供专门化的小微信贷服务。与此同时，商业银行应该对当下的互联网大数据技术进行尝试，积极开发出特色的线上产品。借助移动终端的优势，开发出相应的软件或者公众号平台，最终达到能够在移动终端上完成整套业务，提升业务便捷性，在时间和空间上减少小微企业的成本。

二、守护金融市场稳定是银行业品牌价值稳定的基础

随着我国社会主义市场经济的发展，和经济全球化的进程

---

① 向露．商业银行小微金融供给与服务实体经济［J］．中国中小企业，2021（7）：192-193.

不断加快，我国商业银行开始面临前所未有的挑战。尤其是近期，俄乌两国在地缘政治上的冲突与对抗引发了全球股市暴跌，随着美英欧加等经济体在禁止俄罗斯主要金融机构使用SWIFT 系统方面达成一致，进一步加剧了全球经济金融的不稳定性。而银行业本身又是高风险行业，存在不同类型的风险。而风险管理的能力决定了商业银行能够承担风险的大小，进一步决定了其能否降低风险带来的损失，以及能否通过管理风险获得较高的收益。① 并且，风险管理领域的变革也一直是社会经济发展的核心构成要素，它能够防止系统性金融风险的爆发，为经济的稳定发展保驾护航。我国商业银行想要实现可持续发展，也就必须重视风险管理。关于风险，这是人们在经济生活中经常使用却又对此较为模糊的概念，美国经济学家奈特在其 1921 年出版的名著《风险、不确定性及利润》中，较为全面地分析了风险与不确定性的关系。他认为，风险是从事后角度来看的由于不确定性因素而造成的损失。② 延伸到金融领域，金融风险也可以简要理解为：是指经济主体在金融活动中遭受损失的不确定性或可能性。再者，根据金融风险的性质划分，金融风险可以分为系统性金融风险和非系统性金融风险。系统性金融风险是指发生波及地区性和系统性的金融动荡或严重损失的金融风险，它通常涉及整个金融体系。而非系统性金融风险属于个别经济主体的单个事件，但风险本身具有传染性，因此，商业银行对非系统性金融风险更需要防微杜渐。

我国金融风险管理的发展主要经历了三个阶段，第一阶

---

① 谷晓飞，田媛. 商业银行金融风险管理理论及实践探析［J］. 经济研究参考，2015（38）：70~75+85. DOI：10. 16110/j. cnki. issn2095-3151. 2015. 38. 011.

② The New Palgrave Dictionary of Money and Finance（111），Edited by Peter Newman，Murray Milgate and John Eatuell，Publish by the Macmillan Press Limited，1992.

段：20世纪90年代中期到21世纪第一个十年初期的风险概念形成期。风险概念初步形成，认识到银行是经营风险的机器，需要受到资本的约束。第二阶段，21世纪第一个十年初期到21世纪第二个十年中期，风险治理结构改革期。主要是在加入世界贸易组织的背景下，国有银行改制上市，我国银行体系首次出现了专业化和职业化的风险经理团队。以2007年银监会要求大型银行实施新巴塞尔协议为标志，各行投入大量的资金开展风险管理体系建设。第三阶段，21世纪第二个十年中期以后，经济发展进入新常态，金融风险管理发展也相应进入新的发展时期。这个时期的金融风险管理需要注重风险管理与业务的结合，风险管理和科技的结合，以实现我国金融管理发展的第三次飞跃。

商业银行在金融风险管理上面临着不少问题，其中最特殊的是金融服务过度重视大企业、国有企业和政府，从而形成了过度依赖抵押担保的畸形风险管理机制。而占据了市场主体的90%以上的中小微企业在向商业银行融资时，由于本身缺乏抵押能力，不得不面临融资难等问题，这也就造成了实体经济在新常态下发展面临困难，而银行的表面风险管理状况却相对良好，忽略了企业和市场变化的真正风险。因此，在金融风险管理对策上，商业银行可以从这两方面着手：一是我国商业银行需主动化解信贷集中度过高的问题。① 因为商业银行信贷规模集中度较高的一个原因是老旧行业贷款规模太大、时间集中，从而有集中爆发商业银行金融信用危机的可能。这就需要对相关主体进行全行业调查和调整。对于经营势头处于上升态势的行业，商业银行需要进行总量控制下的扶持。对于发展平

---

① 涂开均，杨帆. 我国城市商业银行金融风险管理研究 [J]. 西南金融，2018（10）：71-76.

庸或走下坡路的行业，商业银行则可通过必要的信贷规模控制防控金融风险。二是加大对商业银行的市场约束，迫使银行有效而合理的分配资金，从而促进金融风险反映实体经济风险，金融有效服务实体经济。[①] 同时，配合破产和退出机制的建设，积极消除和减少各类刚性兑付和担保抵押等金融机构经营过程中的不当风险阻滞和扭曲风险管理，建立实体经济和金融体系之间正常的风险传导和激励管理机制。金融风险背离实体经济风险是金融机构畸形风险管理和金融脱实向虚的结果和表现，危害金融服务实体经济的基本功能。需要通过健全破产机制、发挥资本的作用、加强风险分析和管理等综合改革和治理措施促使金融产品回归服务实体经济，与实体经济共担风险共享收益的本源。

三、推动金融供给侧结构性改革是银行业品牌价值提升的路径

金融供给侧结构性改革是经济供给侧结构性改革的重要组成部分，金融供给侧结构性改革已是目前国内金融业发展的核心主题之一。金融发展不平衡、不充分，是我国金融体系长期存在的深层次、结构性矛盾，也是制约服务实体经济质效的关键因素，进行金融供给侧结构性改革的根本目的是增强金融服务实体经济的效能，而提高直接融资特别是股权融资比重是金融供给侧结构性改革的关键环节。[②] 完善资本市场融资制度又

---

① 陈忠阳. 巴塞尔协议Ⅲ改革、风险管理挑战和中国应对策略 [J]. 国际金融研究, 2018（8）：66-77. DOI：10.16475/j.cnki.1006-1029.

② 孙金钜. 金融供给侧改革与资本市场融资制度完善研究 [J]. 新金融, 2019（12）：30-34.

是提高股权融资比重的基础。

目前，金融业特别是银行业并没有为实体经济的结构调整提供充足、有效的服务。一方面，信贷资金不断流向效率较低的企业。大型企业特别是国有企业轻易获取了大量的银行贷款。另一方面，小微企业大多处于企业扩张期，融资需求旺盛，但因其资信状况、抵押担保能力、风险承受能力、融资渠道、资金利用效率等方面的原因，金融资源获得能力较差，较难从传统的银行信贷渠道获得融资。在 2008 年国际金融危机之后，中国的影子银行规模随着宏观信贷激增而迅速扩大。因此，影子银行在一定程度上缓解了中小民营企业的融资困境。从影子银行定义来看，普遍观点认为它是属于在传统银行体系之外的信用中介机构和活动。① 从对于影子银行的评价来看，普遍存在两方面观点：与传统商业银行相比，影子银行有脱媒性和去中心化两大特点。脱媒性是指影子银行以金融市场替代传统金融机构完成信用中介功能，用直接融资工具和交易来完成信用中介活动。② 因此，影子银行的脱媒性特点可以提高中小企业的直接融资效率。而所谓的去中心化，是由于影子银行借助的是金融市场，信用中介功能在影子银行中并非由一个机构独立完成，而是通过金融市场中的不同机构和工具配合从而实现绕过商业银行为融资中心，最终实现企业的直接融资。另外，影子银行如同传统的金融中介一样，存在巨大风险。正如美国学者 Kathryn Judge 在其《信息缝隙与影子银行》一文中所言，美国的影子银行就是在传统的货币市场与资本市场之外的"第三类"金融活动，它早在金融危机爆发前十年就

---

① See Financial Stability Board, Shadow Banking: Scoping the Issues, 12April 2011.

② See Steven L. Schwarcz, Regulating Shadow Banking, Review of Banking & Financial Law, 2011（31）：619.

逐步酝酿、发展，但是监管机构对其重视却是在影子银行体系中的脆弱性发展至扳倒整个金融体系的巨大能量时才开始。① 由此可见，影子银行客观上可以为实体经济提供融资服务，但是，主观上却源自部分金融机构为追逐高额利润，在不同监管规则下实行的套利行为，增加了金融风险传染性，有悖于金融市场的法制化原则。

基于"守住不发生系统性金融风险的底线"的目标，从源头上遏制影子银行的无序扩张，加强统一监管则成为必要。中国人民银行、中国银行保险监督管理委员会、中国证券监督管理委员会、国家外汇管理局于 2018 年 4 月联合颁布了《关于规范金融机构资产管理业务的指导意见》（以下简称《资管新规》）。《资管新规》以金融服务实体经济为根本目标，通过加强对资产管理业务的管控促使资金脱虚向实，降低影子银行业务对传统信贷的替代作用，缓解企业的融资困境。同时，《资管新规》在认定合格投资者、打破刚性兑付、去除资金池运作、解决多层嵌套、抑制通道业务等方面制定了明确要求，提高了影子银行活动的参与门槛，降低了影子银行业务的预期收益，从而降低了企业参与影子银行活动的动机和能力。随着《资管新规》的实施，我国资本市场运行状况较为平稳，影子银行无序扩张的势头得到明显遏制。截至 2019 年末，广义影子规模降至 84.80 万亿元，较 2017 年初 100.4 万亿元的历史峰值缩减近 16 万亿元。影子银行占 GDP 的比例从 2016 年底的 123% 下降至 2019 年底的 86%，降幅达 37 个百分点。狭义影子规模降至 39.14 万亿元，较 2016 年底缩减了 11.87 万亿元。

---

① See Kathryn Judge, Information Gaps and Shadow Banking [J]. Virginia Law Review, 2017（103）：411.

在 2017 年之前，国际组织和市场机构普遍认为中国影子银行是一颗"原子弹"，一旦引爆，将从根本上动摇整个金融体系的稳定。2017 年之后，国际评价出现了彻底转变，对中国影子银行治理取得的显著成效予以充分肯定，认为不仅确保了中国金融体系的稳定，也成为全球影子银行规模下降的主要推动力。

四、发挥资产配置功能是银行业品牌价值内涵的任务

根据《中共中央关于制定国民经济和社会发展第十四个五年规划和 2035 年远景目标的建议》，"十四五"时期经济社会发展主要目标之一，经济发展取得新成效。为了更好地实现这个目标，就必须持续地推动我国金融业的改革和发展，商业银行作为我国金融体系的基础，需要其发挥关键作用——正确地发挥资金配置功能。

有效发挥商业银行资金配置功能具有现实的意义：宏观上，增强我国商业银行资金配置效率将会提高全社会资本的配置效率，推动我国金融业的市场化和国际化，加快我国市场经济的金融运行机制的培育和发展，从而促进我国经济的持续、稳定、快速发展。微观上，我国商业银行竞争力的增强将伴随着资金配置效率的提高，一方面直接增加银行业的效益、提高银行业的产值。[①] 对实体经济而言，商业银行发挥资金配置功能有助于我国国民经济结构的调整，给国有企业改革、中小企业发展营造一个良性的金融环境，能够遏制住我国金融经济

---

① 龚谊. 我国商业银行资产配置研究［D］. 中南大学，2006.

"脱实向虚"的势头，助力我国实体经济健康发展，最终推动"十四五"目标高质量实现。

目前，我国经济的发展现状有三个方面：第一，资金配置模式同区域资金不均衡的客观现实不相适应。由于不同区域经济发达程度差距较大，各行在外部环境、经营水平和历史基础等多方面也存在差异，这就必然形成分行间资金状况的不均衡。特别是在当前国家着力推动中西部发展和乡村振兴战略的背景下，中西部等欠发达地区和乡村地区的资金有效需求量迅速增大，这些地区原本紧缺的资金资源将更显紧张，资金供应严重不足，统一的资金配置模式将加剧资金的不平衡，从而带来区域经济发展的不平衡。第二，片面追求经济利益。在市场经济体制下，商业银行将利益最大化作为首要目标，但是大多商业银行对利益最大化的认识不足，又受计划经济影响，导致在营运过程中过分追求利润而忽略了长远发展。尤其在我国经济进入新常态的背景下，实体经济发展放缓，虚拟经济不断增长，导致商业银行将大量资金投入虚拟经济中，从而逐步远离实体经济。第三，资金运用方式单一。目前大部分商业银行以贷款为主。这也是他们唯一的资金动作形式，虽然有不少商业银行试图开发一些新内容，但效果都不是很理想。

对此，如何进一步挖掘商业银行资金配置能力成为提升品牌价值的新方向。第一，按照效率优先、兼顾公平原则，实施资金差异化配置政策。首先就要改变全行二级存款准备金单一的状况，对于一些资金投入大、回报高的分行，适当降低二级存款准备金率，增加其可用资金，有效服务于当地的实体经济发展。尤其在中西部地区和乡村地区，实施借款倾斜，发挥系统内借款导向作用，鼓励当地分行积极竞争，拓展优质高效业务市场。第二，建立灵活的资金营运机制。在政府政策的大力支持下。我国商业银行应该加快转型的步伐。首先，要在国家法律法规支持的基础上，建立严格的内部责任机制，增强管理、执行各层的责任心。其次，重视业务创新，引入市场机制，不断使融产品推陈出新。最后，要有的放矢，不同的机构因地制宜地实施不同的运营政策。切不可"一刀切"，要给网点一个良好的发展空间。①

第三节　经济社会发展需求赋予国有大行新的任务

目前，我国正处在金融供给侧结构性改革的关键时期，我国商业银行尤其是国有大行在金融改革中占据举足轻重的地位，尤其在优化资产配置方面更是发挥着巨大的作用，及时将资源配置在利国利民的经济领域不仅能够实现商业银行自身的"减脂瘦身"、增强活力，更利于后疫情时期我国经济的快速复苏。

结合"十四五"阶段的发展规划，社会经济在高科技、绿色经济、脱贫减贫、数字经济、乡村振兴、城市化建设等多个领域存在更强烈的发展需求，在这些领域中配置更多资源也成为现阶段商业银行的业务重点。充分发挥商业银行货币中介作用推动以高科技产业升级、数字化产业转型、绿色低碳技术、新能源技术等更有经济附加值的领域发展，促进资源持续流入相关领域，满足行业发展需要。以业务为抓手，确保金融活水"精准滴灌"，"有的放矢"，方能促进国家发展战略目标的

---

① 张英君. 商业银行资金运营管理相关问题探讨 [J]. 财经界，2014（8）：57+61.

实现。

积极实现社会资源的合理配置是商业银行的主要职能之一，这符合宏观政策和社会大众对商业银行的主要期望，利于促进商业银行形成良好的形象和声誉。这体现了商业银行品牌的社会意义。在商业银行实施品牌战略的过程中，会由现实存在的社会意义产生更多的附加价值和外溢效应，从而给商业银行带来更多的经济收益。

一、国有大行发展需符合国家战略方向

中国建设银行前行长张建国在 2015 年接受采访时曾说过"新常态下，大型商业银行的发展战略必须立足服务国家经济建设大局，与国家各项战略导向保持高度一致"①。作为大型国有企业，国有大行的发展离不开国家政策的支持，与此同时国有大行的发展也需要与国家战略方向契合，在这一点上国有四大行多年来已达成了深深的共识。

作为我国持续经营时间最久的银行，中国银行以建设全球一流现代银行集团为战略目标，主动融入国家发展大局，不断深化改革发展，担负起服务国家战略的政治责任②。中国银行自觉将自身发展与国家和民族的命运紧密联系在一起，以服务国家战略作为基本职责和天然使命，始终做国家战略发展的坚定执行者。紧跟国家发展战略，建设"一带一路"金融大动脉，2015 年至 2020 年，中国银行在"一带一路"沿线累计跟

①　何谐. 让建行发展与国家战略导向保持高度一致——访第十二届全国政协委员、中国建设银行行长张建国［J］. 当代金融家，2015（4）：24-27.

②　中国能建与中国银行签署战略合作协议. 澎湃新闻. 2022 年 2 月 24 日. https://m. thepaper. cn/baijiahao_16847996（2022 年 3 月 21 日访问）。

进境外重大项目逾600个，累计完成对"一带一路"沿线国家和地区各类授信支持逾1851亿美元①。2017年4月1日，中共中央、国务院印发通知，决定设立河北雄安新区以深入推进京津冀协同发展。中国银行紧跟这一重大战略选择，成为雄安新区首批提供融资和发放补偿款的商业银行，派出专家为新区建设提供咨询，并持续为雄安新区的建设提供服务②。2021年全国职业教育大会传达了习近平总书记加快构建现代职业教育体系的重要指示③。为响应这一战略方向，2022年2月22日，中国银行与教育部签署了《助力职业教育高质量发展战略合作协议》，共同启动支持职业教育发展行动计划④。

中国工商银行深入贯彻落实关于"推动形成优势互补高质量发展区域经济布局"的重要指示，主动对标国家发展需要，全面履行国有大行责任担当，将服务国家区域协调发展作为全行重点战略之一，为服务国家重点区域一体化、高质量发展贡献工行力量⑤。工商银行在2019年中工作会议上正式启动重点区域战略布局，明确提出要把服务国家区域协调发展作为落实金融工作三大任务、提升自身发展水平的重要战略性安

---

① 做好金融服务 护航"一带一路" ［N/OL］. 中国银行保险报. 2021-04-08. https://baijiahao. baidu. com/ s？id＝1696451605384691925&wfr＝spider&for＝pc（2022年3月21日访问）。

② 中国银行. 建设最好的银行永远在路上 ［N/OL］. 金融时报，2017-10-24. https://www. financialnews. com. cn/zt/dlfjdwn/201710/t20171024_126458. html（2022年3月21日访问）。

③ 职业教育前途广阔大有可为 ［J/OL］. 教育部. 2021年4月29日. http://www. moe. gov. cn/jybxwfb/s5148/ 202104/t20210429_529103. html（2022年3月21日访问）。

④ 中国银行签署助力职业教育高质量发展战略合作协议 ［EB/OL］. 教育部. 2022-02-23. http://www. moe. gov. cn/jyb_zzjg/huodong/202202/t20220223_601512html（2022年3月21日访问）。

⑤ 工商银行全面服务国家区域协调发展战略 ［EB/OL］. HNTV驻马店站. （2021-01-14）. https://weibo. com/ ttarticle/p/show？id＝2309404593236277592068（2022年3月21日访问）。

排，正式构建起以服务京津冀、长三角、粤港澳大湾区、中部地区、成渝地区五大重点区域为先导的重点区域战略体系①。工商银行董事长陈四清多次发表署名文章推动战略落实。他在2020年的文章中提出金融治理要坚持新发展理念就需要提高配置效率，促进区域协调发展。陈四清强调了市场在配置资源中的决定性作用，即推动金融资源向优势地区集中，推动京津冀协同发展、雄安新区建设、长江经济带发展、粤港澳大湾区建设、长三角一体化发展、黄河流域生态保护和高质量发展，进而带动中国经济总体效率提升②。陈四清在2021年提到深化供给侧结构性改革要求，对此中国工商银行深入贯彻落实，加大对关键领域和薄弱环节的支持力度。围绕传统制造业转型升级、先进制造业动能培育两大方向加大投入力度，成为首家制造业贷款余额突破2万亿元的商业银行③。

　　农业银行主动对接国家重大战略、重大工程，不断加大战略性重点领域金融支持。2022年前两个月，农业银行央企贷款新增投放超1400亿元，同比多增超180亿元。通过优化要素资源配置、不断提升客户综合服务水平，在金融服务重大基础设施建设、乡村振兴、绿色金融和先进制造业等方面取得了一系列成果。④

　　自2017年以来，建设银行契合国家战略和经济发展趋势，先后推出了住房租赁、普惠金融、金融科技"三大战

---

① 林子延．金融机构服务区域协调发展战略综述——以中国工商银行为例［J］．时代金融，2022（3）：47-48+51．

② 完善金融治理体系提升金融治理能力［N/OL］．中国金融．2020年1月2日．http://www.financeun.com/newsDetail/29721.shtml？platForm=jrw（2022年3月21日访问）．

③ 陈四清．以金融力量服务高质量发展［EB/OL］．2021年10月1日．https://view.inews.qq.com/a/20211001A069F600（2022年3月21日访问）．

④ 农业银行持续加大战略性重点领域金融支持［N/OL］．经济参考报．2022年3月18日．https://www.sohu.com/a/530694809_475928（2022年3月21日访问）．

略"，主动将自身发展融入国家发展建设的大局中，为战略落地和推进找到了出路与途径，成功构建了新金融格局下的多元化经营局面，形成了业务发展的裂变效应。建设银行董事长田国立曾说"我们推出住房租赁的想法很简单，就是想充分发挥国有大行的资源整合优势，替国家分忧，替老百姓解决实际问题，让人们不再为住不起房子而烦恼"①。坚决贯彻党中央、国务院精准扶贫精准脱贫基本方略，坚持党建统领，体系化完善扶贫工作机制，建设银行积累了一批值得在全国推广复制的内生式、可持续的精准扶贫模式。2019 年 11 月，建设银行率先成立乡村振兴金融部，充分发挥三大战略整体优势，以新金融行动在乡村开展了一系列实践探索活动，助力实现巩固拓展脱贫攻坚成果同乡村振兴有效衔接。近年来，建设银行统筹推进线上线下金融服务建设，在未设立金融网点的县域乡镇农村地区，与当地村委会、村口超市、卫生诊所、退役军人服务站等第三方主体合作，建设"建行裕农通"普惠金融服务点，为周边乡镇村民提供取款、转账汇款、缴费等便民金融服务②。

二、国有大行经营需注重承担社会责任

党的十九届四中全会提出，"建设人人有责、人人尽责、人人享有的社会治理共同体"。这一理念是指构建在党的领导下，由政府、市场、社会等多元力量协同共建、协商共治、成果共享的社会治理新样态。作为重要的市场力量，国有大行积

---

① 中国建设银行"三大战略"驱动高质量发展［N/OL］. 经济参考报 . 2021 年 10 月 29 日 . https://finance. east money. com/a/202110292161142012.html（2022 年 3 月 22 日访问）。

② 国有大行全面助力乡村振兴战略大发展［EB/OL］. 中国金融网 . 2021 年 6 月 8 日 . http://www. financeun. com/newsDetail/43047. shtml（2022 年 3 月 22 日访问）。

极参与社会治理的同时需要担负相应的社会责任。

中国银行见证并参与了中华民族从苦难中崛起并走向伟大复兴的历史进程，始终与国家命运同频共振。从百余年前"为社会谋福利，为国家求富强"的理想胸怀，到如今"融通世界，造福社会"的使命担当，中国银行始终把自身的社会责任扛在肩上，在中国内地金融企业中最早开展专业化企业社会责任管理，截至 2021 年已连续 14 年发布年度社会责任报告。以党中央、国务院决策部署为统领，以监管部门、行业协会要求及上市公司监管规定为指导，积极对标国内外社会责任报告权威编制标准，2020 年的年度社会责任报告中全景回顾了中国银行海内外机构在助力疫情防控、决胜脱贫攻坚、服务经济社会高质量发展、提升客户体验、完善公司治理、倡导绿色金融、强化人才培养等多方面的责任实践①。

工商银行在履行社会责任方面的良好表现赢得了社会各界广泛认可，荣获多个奖项。致力于满足实体经济和人民群众对金融服务的新期待、新需求，优化服务质量，完善消保体系，多维度提升客户体验，深耕 C 端、赋能 B 端、服务 G 端，不断提升金融服务的普惠性、便利性、安全性。坚持金融服务实体经济的本源，合理规划信贷投放结构与力度，聚焦"六稳六保"，不断提高普惠金融综合化服务水平。截至 2021 年，银保监会普惠口径贷款余额 7452 亿元，服务于"三农"的县域网点 6124 家，覆盖全国 85% 的县域地区。面对新冠疫情，工商银行积极履行全球企业公民责任，统筹做好疫情防控、金融保障和经营管理各项工作，充分发挥全球网络布局优

---

① 融通世界　造福社会——中国银行发布 2020 年度社会责任报告［R/OL］. 光明网 . 2021 年 3 月 31 日 . https://m.gmw.cn/baijia/2021-03/31/34730451.html（2022 年 3 月 22 日访问）。

势，境内外机构跨境联动、守望相助，全面践行大行责任和担当。工商银行始终坚决履行助力脱贫攻坚这一重要的社会责任，自 1995 年开展定点扶贫工作起，26 年来持续完善扶贫工作机制，丰富扶贫支援手段，动员凝聚各方帮扶合力，不断加大金融支持和精准扶贫力度，有力帮扶四川省通江县、南江县、万源市和金阳县如期脱贫"摘帽"。报告期内定点扶贫投入（捐赠）资金 1.4 亿元，培训基层干部 6.3 万余人，购买贫困地区农产品 5.4 亿元。坚持扶贫工作"一盘棋"的工作部署，综合运用金融扶贫、产业扶贫、就业扶贫、卫生扶贫、教育扶贫等扶贫方式，全力为国家级贫困县等贫困地区的脱贫攻坚事业贡献力量[①]。

中国农业银行党委书记、董事长谷澍在年度社会责任报告中提到，在抗疫大考中，农业银行闻令而动，全力投入抗疫斗争。坚持守土有责、守土尽责，抓实抓细各项疫情防控举措，织牢织密疫情防控网络，构筑起守护生命的坚实防线。率先出台支持抗疫专项政策，为疫情防控相关企业开辟绿色通道，全力支持各行各业复工复产、复商复市。与湖北、武汉人民守望相助、同舟共济，组织向抗疫一线捐款捐物，向逆行出征的"白衣战士"提供专属金融服务。在脱贫攻坚决战决胜之年，农业银行坚决响应党中央号召，尽锐出战、一鼓作气，以最大决心、最强力度推进金融扶贫工作。着力加大贷款投放力度，832 个扶贫重点县贷款余额达 1.28 万亿元，增速 17.6%，高于全行平均增速 3.4 个百分点；精准扶贫贷款、深度贫困县贷款、52 个挂牌督战县贷款增速分别达 22.7%、

---

① 中国工商银行 2020 社会责任报告摘要［N/OL］. 夏时报 . 2021 年 4 月 23 日 . https://baijiahao. baidu. com/ s? id = 1697827786398098700&wfr = spider&for = pc（2022 年 3 月 22 日访问）.

21.5%、36%，发挥了金融扶贫主力军作用。[①]

　　在助力社会治理信息化、智能化、专业化、现代化方面，建行依托数字化技术优势和多年银政企合作经验，以金融科技为抓手，聚焦政务、养老、党群、政法、宗教等领域，推出了"政府 G 端、企业 B 端、个人 C 端"的多向嵌入服务平台，助力推进政府深入治理、社会广泛参与、公民充分自治的社会治理良性运行机制，协同配合"数字政府"建设，助力深化"放管服"改革，不断提升为人民群众服务的能力和水平[②]。

三、国有大行目标需促进生态文明建设

　　人与自然和谐共生是新时代人类文明、生态文明发展到更高阶段的直接体现。国有大行作为党执政兴国的重要支柱和依靠力量，要深刻认识到加强生态文明建设、努力建设美丽中国是国有企业的重要使命和责任，做好生态文明建设的引领者、推动者、实践者。当前在我国的"双碳"目标下，国有大行更应结合自身行业特色，大力推动绿色金融的全面发展。

　　多年来，中国银行坚决贯彻落实国家绿色发展战略，持续完善绿色金融管理体制及运行长效机制，明确提出建设绿色金融服务首选银行的发展方向，以金融力量守护好"绿水青

---

　　① 中国农业银行 2020 社会责任报告 [R/OL]. 中国农业银行. 2021 年 3 月 30 日. http://www. 95599. cn/cn/AboutABC/CSR/CSRReport/202103/P020210625577554644627. pdf（2022 年 3 月 22 日访问）。

　　② 践行国有大行社会责任　助力社会治理体系建设 [EB/OL]. 金台资讯. 2020 年 6 月 24 日. https://baijiahao. baidu. com/s? id = 1670369466495947446&wfr = spider&for = pc（2022 年 3 月 22 日访问）。

山"，为美丽中国添彩增绿①。2021 年生态环保部与中国银行签署合作备忘录的签约仪式上，中国银行有关领导表示，中国银行围绕新发展理念谋划集团发展路径，制定了《中国银行"十四五"绿色金融规划》，把发展绿色金融作为"十四五"时期工作的重中之重，力争成为绿色金融服务首选银行。中国银行将充分发挥全球化、综合化优势，精准贯彻绿色发展理念，服务社会低碳化转型，以绿色金融为动力，助推生态发展之轮坚定前行②。2021 年 8 月的中期业绩发布会上，中国银行行长刘金表示，中国银行坚持以商业银行为主体，充分发挥集团全球化、综合化经营优势，大力推进绿色金融业务发展与产品创新，构建绿色金融"一体两翼"格局。③

工商银行认真落实中央关于生态文明建设决策部署，积极践行绿色发展理念，推动绿色金融纵深发展，以金融力量守护好绿水青山。截至 2020 年末，工行绿色贷款余额 1.8 万亿元，贷款规模位列商业银行首位，有效发挥了"领头雁"作用。工商银行积极打造多元化金融服务体系，通过财务顾问、债券承销、项目贷款、"租赁+保理"、理财投资、产业基金等多种方式对绿色经济进行全产品、全方位支持。同时，坚守环保底线，将环境与社会风险及气候风险评估要求嵌入投融资审批和管理的各个环节，全流程执行绿色环保一票否决制。作为

---

① 以金融之笔绘就绿色发展新画卷——中国银行携手 COP15 为共建地球生命共同体贡献中行力量 [EB/OL]. 新华网. 2021 年 10 月 15 日. https://baijiahao. baidu. com/s? id = 1713654613419875035&wfr = spider&for = pc（2022 年 3 月 22 日访问）。

② 生态环境部与中国银行股份有限公司签署合作备忘录 [EB/OL]. 中华人民共和国生态环境部. 2021 年 9 月 24 日. https://www. mee. cn/ywdt/hjywnews/202109/t20210924_953338. shtml（2022 年 3 月 22 日访问）。

③ 刘金：中国银行绿色债务融资工具投资量居商业银行第一 [J/OL]. 新浪财经. 2021 年 8 月 30 日. https:// finance. sina. com. cn/jryx/bank/2021 - 08 - 30/doc - iktzq-tyt3044088. shtml（2022 年 3 月 22 日访问）。

具有全球影响力的金融机构，工行积极参与联合国在可持续金融领域的国际交流与合作，助推绿色金融跨境投融资合作，推动落实联合国可持续发展目标①。

在碳达峰、碳中和的战略目标下，绿色成为经济社会高质量发展的底色。央企绿色转型发展也是农业银行重点支持领域。服务央企构建清洁低碳安全高效的能源体系，农业银行开展碳减排支持工具和煤炭清洁高效利用再贷款专项营销，大力支持以新能源为主体的新型电力系统建设，重点支持了三峡集团白鹤滩水电站、国家电投乌兰察布风电基地、华电福新阳江海上风电等一批清洁能源项目。②

2021年，中国建设银行党委书记、董事长田国立以视频方式出席"银行业金融机构支持生物多样性保护"主题论坛并致辞。他指出，银行业要特别关注数字化与绿色浪潮两大趋势。绿色金融理念理应成为行业共识，银行只有勇于探索企业增长与绿色发展共生共荣的模式，做绿色浪潮的驾驭者，才能赢得未来③。

四、国有大行业务需服务中小企业成长

2019年4月，中共中央办公厅、国务院办公厅印发了《关于促进中小企业健康发展的指导意见》。《意见》中关于破解

① 工行大力发展绿色金融　推动绿色发展　打出产品"组合拳" ［J/OL］. 金融界 . 2021 年 1 月 13 日 . https://baijiahao. baidu. com/s？id＝1688763709474512549&wfr＝spider&for＝pc（2022 年 3 月 22 日访问）。

② 农业银行持续加大战略性重点领域金融支持 ［N/OL］. 经济参考报 . 2022 年 3 月 18 日 . https://www. sohu. com/a/ 530694809_475928（2022 年 3 月 22 日访问）。

③ 建设银行田国立：做绿色浪潮的驾驭者 . 金融界 . 2021 年 10 月 20 日 . https://baijiahao. baidu. com/s？id＝1714108476280979295&wfr＝spider&for＝pc（2022 年 3 月 22 日访问）。

融资难融资贵问题中提到应完善中小企业融资政策与融资渠道①，国有大行作为提供融资的主体，应积极拓宽中小企业服务，助力中小企业健康成长。

2021年6月，中国银行与工信部共同签署《中小企业金融服务战略合作协议》，双方将加强信息共享与资源协同，共同探索金融服务中小企业的新场景、新模式，推动"十四五"时期中小企业发展取得新成效②。"专精特新"中小企业是广大中小企业群体中的佼佼者，也是制造强国、科技强国战略的重要参与者和践行者。中国银行作为国有大型商业银行，一直以来积极聚焦"专精特新"客群，结合科技金融发展助推中小企业转型升级、转变发展方式，在浙江、安徽、江西、广东、上海等多地开展多样化服务，在金融支持"专精特新"企业方面形成"遍地开花、百花齐放"的良好局面。③

着力解决中小企业融资难题，中国工商银行党委书记陈四清在文章中提到普惠性现代金融体系的建设。他强调国有商业银行在积极扩大金融覆盖广度和深度的同时需要更加注重满足小微企业多元化的金融需求，纾解小微企业融资难、融资贵等问题，努力做到"普"与"惠"相结合。中国工商银行开展小微企业金融服务能力提升工程，面向小微企业打造信用类"经营快贷"、抵质押类"网贷通"和交易类"数字供应链融

---

① 中共中央办公厅 国务院办公厅印发《关于促进中小企业健康发展的指导意见》. 中华人民共和国中央人民政府. 2019年4月7月. http://www.gov.cn/zhengce/2019-04/07/content_5380299.htm（2022年3月22日访问）。

② 工信部与中国银行签署中小企业金融服务战略合作协议［EB/OL］. 证券时报网. 2021年6月17日. http://www.stcn.com/kuaixun/egs/202106/t20210617_3346323.html（2022年3月22日访问）。

③ 中行多措并举助力"专精特新"中小企业发展［EB/OL］. 新华网. 2021年3月2日. http://www.xinhuanet.com/money/2021-03/02/c_1127158602.htm（2022年3月22日访问）。

资"三大线上融资产品线，有效提升融资可得性，提高资金使用效率。深入开展"工银普惠行""千名专家进小微""万家小微成长计划"等行动，为小微企业量身定制综合金融服务方案。面向全球企业免费推出"环球撮合荟"跨境撮合平台，提供智慧化全流程跨境撮合服务，支持中小企业"7×24 小时"、一点接入全球产业链①。

近年来，中国建设银行充分发挥金融科技作用，在支持实体经济、促进中小企业发展方面取得了积极成效。工业和信息化部将与中国建设银行深化合作，通过产业政策与金融政策协同、实体部门与金融部门联动，充分发挥数字化赋能作用，共同推动缓解中小企业融资难问题，促进金融资源向"专精特新"中小企业、创业创新企业等集聚，营造良好融资环境。2021 年 1 月 5 日，工业和信息化部与中国建设银行签署《中小企业金融服务战略合作协议》。中国建设银行党委书记、董事长田国立表示，中国建设银行将坚决贯彻落实党中央、国务院关于普惠金融的决策部署，进一步依托金融科技破解小微企业融资难题，扩大对中小微企业的服务覆盖面，支持实体经济发展。希望以此次签约为契机，进一步加强与工业和信息化部的合作，充分发挥双方优势，切实提升中小企业尤其是小微企业金融服务质效。②

---

① 陈四清．以金融力量服务高质量发展．2021 年 10 月 1 日．https://view. inews. qq. com/a/ 20211001A069F600（2022 年 3 月 23 日访问）。

② 工信部与中国建设银行签署中小企业金融服务战略合作协议［EB/OL］．中国证券网．2021 年 1 月 6 日．https://baijiahao. baidu. com/s? id = 1688107303775793705&wfr = spider&for = pc（2022 年 3 月 23 日访问）。

五、国有大行转型需构建数字标准

在新冠疫情倒逼之下，商业银行数字化转型步伐加快，越来越多的商业银行开始利用金融科技重塑银行体系，国有大行则依托自身资源重塑技术架构布局数字金融谋求转型。

2021年4月，中国银行有关领导在福建福州出席第四届数字中国建设峰会并发表"数字中银，融通世界"的主题演讲。就建设数字中国的主题提出要以数据为基石，强化互联互通；以生态为纽带，深化开放共享；以科技为支撑，坚持自立自强，表示，数字中国的建设离不开各行各业的努力，中国银行作为国有控股大型商业银行，将积极打造"数字中银"，发挥全球化、综合化优势，坚持科技引领、创新驱动，主动融入数字中国建设，大力推进全面数字化转型。中国银行将与社会各界一同接受并进助力数字中国，为推动数字经济发展作出新的更大贡献。

中国工商银行统筹推进金融服务科技创新和自身数字化转型工作，努力实现金融与科技创新双向赋能。强化顶层设计，升级金融科技创新体系。以建设"数字工行"为目标，全面布局大数据、区块链、人工智能领域，在金融业率先建立了自主可控的企业级数据中台，实现了银行内外海量金融数据资产要素的融合，全面支持客户营销、产品创新、风险控制、内部管理、生态建设等多领域智能化创新。

作为个人客户数最多的银行，中国农业银行以努力建设客户体验一流的智慧银行、"三农"普惠领域最佳数字生态银行为目标，加快形成科技引领、数据赋能、数字经营的智慧银行新模式，打造数字化时代竞争新优势。农行行长张青松2021

年在农行的业绩发布会上表示，农行上半年全面实施数字化经营战略，围绕数据业务化、业务数据化，从渠道建设、数据质量提升、大数据应用和科技基础等方面，全面推进数字化转型"十大工程"建设，数字化服务实体经济成效显著。①

就银行数字化转型，2021年6月，建设银行行长王江在出席"第十三届陆家嘴论坛"时表示，一是要强化统筹谋划。对数字化时代风控体系进行顶层设计，与业务规划、数据规则、科技规划等相互衔接、相互促进，统筹部署、统一推动，强化前、中、后台三道防线协同联动，提升资源整合能力。二是强化数据治理。进一步完善数据架构设置、数据资产管理、数据挖掘运用等数据治理手段，建立数据为核心和基础的风控体系。高度重视数据安全、个人信息保护等监管要求，规范数据开放、共享和赋能规则，助力智慧政务平台建设，共享数字风险控制能力，完善农村征信体系等，主动融入数据要素市场的建设②。

六、国有大行布局需嵌入国际金融版图

人民币国际化、互联网金融、外汇市场的对外开放，为我国商业银行提供了更大的发展机遇，同时也给商业银行带来了新的挑战。为应对新时代的挑战，国有大行应加快国际化战略发展布局，积极融入国际金融大格局。

---

① 农行全面推进数字化转型　打造一流智慧银行［J/OL］. 财联社. 2021年9月8日. https://baijiahao. baidu. com/s？id=1710309818532104037&wfr=spider&for=pc（2022年3月23日访问）。

② 建行王江：经济金融的数字化转型并没消除风险　风险反而复杂［N/OL］. 21世纪经济报道. 2021年6月14日. https://www. cebnet. com. cn/20210614/102754803. html（2022年3月23日访问）。

中国社科院国家金融与发展实验室副主任曾刚，在2021年接受采访时提及中资银行的"走出去"趋势。曾刚认为，在国际化加速的同时，我国大型银行金融机构在全球市场的重要性也显著提升。2020年末，四家国有大型商业银行均进入全球系统性重要性银行机构（G-SIBs）名单。总体上看，尽管与国外大型银行相比仍然存在差距，但在企业"走出去"步伐加快、"一带一路"建设向纵深发展等契机下，中国银行业的国际化经营能力不断提升，在国际银行业中的影响力和地位也在快速上升。曾刚强调更高水平的金融开放将给中国银行业带来全新的发展机遇。首先国有大行要适应居民部门日益增长的资产配置需求，成为境内外投资者"引进来"与"走出去"的金融伙伴。其次增强投资银行业务核心竞争力，把握资本市场互联互通的时代机遇。尤其是新冠疫情发生后，主要发达经济体超宽松的货币政策进一步强化了全球低利率环境，在很大程度上提升了全球投资者对中国金融市场的关注度和参与意愿。最后需要抓住人民币国际化契机，加快提升国际金融服务水平。同时支持企业"走出去"，助推"一带一路"建设[1]。

截至2020年末，中国银行共拥有559家海外分支机构，覆盖全球61个国家和地区，其中包括25个"一带一路"沿线国家[2]。中国工商银行作为中国最大的国有商业银行，资产规模居世界银行前列，依托全球网络布局和产品服务优势，全力支持国家高水平对外开放，积极布局国际金融板块。中国工商银行致力于发挥桥梁纽带作用，推进高质量共建"一带

---

① 中国银行业国际影响力和地位显著提升［EB/OL］．中国金融新闻网．2021年12月3日．https://www.financialnews.com.cn/yh/dh/202112/t20211203_234425.html（2022年3月23日访问）。

② 中国银行业国际影响力和地位显著提升［J/OL］．国家金融与发展实验室．2021年12月14日．https://view.inews.qq.com/a/20211214A07U4O00（2022年3月21日访问）。

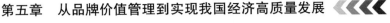

一路"，发起并牵头成立了"一带一路"银行间常态化合作机制。

第四节 我国国有大行推动高质量经济发展的现状

一、建行从品牌管理到助力经济发展的现状

在衡量一个企业管理质量的好坏时，其品牌的竞争力是一个具有重大参考价值的因素。为提高品牌的竞争力，企业通过建立品牌导向、开展品牌顶层设计、实施品牌战略从而打造品牌效应，这一过程也被称为品牌管理。在这个过程中企业要运用品牌的逻辑，确定品牌的意义，通过独特的品牌意义和灵魂建立品牌身份，并形成自己的品牌价值。

品牌价值观是把人类价值观作为品牌概念的表征，从而使品牌拥有文化象征意义。它可以帮助品牌进行定位，让品牌具有产品之外的附加价值，消费者会对之产生品牌联想信念，因而成为基于顾客的品牌资产来源。价值观是一种外显或内隐的有关什么是"值得的"的看法，影响人们对行为方式、手段和目的的选择。从企业的角度，品牌价值观是品牌开展营销实践的行为准则。企业围绕合适的品牌价值观而建立相应的品牌形象和品牌定位，使其成为品牌资产的来源，进而为企业自身提供价值。从顾客的角度，如果品牌拥有特定的价值观，则消费者对该品牌的选择意味着他对品牌所反映象征意义的认同。消费者通过与体现他们所崇尚的观念的品牌产生密切联系，帮助他们表达自己想要的自我。进一步地，与消费者看重的价值观

取得一致的品牌能够增强消费者对购买决策的信心，从而为顾客提供价值。①

银行品牌是融合认知和价值的"认知资产"，从本质上来看，可以将其分成内涵以及外延两个方面的意义。其中所谓的内涵指的是该品牌所主打的价值元素中体现出来的相关价值的理念，而外延则指的是与企业品牌相关的其他品牌组合之间的关系网。银行是品牌价值的创造者，其服务的对象为客户，在市场中客户需要对银行所创造出来的价值进行认知，进而二者之间便形成了某种对应的关系，在品牌关系中促使客户与银行之间进行交易活动，而银行方面为了创造更多的品牌价值也必须要对银行所拥有的资源进行整合。那么从这一点上我们就能说在价值的基础上建立起来的品牌既能够促进客户的交易活动，还能够加强银行方面的管理活动。②

中国建设银行成立于1954年10月1日，建行成立的时间恰好是在中国第一个五年计划实施期间。那时国家需要建设100多个重点工程，为了管理好这笔资金，建行就这样应运而生。建立初期，建设银行主要为国家服务，尚未拥有自己的品牌建设。

从20世纪90年代中期开始，建设银行开始有了新的突破。1994年是建行重要的转折发展之年，因为政府对金融体制改革做出了要求，建设银行的代理财政职能和政策性贷款职能移交到了国家开发银行以及财政部。而建设银行本身已经开始有意识地向商业银行做出转变，开始将其经营管理体制做出一系列的变动。当时改革和变动涉及的领域有会计核算体制、财务管理体制、信贷管理体制和资金管理体制。建行的会计准则

---

① 何佳讯，吴漪. 品牌价值观——中国品牌全球化定位的新战略 [J]. 清华管理评论，2016（4）：30-38.
② 李婧. 招商银行品牌管理现存问题及对策研究 [D]. 深圳大学，2017.

越来越靠近国际化标准，而建行根据全国不同地区以及客户人群做出的重新定位。这也让建行更加蓬勃地发展起来，步入了一个崭新的发展时期。1996 年建设银行开始使用了现在这个名字，并且整个银行上下全国各地统一使用了新的形象标识，即使用以古铜钱为基础的内方外圆图形，有着明确的银行属性，着重体现建设银行的"方圆"特性。方，代表着严格、规范、认真；圆，象征着饱满、亲和、融通。而"中国建设银行"几个字又用大粗体写出，也成为从那以后建设银行的重要标志之一①。而建设银行一方面积极发展本土业务，另一方面也积极开拓海外市场，例如现在已经设有新加坡、法兰克福等三个分行及四个代表处。建设银行与世界上约 80 个国家有着业务来往，也与几百家银行建立了代理行关系。建行从推出"龙卡"信用卡成功开拓市场以后，继而推出储蓄卡、智能卡和其他联名卡片，从而形成了"龙卡"这一标志的银行卡品牌系列，并且成功推向市场，占有不小的市场份额。建行还发挥过去作为建筑投资资金流通银行的优势，将个人住房抵押贷款保持了 75% 以上的市场占有率，也是首家开办汽车消费贷款的银行。跟随着网络兴起的脚步，建设银行也用了不到 5 年时间建立起来全行性的网络，包括电子资金清算系统以及信用卡储蓄卡网络交易等功能。除此之外，还有会计传输系统和电子邮箱系统等，与此同时建行网络化进程已经逐步实现与 SWIFT 系统联网。建行建立自己整体网络系统的同时也建立了许多区域网络，且实现了整体网络与区域网络的连接。

　　时至今日，建设银行的品牌管理更显成熟。经由近年来的不断发展、蜕变，建设银行打造完成了较为独特鲜明的品牌定

_____

① 张勤兵. 中国邮政储蓄银行的品牌发展战略研究 ［D］. 上海海事大学，2007（9）：4-5.

位，品牌形象传播收效显著，加上有强大的客户信任基础，而且专注于金融服务产品推陈出新，累积了较好的客户口碑。"善建者行，善者建行"这是一个较为成功的宣传语，既有深刻而独特的文化底蕴，又在视觉上直观的传递出"建行"，从这个口号中也可以看出，建行的经营理念牢牢地将传统文化与新时代所追求的经营理念相融合。

广告用语"中国建设银行，建设现代生活"，不仅是该行经营理念与追求的浓缩，也充分体现了该行的服务理念和精神追求，由于"建设现代生活"这句广告语，适用于大多数的企业，所以有很多企业也使用该广告语进行宣传，使这条形象宣传语越发显得普通。比如"建设现代生活"的百度搜索结果达7150万条，除了建设银行自身相关的搜索条目，还有大量的政府和企业的广告和宣传语，它们也选择了"现代生活"这个关键词，在这种情况下，建设银行的广告语无法给客户留下深刻的印象。随着人们对物质文化生活提出了更高要求，建设银行将这一口号变为"中国建设银行，建设美好生活"。仅一词只差，却也充分显示了建设银行与时俱进做好金融服务工作，满足人民美好生活需求变化的决心，彰显出建设银行与国家同频共振，体现建设银行情系群众、关注民生的为民情怀。

品牌推广工作。建设银行与央视等多家知名媒体和咨询机构进行合作，推进品牌建设，如与中央广电总台签署文创合作备忘录。同时该行积极探索新媒体营销，如开通抖音、Bilibili官方账号，并进行很好的运营，在六大国有商业银行中表现突出。同时，建行还从营业网点装修环境和手机银行客户端视觉界面入手，深入执行"蓝色银行"的品牌战略，给客户提供更加舒适、便捷、智能的金融服务。还通过独特的设计吸引年轻客户，比如隆重推出建行龙卡Bilibili、喜马拉雅层用户的信用卡产品、QQ 音乐、变形金刚等主题信用卡，满足各阶层、各年龄段需求。建设银行自 2006 年开始每年制发社会责任报告，并于 2017 年开始建设银行刊发以"赋能美好生活"为主题的社会责任报告。建设银行通过带动员工、客户、机构一起做公益，还将公益与银行业务相融合，汇集更多的人为那些需要帮助的人提供援助之手，为社会注入新的正能量。希望小学、母亲健康快车等公益项目也在建设银行的资助下走进农村、走进偏远山区，并自创立以来，长期坚持，未有中断。但在公益项目的宣传报道中，其广度、深度与持续度仍有不足。如母亲健康快车公益项目，建行自 2011 年资助"母亲健康快车"公益计划，截至 2019 年 12 月，累计捐资 6200 万元，帮助购买专用医疗救护车，为全国西北、西南、东北等 24 个省、区贫困乡县的贫困妇女提供卫生医疗服务，在偏远落后的山区，也被大家奉为"救命车"。但是建设银行也存在仅捐赠车辆、款项之时有报道的问题，缺乏在母亲健康快车后续投入使用、帮助人群、相关案例的报道等后续跟进工作，缺乏深入挖掘、持续跟踪报道品牌事件的工作机制。

同时，建设银行释放营业网点的富余资源，经开发建设后，为广大劳动者和社会公众打造"劳动者港湾"，提供实实在在的帮助。截至 2018 年 7 月，建设银行在全国 1.5 余万个营业网点设立了"劳动者港湾"，提供多项便民惠民服务。2018年 8 月 25 日，"劳动者港湾"App 正式全国上线，提供港湾浏览、导航、咨询等便民服务，并出海到政务服务平台等人们已经便捷使用的应用，不需要专门下载"劳动者港湾"App。以建行甘肃省分行为例，截至 2020 年底，建行甘肃分行"劳动者港湾"共开放了 270 个"劳动者港湾"，占全部网点的

99%，提供了 30 多项便民惠民服务，服务 274 万人次①。

建设银行品牌价值持续提升，获得了广大消费者的认同和支持。在胡润 2021 金融品牌价值排名中，中国建设银行排名第四，品牌价值达到 1000 亿元②。

但目前建设银行的品牌管理仍存在相关问题。首先，品牌建设组织机构人员缺乏。目前，建设银行总行的公共关系与企业文化部是主管建设银行全行公共关系与企业文化工作的业务支持部门，负责全行公共关系管理、新闻宣传和声誉风险、企业文化建设、品牌和广告营销管理、企业社会责任、员工思想教育与精神文明建设等工作。企划部同党委宣传部合署办公，内设综合处、新闻宣传处、声誉风险管理处、品牌管理处、企业文化处、理论教育处、社会责任处等七个处室。各省级一级分行设有企划部，负责品牌管理相关工作，省级一级分行以下的市级二级分行无专门的企划部等专门组织机构。由于各省级一级分行组织机构设置不尽相同，如全行 36 家省级一级分行（包括单列市分行）共有 8 家分行独立设置"企划部"负责品牌建设等相关工作；5 家分行将企划部相关工作职责挂靠在别的组织机构，例如企划部与办公室合署办公；23 家分行的企划部下挂靠其他组织机构，如党委宣传部、机关党委、工会、团委等。全行从事品牌管理的人员共计约 341 人，最少的分行仅有 3 人负责品牌文化管理。

其次，品牌事件缺乏持续的跟踪报道。品牌事件是品牌形象建设过程极为宝贵的资源，在品牌建设品牌形象提升工程中应着重抓好品牌事件进行营销，通过深入挖掘品牌事件的前因

① 郭大卫. 中国建设银行品牌形象提升策略研究［D］. 兰州大学，2021.
② 2021 年胡润金融品牌价值排行榜［EB/OL］. 中商情报网. 2021 年 11 月 2 日. https://top.askci.com/news/ 20211102/1106491643948. shtml（2022 年 3 月 23 日访问）。

后果、背景目的等以契合品牌形象定位的角度进行深度挖掘、多渠道联动、持续报道，扩大单一品牌事件的传播范围，提升品牌事件的对品牌建设的价值。但是，建设银行对于品牌事件往往缺乏持续性的跟踪报告，仅在事件的启动仪式这个时间节点进行报道，比如对于捐赠"母亲健康快车"，在捐赠仪式发车当天进行集中宣传报道，但是对于"母亲健康快车"在具体投入使用中给偏远地区人们带去的帮助，人们内心对"母亲健康快车"的感受以及与之有关的温暖故事却鲜有报道。

最后，互联网上品牌形象的管理有所欠缺。建设银行为展示新时代、新金融的品牌形象，提高其品牌识别度，满足各分支行最为急迫、又相对集中的日常营销需求，制定了适应于大多主流媒体渠道、营销场景下的物料规范《广告营销物料规范指引》，对诸如 App 图标应用版式、小程序图标版式、互联网用户公众号图标板式、微信公众号订阅号图标版式以及于业务类公共号图标示意明确，帮助集团各层级以统一的视觉形象，完成互联网视觉形象的构建，确保建设银行品牌形象的统一性、连贯性。但是，在其辖内分支机构使用过程中有太多的乱象，使建行品牌在自媒体上的形象混乱，互联网上的 V 工系统缺乏统一的监控审核，无法形成统一的品牌合力，影响品牌形象的建设。

二、建行品牌价值在满足经济社会需求方面的体现

步入"十四五"规划阶段，我国的社会经济进入高质量发展阶段，对国有大行提出了新的要求。建设银行在高科技、绿色经济、脱贫减贫、数字经济、乡村振兴等领域皆有作为，以

满足社会经济的需求，助力实现经济的转型。

为积极践行新金融行动，多措并举全力提升对科创企业服务能力，中国建设银行立足客户需求，先后构建科技企业创新能力评价体系，形成科创授信审批策略，设立科技金融创新中心、创业创新金融服务中心和投贷联动金融中心，打造"创业者港湾"，同时开发一系列特色金融产品，服务支持科创企业发展。截至2021年第三季度末，建设银行科技企业贷款余额1.18万亿元，较年初新增1449.55亿元，增幅13.96%，惠及科技型企业近15万户。充分运用集团各子公司专业优势，通过各类基金投资科技企业规模达683亿元①。

近年来，中国建设银行深入贯彻新发展理念，积极支持绿色转型发展。广州禾信仪器股份有限公司是一家高新技术企业，为检测大气污染物开发应用产品，为筛查农药残留开发检测系统，由于发展需要提出融资需求。建行广东省分行通过创新办理知识产权质押和排污权质押，为其投放2000万元贷款，为企业走绿色发展道路更添动力。建设银行主动适应绿色低碳发展趋势，持续推动ESG（环境、社会和治理）理念与战略、管理、运营、披露的融合与创新，积极构建客户ESG评级体系。在福建，依托"融资+融智"综合化服务，为漳浦光伏农业项目累计提供融资支持3.3亿元，通过棚顶发电、棚下种菜、棚地养殖，实现"农光互补"，每年可节约标准煤3.5万吨，减排二氧化碳8万吨。此外，建设银行搭建"智汇生态"绿色金融服务平台，以数字技术赋能经济社会绿色发展，丰富绿色金融的生态内涵。建设银行协助开发云南省"一部手机办

---

① 中国建设银行. 多措并举助力科创 为科技金融注入发展新动能［EB/OL］. 人民网. 2021年12月14日. http://k.sina.com.cn/article_6456450127_180d59c4f02001hyci.html（2022年3月24日访问）。

事通"政务服务平台,上线"政务事项跨省通办""碳达峰、碳中和"专区。让数据多跑路、让群众少跑腿,减少碳足迹,成为新金融理念的生动实践。在绿色金融风险防控方面,建设银行主动做好银行资产组合管理系统与环保部门环境监测系统的信息整合,实施环境与气候风险"一票否决",将环境、社会和气候风险作为专门风险类别纳入全面风险管理体系。在纵深推进新金融行动的同时,建设银行还将进一步发挥大行作为助力绿色发展"排头兵"和主力军作用,加大绿色金融创新发展力度,加速推动生态友好型银行建设,助力绿色发展、服务经济社会、增进民生福祉。①

建设银行坚持党建引领,以"五联"结对共建助力乡村振兴。2021 年召开全行脱贫攻坚总结表彰大会暨乡村振兴工作会议、乡村振兴工作领导小组办公室会议、国家乡村振兴重点帮扶县工作专题会议等多次会议对服务乡村振兴工作进行全面安排部署,将扶贫工作领导小组调整为乡村振兴工作领导小组,党委书记任组长;将党建与业务深度融合,以"党员联学、组织联建、资源联享、服务联抓、发展联促"为主要内容,组织开展"五联"结对共建工作,以建设银行"党建资源+新金融资源"赋能服务乡村振兴战略。

聚焦重点区域,产业发展固成果。建设银行制订"1+6"综合化金融帮扶方案,坚持党建引领,聚焦社会保障、东西部协作、产业发展、新型农业经营主体、乡村建设、乡村治理六大重点领域,创新金融模式,加大对乡村振兴重点帮扶县的支持力度。2021 年,建设银行支持国家乡村振兴重点帮扶县各项贷款保持快速增长,增速 19.53%。在 2021 年 9 月第四个"中

---

① 中国建设银行发展绿色金融　建设美好生活[N/OL]. 人民日报. 2021 年 12 月 3 日. https://m. yunnan. cn/system/2021/12/03/031800117. shtml(2022 年 3 月 24 日访问)。

国农民丰收节"之际,建设银行依托"善融商务"电子商务平台,推出国家乡村振兴重点帮扶县产品馆特色销售专区,打造服务国家乡村振兴重点帮扶县农副产品的线上展示、销售及配套产业服务的公益平台。截至2021年末,引入重点帮扶县商户528户,交易额5.66亿元,交易量96.60万笔。持续开展"善心融爱 帮扶兴农"系列帮扶兴农营销活动,为脱贫地区产品持续引流促销,举办各类型综合营销活动226场,活动带动商户交易额超过10亿元。

建设银行充分推广线上"裕农快贷"和线下"乡村振兴贷款"两大产品包,优先将金融资源配置到"三农"重点领域和薄弱环节,推出农村承包土地经营权抵押贷款、农村集体经营性建设用地使用权抵押贷款、高标准农田贷款、设施农业贷款等产品,完善并推广网络供应链、小微快贷等产品的创新应用,推动农业与农产品加工、文旅、休闲、康养等产业深度融合,拓展农民增收空间。

建设银行持续围绕"水、电、网、路、房",推进生产性基础条件改善项目支持与产品服务创新,运用新农村支持贷款、基本建设贷款等产品,重点服务高速公路、农网改造等区域性和跨区域重大基础设施建设工作,加大农村产业路、旅游路建设力度,不断提升农田水利项目支持力度;支持乡村物流体系建设,构建特色农产品产地和消费地冷链物流基础设施网络;支持农村推进厕所革命、生活垃圾处理和污水治理、村容村貌整体提升等,助力改善农村人居环境。①

围绕数字经济,建设银行积极向数字化银行转型。中国建

---

① 中国建设银行:赓续奋斗 抒写乡村振兴新篇章 [N/OL]. 光明日报. 2022年3月10日. https://baijiahao.baidu.com/s? id=1726858755829906478&wfr=spider&for=pc (2022年3月24日访问)。

设银行秉承积极承担社会责任的初心，以服务人民和经济社会发展为己任，以网络金融渠道为载体，积极开展数字化经营和新金融实践，助力构建新发展格局。建设银行持续深化网络金融渠道服务体系建设，通过手机银行、网上银行等网络金融渠道延伸服务各类用户，与广大用户共生共长、共存共荣。

2000年，建设银行顺应时代发展和社会需求，业内率先推出手机银行。近年来，建设银行始终坚持以客户为中心，秉承"移动优先"策略，手机银行历经10次重大改版升级，线上服务能力不断提升。近日，建设银行以"智慧"为亮点，推出新版手机银行。充分利用人工智能、语音图像识别、多媒体互动等金融科技，让手机银行具备"看、听、说、思、聊、验"能力，实现"能看能听会说、能理解会思考"的智能服务，可根据客户文字或语音输入的内容快速定位所需服务；依据用户使用习惯动态调整频道首页菜单和产品推荐，为客户打造有"温度"的移动金融服务。

为提升服务民生能力，建设银行加强G端连接，加深与优质互联网企业合作，开放8大类近200个应用程序接口，丰富手机银行生态场景。手机银行在既有生活缴费服务基础上，还提供电子社保卡、医保凭证等智慧政务服务，满足用户体检预约、药品快送等健康服务需求。

建设银行在国有银行中首创手机银行信息无障碍服务，对手机银行常用功能模块全流程改造，优化界面元素，提供智能语音交互服务。客户使用读屏软件打开手机银行后，通过触摸屏幕和语音提示，可以顺畅办理账户查询、转账汇款等常用服务。此外，手机银行智能语音服务还支持客户与智能客服"对话"，实现通过语音办理业务，有效解决老年客户群和视障群体使用不便的问题。

建设银行手机银行始终积极回应客户关切，手机银行用户数、下载量、月活跃用户、客户满意度等主要指标排名业内前列。建设银行用真心真情做好线上渠道风险防控，全方位为客户资金安全保驾护航。组建专业化的反欺诈队伍，通过集中、专业运营的方式，运用网络金融智能"风控大脑"对手机银行、网上银行、网络支付交易开展7×24小时全天候风险监控。建设银行根据不法分子欺诈手法变化，有针对性地开展安全知识宣传普及，提示客户注意风险事件，通过"中国建设银行"官方微信、微博发布风险防范宣传推文，提高客户风险防范意识和应对能力。建设银行积极参与线上风险联防联控，坚持开展网络金融反欺诈工作，近年来开展的风险警示教育年均覆盖上亿人次，切实保障消费者权益，实现客户、银行、商户、公安等社会各方的互利共赢，获得了良好的社会效益①。

建设银行积极参与国际金融合作。2021年12月，中国建设银行在伦敦成功举办在英30周年暨英国人民币清算行清算量突破60万亿元线上庆祝活动。建设银行董事长田国立在致辞中表示，伦敦是建行国际金融服务的起始站。自2014年获任英国人民币清算行以来，中国建设银行伦敦机构积极助推英国离岸人民币市场建设。如今人民币累计清算量突破60万亿元大关，既展现了建设银行助力伦敦继续保持亚洲以外最大离岸人民币清算中心地位所做的努力，也彰显了伦敦在国际金融领域的独特潜力和活力。田国立表示，站在海外发展30年的新起点上，建设银行将积极落实中英两国领导人关于加强绿色发展、数字经济、金融、创新等领域合作的精神，为加强中英金融合作与创新、促进两国经济绿色可持续发展、增进两国人

---

① 中国建设银行以数字金融"活水"浇灌美好生活［EB/OL］．人民网．2021年3月5日．http://oppo1.yidianzixun.com/article/0TLuSVIQ（2022年3月24日访问）。

民的友谊和福祉贡献金融力量①。

三、我国国有大行的社会职能现状

目前国有四大银行在实现社会职能、担负社会责任的领域都有自己的作为。

在服务国家发展战略方面。国有商业银行都在积极响应国家的产业调整和宏观调控目标要求，同时积极贯彻国家的宏观政策，以维稳经济为目的严格把握信贷的投放方向、力度和节奏。建设银行在这一职能上与国有大行的差异性并不明显，都在为积极推动传统产业结构转型升级，一同为国民经济重点领域和薄弱环节服务以提质增效。国有商业银行紧密围绕建立人类命运共同体的发展思想，努力帮助国有企业"走出去"，响应"一带一路"倡议，持续完善沿线相关国家机构网络布局，拓展综合化、专业化金融产品服务，深入研发全球性重点产品线的建设，推进人民币的国际化进程。在服务区域协调发展方面，国有商业银行主动对接国家区域发展战略的"四大板块"和"三个支撑带"，以及建设雄安新区等重大战略部署，加强对京津冀、中西部等配套区域的信贷资源配置，以促进相关战略区域的协调发展。

党中央自十八大以来反复强调"房子是用来住的，不是用来炒的"。建设银行为让"房住不炒"理念贯彻落地，主动扮演起市场探索者角色，为"房住不炒"寻找市场的"着陆点"，建设银行三大战略之一的住房租赁战略应运而生，在金

---

① 中国建设银行：为加强中英金融合作与创新贡献力量［N/OL］. 金融时报 . 2021 年 12 月 14 日 . http://stock. 10jqka. com. cn/hks/20211214/c635050092. shtml（2022 年 3 月 24 日访问）。

融界举起了住房租赁的大旗。此后建设银行与全国 300 多个地市政府签订住房租赁方面的合作协议，从制度保障、平台建设、房源供给、运营监管、金融服务等多个渠道入手，为"房住不炒"提供切实可行的综合解决方案。截至 2021 年 6 月，建设银行住房租赁综合服务平台已覆盖全国 96%的地级以上行政区，为 1.4 万家企业、3700 万个人房东和租客提供阳光透明的交易平台，累计完成房源核验超过 1000 万套，合同备案 600 多万笔，为政府提供了有效的市场监管工具①。

国有大行针对精准扶贫也采取了一系列的措施并不断完善。在国有大行中，农业银行是国务院扶贫开发领导小组成员单位中唯一的国有控股商业银行，因此已经探索出在贫困地区办好商业银行的有效路径，并且建立了丰富完备的金融扶贫产品政策手段，培养了健全的金融扶贫队伍，为打赢脱贫攻坚战做出了重要贡献。

建设银行在 2019 年 11 月，率先成立乡村振兴金融部，以新金融行动在乡村开展了一系列实践探索活动，以线上线下金融服务结合的方式，发挥自身金融科技优势，助力国家精准扶贫。建设银行通过精准研发网络供应链、新社区工厂贷、"裕农快贷"等产品满足差异化的资金需求。协助国务院扶贫办建设全国消费扶贫平台，无偿援建"i 安康"智慧政务平台，依托"裕农通"服务点将数字政务服务送到村口。自 2015 年党中央发出脱贫攻坚战以来，建设银行对口帮扶 5 个贫困（区）县、2486 个贫困村，帮助 75 万人脱贫"摘帽"，为此中国建设银行扶贫工作领导小组、中国建设银行安康扶贫工作专班双

---

① 中国建设银行"三大战略"驱动高质量发展 [N/OL]. 经济参考报. 2021 年 10 月 29 日. https://finance. east money. com/a/202110292161142012. html（2022 年 3 月 24 日访问）。

双被授予"全国脱贫攻坚先进集体"称号，[①] 交出了一份高质量的扶贫答卷。

随着互联网技术与新兴科技的不断发展，数字化时代对传统商业银行模式带来挑战，国有大行迎来数字化转型的机遇。在这方面，建设银行紧紧抓住数字经济的契机，迎难而上实现突破与转型，并在转型过程中展现出多个成功案例，成为国有大行中转型较为成功的典例。2022年3月苏宁金融研究院发布的《中国银行业数字化转型研究报告》中，建设银行为国有大行中最具有代表性的典型案例进行分析[②]。报告中剖析了建设银行的数字化转型中的三大阶段，从2010年开始建设新一代核心系统，2018年打造金融生态，到2020年按照"建生态、搭场景、扩用户"的数字化经营理念，全面开启数字化经营探索。建设银行深入推进金融科技战略实施，比如人工智能科技支撑能力基本形成，实现客户服务、风险管理、集约化运营、智慧政务等多个领域的424个人工智能场景应用；区块链应用布局进一步完善，拓展区块链技术在跨境贸易、智慧政务、供应链等领域的应用创新；物联专网建设完成试点，物联平台接入物联终端超20万，赋能智慧安防、"5G+智能银行"、建行裕农通等15个物联应用，物联生态初具规模；基于"建行云"打造弹性、敏捷、云化的金融级基础设施供给能力，为政务、住房、同业、社会民生等9大领域的346个应用提供云服务支

---

① 建设银行召开脱贫攻坚总结表彰大会暨乡村振兴工作会议［N/OL］．金融时报．2021年5月18日．http://www.xinhuanet.com/money/2021-05/18/c_1127459684.htm.（2022年3月24日访问）。

② 《中国银行业数字化转型研究报告》发布［EB/OL］．新浪财经．2022年3月23日．http://field.10jqka.com.cn/20220323/c637721449.shtml（2022年3月25日访问）。

持，整体规模和服务能力同业领先等①。

工商银行在数字化转型中也走在前列，工行和建行在战略上的共同点之一，就是都有高层强力推动、从上至下全员加入金融科技革命，从组织架构、IT 与业务融合、创新机制建设、人才转型等方面建立了清晰有力的战略规划。工商银行与建设银行 2020 年的年报显示，在资金投入中，建设银行 2020 年的金融科技投入为 221.09 亿元，较上年增长 25.38%，占营业收入的 2.93%，较工商银行金融科技占营业收入的 2.70% 而言占比更高②。建设银行在对外合作方面，也选择了与工商银行不同的战略，与 Kyligence 合作大数据的应用；与 RPA 厂商金智维展开 RPA 技术应用的深入合作；与微软达成合作，双方基于微软的技术平台共同打造新一代网上银行；与华为公司合作，推出"华为 Pay"产品；与神州信息合作打造开放银行，相较工商银行而言涉猎更广，范围更为全面。

"绿水青山，就是金山银山。发展的道路上，唯有不负绿水青山，方能得真正的金山银山。"在生态安全与双碳目标的背景下，绿色金融作为关键环节之一得到了国有大行的迅速关注。2021 年 12 月，建设银行在业界率先推出《绿色贸易融投资指引》，明确贸易融资和跨境投资绿色筛选原则，赋能中国外贸创新型竞争优势绿色产业，推进绿色"一带一路"建

---

① 银行 4.0 时代　数字化重塑竞争新优势［EB/OL］. 人民咨询. 2021 年 5 月 24 日. https://baijiahao. baidu. com/s? id = 1700570741150538575&wfr = spider&for = pc（2022 年 3 月 24 日访问）.

② 工行 VS 建行，谁是银行数字化之王？［EB/OL］. 雷峰网 leiphone. 2021 年 5 月 27 日. https://baijiahao. baidu. com/ s? id = 1700914844514322358&wfr = spider&for = pc（2022 年 3 月 24 日访问）.

设，助力国际贸易实现绿色高质量发展①。截至 2021 年 6 月末，工农建交及邮储五家国有大行，合计发放绿色贷款余额为6.21 万亿元，这一数据相比 2020 年同期的 4.59 万亿元，增加了 1.62 万亿元，同比增幅高达 35.3%。工行的绿色贷款余额为 21545 亿元，位居国有银行第一，在总贷款中的占比最高，为 10.77%。工行的绿色信贷也是增长最快的，其绿色贷款由 2020 年 6 月末的 14171 增长至 2021 年 6 月末的 21545 亿元，同比增幅高达 52.04%。为落实"双碳"目标要求，工行综合运用"贷+债+股+代+租+顾"投融资工具，大力开展绿色金融产品和服务创新，加大绿色产业投融资支持。农业银行则是通过绿色银团贷款、绿色并购贷款、绿色债券等方式在 2021年上半年就为企业提供融资超 1200 亿元，资金投向环境治理、清洁能源、交通运输等领域②。中国银行通过构建绿色金融"一体两翼"格局，以境内商业银行为主体，在绿色债券方面占据主要优势。截至 2021 年 8 月末，中国银行在银行间市场绿色债券中承销金额 313.82 亿元，市场份额占 18.03%，银行间市场排名第一。以全球化和综合化为两翼，积极参与海外的绿色低碳建设，推出首支"碳达峰"绿色低碳主题系列理财产品，推动整体的绿色运营③。

建设银行与其他国有大行相比较，更加注重提升绿色金融

---

① 建设银行首推绿色贸易融投资指引［EB/OL］．中国金融新闻网．2021 年 12 月 16日．https://www.financialnews.com.cn/yh/yw/202112/t20211216_235413.html（2022 年 3月 24 日访问）。

② 绿色金融再提速 五大国有行谁最强？工行余额第一 邮储银行最小［EB/OL］．科技金融在线．2021 年 9 月 24 日．http://bank.hexun.com/2021-09-24/204418786.html（2022 年 3 月 24 日访问）。

③ 中国银行：构建绿色金融"一体两翼"格局，力争成为绿色金融服务首选银行．第一财经．2021 年 10 月 13 日．https://www.yicai.com/news/101196846.html（2022 年 3月 24 日访问）。

综合服务能力，已制定绿色资本市场拓展实施方案，统筹推进集团绿色直接融资创新业务发展；在全球发布"建行-万得绿色 ESG 债券发行指数和收益率曲线"，协助国内外市场参与者实时了解中国绿色债券市场走势。2021 年中期发布数据显示，建设银行在银行间市场承销 14 笔绿色及可持续发展类债券 108 亿元，较上年同期增长 108%，包括承销市场首批非金融企业类"碳中和债"和"可持续发展挂钩债券"等。截至 2021 年 6 月末，建设银行已累计承销境内外绿色债券 97 笔，累计承销规模超 4300 亿元。在"双碳"目标下，建设银行继续支持有利于降低温室气体排放的清洁交通、清洁能源项目，有利于提升大气、水、土壤质量的污染防治项目。严格管控高污染、高能耗行业信贷资金投入，对存在重大环境风险、环境违法违规且不能按时整改的企业不予支持。其半年报显示，建设银行入选由中国新闻社、国家发展和改革委员会、生态环境部等共同评审的"2021 年度低碳榜样"，为构建高质量发展格局履行了国有大行的社会责任[1]。

---

① 绿色金融成中报亮点 多家国有银行绿色信贷突破万亿 [EB/OL]. 中国经济网. 2021 年 9 月 4 日. https://finance.eastmoney.com/a2/202109042081427437.html（2022 年 3 月 24 日访问）。

第六章 国有大行品牌价值提升赋能我国大国影响力增强

自新中国成立以来，中国品牌经历了跌宕起伏的历史发展。在这个过程中，中国品牌经历了从停滞到发展、从无到有、从小到大、从大到强、从本土到国际的发展历程。由于中国品牌的发展是社会经济、政治制度、产业发展、物质消费、精神生活等多因素影响下的产物，不仅能够映射出我国经济发展取得的成果和成就，也能够促进我国经济的进一步发展。二者相辅相成，相互促进。当下，大国博弈波诡云谲，全球经济的新引擎还未成型，存量之间的竞争和博弈将会是主线，品牌将会成为彼此竞争的焦点。

商业银行尤其是我国国有大行作为金融结构的中心，肩负起推动我国经济高质量发展、金融市场稳定运行的重任，发挥着货币中介、信用中介的作用。同时，银行的经营又符合企业运转模式，属于具有竞争性的行业。因此，银行业竞争力的增强同样对我国经济的发展起到推动的作用。目前，我国银行业已经具备了成熟的基础设施、完善的监管体系、有效的机制制度，推动我国银行资产规模达到全球之最，但是，就上市银行的市值而言，却呈现较低的状态。这种规模与市值错配的尴尬局面使我国商业银行在国际上的影响力不足。提升银行业的国际影响力，进而促进我国金融竞争力的提升是未来我国商业银行国际化发展的关键。而商业银行的国际品牌建设和管理则是必要的抓手。

第一节　参与金融全球治理是国有大行品牌建设的必要前提

当前，我国正在加紧构建"双循环"新格局的进程中，中国人民银行作为我国的中央银行在全球金融治理中既发挥着对外金融外交职责，又发挥着对内宏观货币调控的作用，肩负起连接内外枢纽的关键作用。同时，以国家开发银行、中国进出口银行为代表的我国政策性银行担负着在国际资金融通的任务。由此，在全球金融治理的宏观框架中，基本依靠中央银行和政策性银行进行。

从现实来看，全球金融治理只依靠宏观管理并不能有效地达成目标，金融机构治理作为全球金融治理的微观组成部分，同样十分重要。在实现治理体系和治理能力的进程中，离不开金融机构的积极参与。商业银行在中国金融体系中居于主导地位，尤其大型银行作为货币政策传导的主渠道、防范化解金融风险的主战场、服务实体经济的主力军，更需要在完善治理机制和提升治理能力中发挥"头雁"效应。在落实国际金融合作时，银行面临的市场风险、流动性风险、交叉性风险、合规风险、国别风险等防控压力也在日益增大。因此，在塑造商业银行尤其是国有大行品牌前需要建立全市场格局、全风险图谱、全周期管理的风控体系，做到既管好表内又管好表外；既管好境内又管好境外；既管好增量又管好存量；既抓好预防又抓好处置；既防"黑天鹅"又防"灰犀牛"。

一、自主有效的风险防控体系是品牌建设的内部基础

近日，俄乌冲突使得以美国、欧盟、英国等全球主要经济体领导人宣布将部分俄罗斯银行排除在环球银行间金融通信协会（SWIFT）支付系统之外，并对俄罗斯央行实施限制措施，以防其配置国际储备削弱制裁措施造成的影响。SWIFT 报文系统作为全球支付体系中重要的组成部分，承载了全球经济贸易大量的结算信息活动，为实现安全、高效的跨境支付提供支持。目前，SWIFT 已覆盖全球 200 多个国家和地区的 11000 多家金融机构，每天处理的金融信息高达 4200 万条，划拨资金以万亿美元计算，是国际支付清算体系中重要的基础设施。据俄罗斯 SWIFT 协会介绍，俄罗斯大约有 300 家金融机构使用 SWIFT 系统服务，用户数量仅次于美国；俄罗斯超过一半的金融机构为 SWIFT 会员。由此来看，能否正常使用 SWIFT 报文系统将对俄罗斯经济贸易的顺利推进产生巨大影响。这对于被制裁国来说，其金融安全受到了冲击。

由金融制裁产生的金融风险只是国际金融风险的一部分，本质上仍然是对本国金融稳定产生负面冲击的因素之一。那么，自主有效的金融风险防控体系则成为必要。对于国际金融稳定和安全，学术界普遍认为，国际金融体系保持稳定且不易受风险威胁的状态，为此需要对风险的来源和性质进行界定。[①] 金融风险的来源把控应当从国际层面、国家层面和微观

---

① 张发林，姚远．国际金融安全观的演进与评估［J］．国际安全研究，2021，39（6）：28-58，153-154．

层面分层次进行，并按可知和不可知进行区分，构筑自上而下、上下连通的自主安全金融网络。具体而言，在国际层面，资本管控防止短期游资冲击，与国际金融组织展开货币合作、互换，建立谅解备忘录打击金融犯罪等。在国家层面，治理"资金空转""脱实向虚"等金融浪费，引导金融机构成为实体经济的坚实后盾，发展普惠金融惠及中小企业及创业投资者。在微观层面，将所有金融活动纳入金融监管范围，我国以债务融资为主导的间接融资体系自身特征决定了金融不稳定的主要表现并非金融资产价格与基本面价值的大幅偏离，而是经济主体的违约。[①] 加强对个体金融单位操作风险、道德风险、市场风险的管控，尤其要防止个体风险向系统性风险转化。

另外，由金融风险产生的危害倒逼推动金融安全意识的提升，也推动金融风险防控体系的进一步完善。2008 年国际金融危机造成的影响仍然深远，此后，各国纷纷出台相关的金融风险监管制度。国际上，巴塞尔协议经过进一步调整，对于各个商业银行资本充足率、拨备覆盖率、存款保证金率等财务指标提出新要求，完善并形成了当前普遍使用的"宏观审慎+微观审慎"监管模式组合。在 2008 年国际金融危机时期，我国经济金融的稳定受到冲击，但仍然保持逆势增长，也恰恰得益于我国以银行主导的市场结构。在此期间，我国商业银行，尤其是国有大行已经完成改革，整个经济金融的韧性增强。之后，我国银行业积极参与国际银行业监管改革和标准制定，全面推行了信贷质量五级分类等一系列审慎监管制度，形成了自主有效的风险防控体系。在后危机时代，宏观审慎监管继续发挥作用，同时，金融供给侧结构性改革、防范金融风险进一步

① 张金清，张剑宇，聂雨晴，等. 中国金融安全评估：2000—2019 年——基于部门流动性资产负债表的分析框架 [J]. 管理世界，2021，37（6）：70-86，4，88-108.

得到深化，这是对于金融风险防控体系的新完善，即通过金融制度的良性变迁，实现金融服务实体经济效率的提升。包括完善金融宏观调控手段，强化逆周期和宏观审慎管理手段的运用。同时，积极参与全球金融治理，构建与中国经济地位相适应的治理能力。又由于金融科技、数字化转型为商业银行带来的新业态，这些都对金融监管提出了新的要求。随着时间推移，由于新冠疫情暴发对全球金融稳定产生巨大的负面冲击，地缘冲突、通货膨胀、供应链短缺等因素都给原本脆弱的国际金融稳定带来更多不确定的影响。进一步完善金融风险防控体系，化解存量风险和防范增量风险是新时期的金融稳定之间，由此来看，守住不发生系统性金融风险底线永远在路上，而自主有效的金融风险防范体系是破题的基础。

二、营造稳定的金融格局是品牌建设外部环境

防范化解风险是金融工作永恒的主题。当下，全球政治格局波诡云谲，国际社会存在不安定因素，全球经济承受发展压力，这些都会对我国的金融稳定产生负面影响。面临新形势和新挑战，除了自身具备健全的金融风险防控机制和体系外，构建国际或区域稳定的金融安全合作网络势在必行，这也是建设国有大行品牌国际影响力必要的、稳定的外部环境。

在营造稳定的外部金融格局中，需要明确目的和方式二者的关系。一是可以通过开展外交活动以维护和实现金融稳定、金融发展的目标；二是可以通过实施广泛的金融合作以实现自身国际影响力的增强、国际声誉的改善等。① 在很多情况

---

① 晓健. 金融外交：谋求国家利益的重要工具［J］. 红旗文稿，2010（15）：13-16.

下，目的和方式相辅相成，相互促进，无法严格地区分开来，但是，对于一个稳定的资金融通环境则是双方或多方希望得到的现实结果。这也是商业银行在增强其品牌国际影响力必要的外部环境。

在国际金融治理中，国际货币体系的建设是重要的领域。当下，国际货币体系是布雷顿森林体系崩溃后的多元化货币体系，学术界称为牙买加体系。在牙买加体系下，全球普遍采用以美元为主导的多元化国际储备体系、多样化的汇率制度安排，以及多样化的国际收支调节机制。因此，货币的汇率风险则成为金融区域市场稳定的最大挑战。开辟建立基于贸易的多元化国际金融融资平台，实施公平、透明、高效的双方或多方合作将能够缓解由于汇率造成的风险。而实现多元化国际金融融资平台则需要依托我国国有大行的深度参与。

在当前的全球经济格局中，推动区域金融合作已经成为最优的战略方向，建立新型区域多元金融合作平台将会成为最主要的资金融通方式。2022 年 1 月 1 日，区域全面经济伙伴关系协定（Regional Comprehensive Economic Partnership，RCEP）正式生效，这将成为我国商业银行尤其国有大行加速推进国际化的新契机。RCEP 覆盖了东盟、中国、日本、韩国、澳大利亚等 15 个国家和地区，成员国总人口超 20 亿，GDP 达到 26 万亿美元，进出口总额超过 10 万亿美元，均占全球总量的 30%左右，已经成为全球区域贸易中举足轻重的存在。作为现代、全面、高质量、互惠的自由贸易协定，为稳定区域产业链和供应链提供制度保障，有助于缓解企业对外投资合作中面临的诸多风险和不确定性，稳定预期，促进推进成员间产业链供应链深度融合。除此之外，成员国之间的贸易税收优惠更多，既增强了贸易的紧密程度，又极大程度地降低了享受关税优惠的门槛。这些都利于促进形成稳定的区域金融格局。

构建"双循环"新发展格局是新时期以习近平同志为核心的党中央科学应对百年变局、重塑竞争格局、开拓发展新局的战略部署。打通国际国内两个市场，促进区域经济金融稳定，实现我国经济高质量发展是核心目的。深入推进"一带一路"建设、积极落实"一带一路"沿线国家和地区项目建设，构建人类命运共同体，促进沿线国家稳定发展是时代的需要，也为我国商业银行国际化发展提供了更为主动的发展路径。一方面，"一带一路"合作的国家已经达到145个，国际组织有32个。在全球贸易增长下滑和贸易规模萎缩的大背景下，继续维持"一带一路"贸易渠道畅通，为"一带一路"沿线国家复工复产和经济复苏，为全球产业链供应链的稳定提供了重要支撑。2021年中国与"一带一路"沿线国家的贸易与投资继续增长，展现较强韧性。中国与"一带一路"沿线国家进出口合计10.43万亿元，同比增长23.5%。中国对"一带一路"沿线国家非金融类直接投资179.9亿美元，同比增长12.7%；对"一带一路"沿线国家承包工程完成营业额766.5亿美元，同比增长8.2%。作为全球重要的国际公共产品和规模最大的合作平台，"一带一路"通过推进务实合作，拓展合作新领域，营造稳定的区域经济金融环境。

另一方面，创新合作模式，构建高水平开放平台。加快建设各类高水平开放平台，构建开放包容的区域合作机制是深化"一带一路"的必经之路，也是"一带一路"合作在合作模式领域重点推进方向。2021年，"一带一路"建设在构建开放包容的区域合作机制方面着墨颇多。2021年9月，中国正式申请加入《全面与进步跨太平洋伙伴关系协定》（CPTPP）。11月，中方正式向新西兰提出申请加入《数字经济伙伴关系协定》。"一带一路"沿线国家和地区是开展金融外交、建立多元货币结算体系的重要阵地。主导构建"一带一路"国际金融新体制，引领区域金融治理，能够为人民币国际化做出重要贡献。一方面，"一带一路"倡议已得到全球广泛响应与支持，超过 150 个国家和国际组织同中国签署了共建合作协议；另一方面，"一带一路"重大项目批量落地，中国企业为沿线国家完善基础设施、提高生产能力、加快产业发展、扩大就业机会、改善民生福祉等做出实在贡献。①

以塑造稳定的区域金融格局为目的，重要的"工具"抓手仍然离不开商业银行的参与。具体来说，继续实施货币互换以形成稳定的市场预期，既满足了资金融通的需求，又实现了汇率的稳定。由于货币互换协定实际上具有借贷的属性，实施货币互换将为无法受到美国以货币互换或附加性条款贷款援助的发展中国家提供无条件救助性贷款②，长期以来可以提升中国对其他国家的吸引力，构建国际软实力和"负责任大国形象"。作为货币互换的重要实践，《清迈倡议》应得到同类型的金融外交推广，比如在东亚地区进行复制，或扩大至"一带一路"沿线区域，加强亚洲区域的金融经济合作。2000 年，刚刚经历过 1997 年亚洲金融危机的东盟 10 个成员国以及中日韩（"10+3"）财长在泰国清迈共同签署了建立区域性货币互换网络的协议，即《清迈倡议》。清迈倡议的发起是为了强化本区域防范风险和应对挑战的能力，其核心目标是解决区域内国际收支和短期流动性困难、对现有国际融资安排加以补充。2003 年时任中国国务院总理温家宝首次提出"推动清迈倡议多边化"的

① 郭周明，田云华，王凌峰."逆全球化"下建设国际金融新体制的中国方案——基于"一带一路"研究视角 [J]. 国际金融研究，2020（1）：44-53.

② 庞珣，陈冲.国际金融的"赫希曼效应" [J]. 世界经济与政治，2020（6）：132-155，160.

倡议，建议将清迈倡议下较为松散的双边货币互换机制整合为多边资金救助机制，得到与会领导人的积极响应。2009 年 12 月，"10+3"财长和央行行长以及香港金融管理局总裁宣布正式签署清迈倡议多边化协议。东盟 10 国与中国、日本、韩国签署清迈倡议多边化协议，意味着规模为 1200 亿美元的亚洲区域外汇储备库正式成立并运作，通过货币互换交易向面临国际收支和短期流动性困难的清迈倡议多边参与方提供资金支持。[①] 截至 2018 年末，建设银行在电力热力生产、交通运输、水利设施、石油和天然气开采等基础设施建设领域，累计为 29 个"一带一路"沿线国家的 117 个项目提供了金融支持，签约金额 206 亿美元。在"一带一路"倡议推进过程中，商业银行以市场化金融定位为主要目标，与开发性、政策性金融形成互补，创新地为沿线国家和企业提供更多的产品和服务。同时，近年建设银行加快金融产品服务创新，统筹运用出口信贷、国际银团、跨境并购、项目融资、跨境人民币、金融租赁、国外保函、"三建客"（建单通、建票通、建信通）等产品服务，配套债券等投行工具，积极为"一带一路"倡议提供全方位金融支持与融资便利，[②] 体现了多元金融外交下强大的国有大行力量。

三、推动国际金融规则完善是品牌建设的路径保障

在大国博弈的国际背景下，通过构建高水平开放平台，推

---

① http://wuhan. pbc. gov. cn/wuhan/2929354/123527/2780973/index. html（2022 年 3 月 14 日访问）。

② https://www. cs. com. cn/xwzx/hg/201904/t20190424_5942895. html（2022 年 3 月 14 日访问）。

动开放包容的地区经济融合，不仅有助于深化国内改革和扩大高水平对外开放，更有助于扩大中国在新时代参与国际金融规则的制定，提高中国国际金融话语权，从而为我国商业银行品牌的国际化发展保驾护航。

随着新兴经济体的崛起和世界经济多元化发展，对于全球金融治理规则改进和完善的呼声愈加强烈。传统的国际金融体系仍然以美元国际环流为主导地位，以及围绕其建立的全球金融治理规则仍然在运行，但是，由于该体系存在无法改变的不公正，使美联储只依靠控制美元流量就能实现美国对外投资和铸币税获得巨额的"利润"。尽管在 2015 年实行了份额改革，时至今日，美国在全球金融治理机构 IMF 的投票权仍保持在 16.5%，拥有对重大事项的一票否决权。而 IMF 和世界银行在 1997 年亚洲金融危机和 2008 年国际金融危机中都有着颇为令人诟病的表现。这类国际金融机构一般由美国政府直接指派负责人、分配投票权，新兴经济体缺乏其中规则的制定权和话语权。① 不过，以欧盟、金砖国家、新兴经济体崛起为代表的经济多元化已经对当下的全球金融治理提出新的要求，世界各国逐渐寻求国际金融规则的变革。② 环球银行金融电信协会（SWIFT）近期公布的数据显示，2021 年 12 月人民币国际支付份额由 11 月的 2.14% 升至 2.70%。当月，人民币在国际支付中的份额超过日元，占比升至第四。这也是 2015 年 8 月中国央行"汇改"以来，人民币国际支付全球排名首次超越日元。③ 国际投资者对人民币资产的配置需求，将推动人民币在

---

① 胡滨，程雪军. 金融科技、数字普惠金融与国家金融竞争力［J］. 武汉大学学报（哲学社会科学版），2020，73（3）：130-141.

② 高杰英，王婉婷. 国际金融治理机制变革及中国的选择［J］. 经济学家，2016（8）：65-71.

③ https://baijiahao.baidu.com/s? id = 1722543470101578612&wfr = spider&for = pc（2022 年 3 月 14 日访问）。

国际舞台上发挥更重要的角色，促进中国深度参与国际金融规则的完善之中。

促进完善国际金融规则，需要扩大中国的国际金融影响力、赢得国际声誉，体现中国金融的重要性。第一，通过"一带一路"人民币结算体系建设加快推动人民币国际化进程。随着多国经济实力增强以及美元信用走弱，世界经济多极化要求国际金融治理规则应时转变，其中包括货币支付结算多元化、储备货币多元化，世界各国亟须具有经济实力作为信用担保的货币，人民币正符合这个需求。例如，探索发行人民币欧洲债券，扩大人民币的国际支付结算功能。但人民币国际化必然是一个长期的过程，切不可过度仓促。即使对标如今的全球货币美元，其在 20 世纪初也只是处于英镑之下。第二，开展国际金融活动必须克服政治风险带来的难题。双边机制下的政治风险（战争动荡、政权更替等）应由多边机制的国际金融规则进行对冲。例如，建设多边经济区可以起到"投鼠忌器"的作用，避免政治风险的爆发。[①] 第三，加强各国金融规则协调相通，探索建立长期有效的沟通机制。通过丝路基金、亚投行、上海合作组织、金砖国家开发银行、亚洲开发银行等国际金融机构提供构建"利益共同体"的中国方案[②]。在当前美国国际金融公共物品供给能力不足的情况下[③]，中国应发挥 G20 平台南北对话的功能，通过在金融稳定委员会、IMF、世界银行和国际清算银行等现行国际金融组织中的重要位置主导推动国际金融治理规则改革，提高国际金融公共物品供给能力。当

① 王国刚.＂一带一路＂：建立以多边机制为基础的国际金融新规则［J］.国际金融研究，2019（1）：38–45.

② 张汉林，张鹏举.＂一带一路＂倡议基础设施建设国际金融合作体系研究［J］.理论探讨，2018（2）：91–98.

③ 李巍.中美金融外交中的国际制度竞争［J］.世界经济与政治，2016（4）：112–138，159–160.

前, 新兴经济体仍受益于现行的国际金融规则, 对现行国际金融规则不应该是颠覆, 而是逐渐改革, 促使其更加符合自身经济利益和政治诉求, 同时也是发达国家后危机时代相对衰落的必然逻辑。第四, 发挥国有大行在国际金融规则改革中的作用。国有大行的品牌价值近年来不断攀高, 已经拥有在国际上的金融知名度兼金融实力。从品牌价值排名上可以看出, 国有大行的品牌实力已经在中国得到了验证, 应当着手在国际中发挥重要作用, 也即提高国有大行的国际影响力。特别是主导国际金融规则转变方面, 服务数亿中国客户、并在将来服务数亿海外客户的国有大行理应得到与自身体量匹配的话语权, 为国际金融治理贡献国有大行智慧。

表 6-1 国有大行品牌价值排名①

银行	2021 年凯度 Brandz 最具价值中国品牌排行	2021 年世界品牌实验室《中国 500 最具价值品牌》	2021 年品牌金融中国品牌价值 500 强	2021 Interbrand 中国
工商银行	9	2	1	5
农业银行	22	26	9	9
中国银行	27	14	11	6
建设银行	17	19	3	3
交通银行	63	38	27	16
邮政储蓄银行	—	—	34	—

---

① 资料来源: 各机构官网 (2022 年 3 月 14 日访问)。

https://www.kantar.com/campaigns/brandz-downloads/kantar-brandz-most-valuable-chinese-brands-2021.

https://www.worldbrandlab.com/brandmeeting1/2021china500/brand/jr.htm.

https://brandirectory.com/rankings/china/.

https://interbrand.com/newsroom/best-china-brands-2021/.

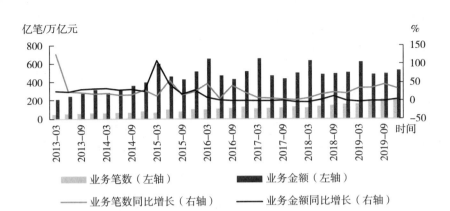

图 6-1　银行业网上支付①

图 6-2　非银机构网上支付②

数字金融作为新型金融生态，是未来国际金融规则制定的新主战场。在业务笔数方面，非银机构超过银行业金融机构，2019 年第四季度非银机构业务笔数是银行业金融机构的 936.55%；但在业务金额方面，2019 年第四季度银行业金融机构业务金额是非银机构的 772.54%。二者呈现倒挂的趋势，说明非银机构支付业务使用数量多，但是支付金额少于银行业金

①　资料来源：国泰安数据库（2022 年 3 月 14 日访问）。
②　资料来源：国泰安数据库（2022 年 3 月 14 日访问）。

融机构，银行业金融机构支付业务的使用数量少于非银机构，但是支付总金额高。这表明，出于信誉和安全的需要，大型转账业务多在正规银行进行。在业务笔数和业务金额增速方面，非银机构都要高于银行业金融机构，表现出数字金融发展的民间活力。总体来看，商业银行的数字金融发展态势向优，为我国主导国际金融规则完善提供了新的可能与方向。

第二节　国有大行品牌国际化建设的三条路径

当前，国际化已经成为全球银行业的重要战略选择，各国大行纷纷推广国际业务，布局国际发展战略，力争在全球经济大盘中占得一席之地。根据数据显示，2021 年，全球范围内具有 42 家全球性银行与 35 家区域性银行，这 77 家银行的总资产规模达 80 万亿美元，占全球银行业资产规模的 60%。①《2021 全球银行国际化报告》显示，渣打银行连续 6 年成为全球性银行国际化榜单首位。从评分等级来看，中资银行主要分布在第二梯队，其中，中国银行排名 21，位于中资银行国际化排名之首，紧随其后的是中国工商银行（第 25 名）和交通银行（第 30 名），其余则位于第 31—42 名，尤其集中于第 36—42 名。随着中国金融对外开放的进程不断推进，中资银行的国际化水平有了明显的提升。中资银行"走出去"的十年间，全球布局国家数量超 60 个，翻一番；境外资产总规模超 2 万亿美元，是十年前的 3.5 倍；境外营收规模超 500 亿美元，是十年前的 4.3 倍。上榜的 11 家中资银行均为全球系统重要性银

① 浙江大学金融研究所，中国人民大学国际货币研究所.《2021 全球银行国际化报告》［R］.2021.

行或进入《银行家》资产规模 Top50，虽然，中资银行总体位于第二梯队，但仍具有强劲的发展势头，具有很大的发展潜力和广阔的发展空间。

近些年，疫情肆虐，国外控制不力，导致疫情暴发严重，大批银行业务瘫痪，全球银行国际化程度出现相当程度的下降。反观中国的银行，疫情防控应对方面做得相对较好，中资银行的发展不降反升，这就为中资银行"走出去"带来机遇。继续推进国际化发展，国际化经营挖掘，占据更多的国际市场将促进我国商业银行尤其是国有大行的品牌国际化建设。具体而言，在新时期中，国际经济社会产生了新的需求，这也为我国商业银行品牌国际化建设提供了新的发展路径。

一、构建品牌的"绿色联想"

当下，环境污染、碳排放超标、气候变化等问题都给生态环境带来严重的负面影响，全球经济社会的资源约束愈加趋紧，经济的可持续发展面临巨大挑战。"气候行动"是联合国制定的 17 项可持续发展目标之一，尊重自然、保护自然促进生态文明发展，这在全球范围内已经达成了广泛的共识。同时，绿色生态文明建设作为我国实现可持续发展的重大战略。由此来看，构建起绿色生态文明社会是经济目标的重中之重，更是国际经济社会当下最大的需求。作为经济金融结构中关键的参与者，商业银行尤其是我国国有大行更需肩负起社会责任，大力支持绿色发展和生态文明建设。这不仅能够有效实现我国经济的可持续发展，更利于塑造出积极参与生态文明建设、促进绿色事业发展的形象，传递出商业银行经营的"绿色经营"理念，有助于丰富商业银行品牌的内涵，形成"绿色联想"，易于在国际化发展的过程中被大众接受。

目前，对于绿色金融、绿色发展的内涵已经形成较为统一的认识。绿色金融体系在基于传统金融逻辑的基础上，通过信贷、基金、债券、证券、股权和保险等金融产品，纳入影响气候环境的相关因素，形成金融服务和金融产品，再由金融机构为社会提供此类服务。[①] 旨在通过一系列政策安排、基础设施建设将社会资金和政府资源引入并配置绿色产业以促进其发展，最终构建经济社会的新业态、新动能。[②]

从政策层面来看，近些年来绿色金融支持政策纷纷出台，已经形成了一定的国际发展路径。2020 年 5 月 19 日，国际可持续发展研究院（IISD）发布题为《联合国秘书长发布〈2020 年可持续发展目标进展报告〉》（*UN Secretary-General Releases 2020 SDG Progress Report*）的报道，提出联合国秘书长关于 17 个可持续发展目标（SDG）的年度报告，其中气候行动和绿色发展是主要的发展目标。此外，全球的央行与监管机构目前正在达成一个新的共识，即环境风险（涵盖与环境和气候相关的风险）已经成为金融风险的重大来源之一。环境和气候因素可能会演化为金融机构所面临的金融风险，也可能会对金融稳定造成威胁。2020 年 9 月 10 日，全球的央行和监管机构绿色金融网络（Central Banks and Supervisors Network for Greening the Financial System，NGFS）发布了环境风险分析领域的两份重量级文件，包括《金融机构环境风险分析综述》（*Overview of Environmental Risk Analysis by Financial Institutions*）和《环境风险分析方法案例集》（*Case Studies of Environmental Risk*

---

① 魏青琳. 绿色金融对区域经济生态化发展的影响研究 [J]. 纳税, 2019, 13
（1）: 214+216.

② 袁凯. 绿色金融对区域经济生态化发展的影响及对策研究 [J]. 大众投资指南, 2019（6）: 24-26+28.

Analysis Methodologies）。NGFS 指出，为了有效应对环境和气候相关风险，监管机构、金融机构、国际组织、第三方供应商和学术机构各界应共同努力推广环境风险分析（Environmental Risks Analysis，ERA）在金融业的应用。对此，美联储曾通过选票同意成为央行和监管机构绿色金融网络（Network for Greening the Financial System，NGFS）的成员。

欧洲方面，自欧盟委员会正式公布"欧洲绿色协议"投资计划以来，欧盟不断加快"绿色发展"。欧盟委员会呼吁欧盟应坚持实施"欧洲绿色协议"投资计划，将其作为应对疫情、恢复经济的重要事项，德国、法国、意大利等十几个欧盟国家积极响应，将落实"欧洲绿色协议"作为各国经济恢复过程中的重要任务。在应对气候变化方面，欧盟委员会的年度"盟情咨文"，提出欧盟将在 2030 年将温室气体排放量减少一半以上，以确保在 21 世纪中叶实现既定的减排目标。为了实现减碳目标欧盟委员会公布了最新的可持续智能交通战略，力争每一辆汽车包括卡车都达到"零排放"标准。日本方面，日本经济的特点之一是应对气候变化已经不再是经济发展的制约因素，而是推动产业结构升级和强劲增长的重要举措，这意味着日本气候行动的强度将与《巴黎协定》要求一致。

我国在对外绿色方面的政策合作取得新的发展。2020 年 6 月 22 日，国家主席习近平在北京以视频方式会见欧洲理事会主席米歇尔和欧盟委员会主席冯德莱恩。习近平强调双方要保持相互市场开放，加快推进中欧投资协定谈判，加强中欧绿色和数字领域合作，构建绿色发展伙伴。米歇尔和冯德莱恩表示，欧方愿同中方就疫苗研发、复工复产加强合作，扩大双边贸易规模，推动绿色低碳、数字经济等领域广泛合作取得更多进展，尽快达成欧中投资协定，为尽早克服疫情影响、促进世界经济复苏做出努力。欧方坚持多边主义，愿同中方在联合国、世界贸易组织、二十国集团等框架内就公共卫生安全、气候变化、可持续发展、对非三方合作等重大问题加强协调合作。在可持续金融国际平台（IPSF）一周年线上活动中，中国人民银行行长易纲应邀出席，与欧盟委员会执行副主席东布罗夫斯基斯共同宣布，中欧联合牵头的 IPSF 绿色分类术语工作组成立，将与各方共同推动绿色金融发展，促进向绿色和可持续发展转型。

从现实的合作项目来看，我国与"一带一路"合作伙伴继续积极开展绿色金融合作。在"一带一路"绿色投资原则（GIP）第二次全体会议上，来自全球四十多个金融机构和国际组织的近 140 名代表通过线下参会或线上接入的方式出席会议，制定形成了一套气候和环境信息披露框架。

在国内，绿色生态发展已经写入"十四五"规划，国家层面支持力度不断增加。在《中共中央关于制定国民经济和社会发展第十四个五年规划和二〇三五年远景目标的建议》中明确提出要加快推进绿色低碳发展，强化绿色发展的法律和政策保障，发展绿色金融，支持绿色技术创新，推进清洁生产，发展环保产业，推进重点行业和重要领域绿色化改造。绿色金融写入"十四五"规划意味着在接下来的五年时间当中，促进绿色金融发展将成为我国经济发展的重要任务之一。同年，习近平总书记主持召开中央全面深化改革委员会第十七次会议，会议审议通过了《关于加快建立健全绿色低碳循环发展经济体系的指导意见》，该意见全面制定了绿色金融发展的框架，为我国发展绿色经济提供了重要的政策保障。

顶层设计完善，需要各部门相辅相成，方能持续推动绿色金融发展。银保监会发布《关于推动银行业和保险业高质量发展的指导意见》，提出要大力发展绿色金融，银行业金融机构要建立健全环境与社会风险管理体系，强化信息披露。人民银行同国家发展改革委、证监会起草了《关于印发〈绿色债券支持项目目录（2020年版）〉的通知（征求意见稿）》，将清洁煤和其他化石燃料排除在符合绿色债券融资条件的项目清单之外。生态环境部部务会议审议通过《碳排放权交易管理办法（试行）》，该办法于2021年2月1日起施行，在全国范围组织建立碳排放权注册登记机构和碳排放权交易系统。中央财经委员会第九次会议强调，完善有利于绿色低碳发展的财税、价格、金融、土地、政府采购等政策，加快推进碳排放权交易，积极发展绿色金融。银保监会表示，将积极发展绿色信贷、绿色保险、绿色信托。央行提出，已初步确立"三大功能""五大支柱"的绿色金融发展政策思路。

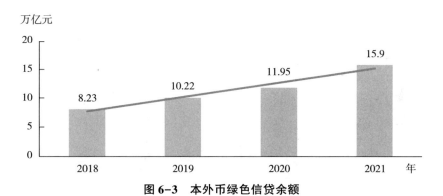

图6-3　本外币绿色信贷余额

（资料来源：各年度金融机构贷款投向统计报告）

依托政策支持和国际合作，我国商业银行尤其是国有大行在构建品牌的绿色内涵时就更易落实。从数据上看，我国国有大行在绿色金融发展的领域取得不错的成果。2021年末，本外币绿色贷款余额15.9万亿元，同比增长33%，比上年末高12.7个百分点，高于各项贷款增速21.7个百分点，全年增加

3.86 万亿元。

从余额规模来看，六大国有银行的绿色信贷余额共86792.07 亿元，占据绿色贷款"半壁江山"。截至 2021 年末，有 4 家银行绿色贷款规模超万亿元。其中工商银行"一枝独秀"，全年贷款余额为 2.48 万亿元，是国内唯一一家绿色贷款破 2 万亿大关的银行。农业银行和建设银行排名第二、第三位，截至 2021 年末，其贷款余额分别为 1.98 万亿元、1.96 万亿元。另外，兴业银行贷款余额为 1.39 万亿元。截至 2021 年末，交通银行绿色贷款余额为 4767.63 亿元，同比增长31.37%；邮储银行绿色贷款余额为 3722.94 亿元，较上年末增长 32.52%。从同比增速来看，平安银行、中信银行、民生银行绿色贷款余额增幅均超 100%，位列前三，增幅分别为 204.6%、140.75%、103.76%。

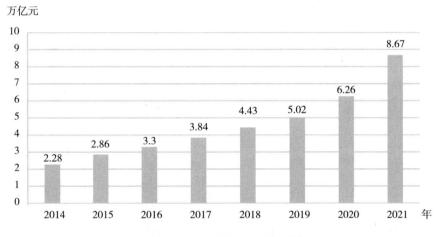

图 6-4　六大行绿色信贷余额

（资料来源：各银行年报）

从投放方面来看，绿色贷款主要方向是基础设施、绿色交通、环保、水资源处理、风电项目、生态环境、清洁能源等绿色产业金融需求。绿色信贷环境效益逐步显现，按照信贷资金占绿色项目总投资的比例测算，21家主要银行绿色信贷每年可支持节约标准煤超过4亿吨，减排二氧化碳当量超过7亿吨。商业银行的绿色信贷规模逐步扩大，客观上加快了产业结构的升级优化。根据国际能源署估算，为实现2050年全球二氧化碳排放量减半的目标，2010—2050年每年为发展低碳产业需要追加的投资额占全球GDP的1%—2.5%，只有通过发展绿色金融才可能完成产业低碳化的升级要求。① 另外，产业的升级优化目的是要形成绿色经济，从商业银行业务来说，实行授信审批和贷款发放时严格落实环境保护条款，能够促使社会资本从高污染、高耗能产业更多地向绿色产业倾斜，以提升经济绿度，进而形成新的经济模式。由此，我国商业银行尤其是国有大行实施国际化战略，完善品牌的绿色内涵过程中，需要重点对于其绿色成果进行宣传，构建起大众世人对商业银行本身的"绿色联想"。

二、建立品牌的"社会责任"

自从英国学者Sheldon于1924年提出"企业社会责任"的概念以来，对于什么是社会责任，企业如何履行社会责任，怎么对履行社会责任进行有效绩效等问题都进行了深入讨论、研究和实践。长期以来，古典经济学理论把企业视为不断追求利润最大化的经济人。在这假设前提下，企业对社会的贡献主要是经济贡献，那么企业行为就完全是利益驱动的，这就导致了很多不负责任的企业行为。短期内，这些逐利行为会给企业带来效益；但从长远来看，不负责任的行为必然破坏社会经济秩

---

① 商业银行绿色金融发展浅析[J]. 商业银行，2021.

序、损害企业自身利益，因此企业必须平衡短期利益和长期利益。现在监管机构要求商业银行在获取经济利益的同时，要承担相应的社会责任，实现可持续发展。①

从商业银行的角度来说，银行作为资金融通的枢纽，是金融产业的支柱，在促进社会经济发展、产业结构转型中发挥着重要作用，这也决定了银行在承担社会责任方面有着不可忽视的影响。在新的经济形势下，银行之间的竞争越发激烈。一方面，银行作为微观经营主体，追求盈利优先是其行事准则，而承担社会责任可能会带来高昂的经济成本，加剧银行经营负担，并且还可能会侵占原本用以主营业务创新、服务质量改善等其他方面的资源投入，不利于银行竞争力的提高；另一方面，银行积极承担社会责任可能有助于改善银行的企业形象，提升品牌价值，增加自身收益，并且还可能吸引更多优秀的金融人才，提高金融创新能力，营造良好的工作氛围，提高服务效率与质量，进而有效提升银行竞争力水平。② 随着金融市场环境从卖方市场转向买方市场，同时，国际社会对于商业银行承担社会责任提出更高的要求，商业银行承担社会责任已经成为增强竞争力的关键领域，尤其在完善商业银行自身品牌内涵的过程中，更应注重自身承担社会责任方面的发展。

在国际上，"责任时代"（the Age of Responsibility）已经成为对当今全球经济社会状态的一个注解。③ 在学术界，国际关系的分析中通常将义务和责任视为与权利、利益等概念同等重

① 朱蓉. 中国商业银行社会责任的动因与社会绩效 [J]. 金融论坛，2014，19（6）：38-44+52. DOI：10. 16529/j. cnki. 11-4613/f. 2014. 06. 001.

② 段军山，庄旭东. 银行承担社会责任对其竞争力的影响研究——基于银行服务的"质"与"量"中介视角 [J]. 金融论坛，2021，26（4）：22-32. DOI：10. 16529/j. cnki. 11-4613/f. 2021. 04. 003.

③ Robert B. Zoellick. It Is Time to Herald the Age of Responsibility [J]. Financial Times，2009（26）：11.

要的内容。根据历史经验，显著的国际社会责任和义务类型通常包括维护国际社会稳定、维持权力平衡、遵守国际公约和国际法、遵循国际贸易与商业秩序、尊重人权以及消除贫困减少财富差距等内容。[①]另外，国际社会责任和义务并非静态单一的概念，而是取决于该国家所能够承担的国际责任程度。[②]由此来看，在国际社会中，一国将自己视为国际社会的一员，并主动寻找机会为国际社会做出力所能及的贡献，达到改善国际社会运营环境的目的。从国家层面来看，中国正在向贡献型国际责任迈进，如在全球金融治理中，中国积极落实巴塞尔协议对于商业银行的诸多指标要求，在维护金融稳定方面做出积极贡献。在气候变化中，中国切实履行《联合国气候变化框架公约》和《京都议定书》规定的义务，积极参与清洁能源发展机制的减排合作等方面中国都承担起了国际社会所需的国际责任和义务，起到了负责任大国的作用。

在我国商业银行尤其是国有大行丰富其品牌内涵的过程中，保持与国家宏观战略一致，促进国际金融稳定，肩负国际社会责任，履行国际社会义务更易于实现自身的国际化发展。在塑造自身品牌内涵和"社会责任"的二者兼容过程中，需要聚焦于三方面内容的均衡，即动因要素、内涵要素和对策方法。具体来说，动因要素侧重从企业社会责任对企业绩效以及公司治理功能的贡献来分析阐述，由于商业银行自身具有企业的属性，在其经营过程仍需追求利润的最大化，而履行社会责任在相当程度上只是增加了运营的成本，收益很低，这就与追求利润产生了矛盾，对此，需要从动因的角度予以完善，例如

---

①　Robert H. Jackson, Classical and Modern Thought on International Relations: From Anarchy to Cosmopolis [M]. New York: Palgrave Macmillan, 2005: 101.

②　毛维准. "国际责任"概念再审视: 一种类型学分析框架 [J]. 世界经济与政治, 2016（12）: 68-100+158-159.

履行国际社会责任和义务可以建立起更具辨识度的形象，打造差异化竞争优势。内涵要素主要偏重于履行社会责任的内容进行全面的阐述，对外商业银行需要注经济责任、法律责任、伦理责任和慈善责任，对内商业银行需要对股东、员工、消费者、政府、环境以及整个社会需求负责。对策方法主要集中在制度安排、民生金融和绿色金融机制研究。这就需要通过建立法律机制、政策引导、行业自律等外部约束机制促进商业银行经济行为的规范，同时，完善商业银行内部的公司治理和道德调控的内部自律机制，以督促自身履行社会责任。

积极实现社会资源的合理配置是商业银行的主要职能之一，这符合宏观政策和社会大众对商业银行的主要期望，利于促进商业银行形成良好的形象和声誉。这体现了商业银行品牌的社会意义。在商业银行实施品牌战略的过程中，会由现实存在的社会意义产生的更多的附加价值和外溢效应，从而给商业银行带来更多的经济收益。结合"十四五"时期的发展规划，社会经济在高科技、绿色经济、脱贫减贫、数字经济、乡村振兴、城市化建设等多个领域存在更强烈的发展需求，在这些领域中配置更多资源也成为现阶段商业银行的业务重点。充分发挥商业银行货币中介作用推动高科技产业升级、数字化产业转型、绿色低碳技术、新能源技术等更有经济附加值的领域发展，促进资源持续流入相关领域，满足行业发展需要。以业务为抓手，确保金融活水"精准滴灌""有的放矢"，方能促进国家发展战略目标的实现。

承担社会责任，履行社会义务也是我国国有大行自身文化建设的重要内容，中国农业银行的广告语为：大行德广，伴您成长。这就表达出中国农业银行以民生发展为己任，造福于民的社会责任感和使命感。中国建设银行的宣传语为：善建者行，成其久远（An Excellence-pursuer, A Partner Forever）。此句出自老子的《道德经》，旨在表明中国建设银行长久以往尽职尽责地履行社会责任，致力于为人民提供高质量金融服务，是值得信赖的国有银行。诸如此类商业银行的文化内涵值得在国际社会中传播。

总的来说，商业银行重点布局并肩负国际社会责任是履行社会责任的国际延伸，是我国银行业与世界各国共同进步、长久发展的必然选择。在国际社会中，需要商业银行来传递中国企业的文化价值观念、履行中国金融企业的国际社会责任。

三、发展品牌的"数字之形"

目前，全球经济形势承受压力，且新一代信息技术迅猛发展。在此背景下，商业银行的数字化发展既是趋势，更是升级之道。当下，商业银行构建具体可行的数字化转型蓝图，以"数字之形"破题将助于获得竞争优势，在全球经济形势不容乐观、新一代信息技术迅猛发展的背景下，银行塑造品牌，商业银行的数字化转型迫在眉睫，构建具体的可操作性的数字转型蓝图，以"数字之形"发展将有助于我国商业银行获得竞争优势。

自 2008 年国际金融危机之后，全球经济增长乏力，各国银行业利润增长均出现明显的下降趋势。另外，随着互联网技术的快速发展，金融科技企业抢占银行传统市场，也直接或间接的造成全球银行业盈利能力连续多年持续走低，大多数银行的净资产收益率 ROE 在 10% 以下。①数字化转型以及数字经济已成为拉动经济增长的新引擎、新动力。这也正在快速地改变

---

① 麦肯锡．麦肯锡全球银行业年度报告（2021）［R］．2022-02.

着人们对于金融服务的需求，也推动了银行业进入新业态。商业银行必须认清和顺应数字化发展趋势，否则"金融脱媒"问题将越发凸显。银行机构的数字化开始受到全球各类金融机构的关注，国际领先的银行每年将约 1/5 的利润投入数字化创新、数字化转型和数字化实践当中。[①] 我国市场以银行为主导，中央银行在央行数字货币（CBDC）方面取得积极的进展，通过对央行数字货币的试点工作，带动我国商业银行优势我国国有大行的数字化转型。

目前，对商业银行数字化转型及创新发展取得一定进展。数字金融研究专家布莱特·金曾提出，商业银行已经经历了三个阶段的发展，现在已经进入了第四阶段的发展时期，即 Bank4.0 时代。[②] 在这个时期，商业银行提供的金融服务是一种即时、情境式的体验，通过人工智能的主导，实施无障碍的互动，不用再依赖实体机构，而是嵌入民众生活的现实场景中。从理念认识和技术支持来看，商业银行未来的发展图景将是以人工智能、云计算、区块链等为代表的新兴科技带来的金融信息改革，构建出共创共享的金融生态圈。在这个生态圈中，既打破了时间的限制，又突破了空间上的约束，银行服务呈现无形化、移动化和场景化的深刻转变。[③] 另外，随着金融科技公司的发展形成的独特的商业模式和技术优势，也正形成对商业银行传统盈利模式产生"围猎"的效果，挤压了银行大部分利润。有报告称，金融科技公司的崛起将会对银行业的消费金融收入规模产生市场挤占，从而使银行业的消费、支付以

①　杨涛. 商业银行数字化转型的重点与路径分析［J］. 农村金融研究，2019（6）：7-12.

②　布莱特·金. 银行4.0［M］. 北京：中国金融出版社，2018：156-248.

③　尹振涛，程雪军. 我国场景消费金融的风险防控研究［J］. 经济纵横，2019（3）：55-62. DOI：10.16528/j.cnki.22-1054/f.201903055.

及普惠金融方面的利润降低。尤其当下全球经济受到地缘冲突、疫情冲击、通胀压力等多要素、多周期的冲击，宏观把控、监管强化等经济调控趋于收紧，商业银行以规模增长为主、重资本经营模式将难以为继。数字化转型已成为我国商业银行保持行业地位和健康发展的内在要求。

发展商业银行的"数字之形"从短期来看能够提高商业银行适应环境的能力，促进利润的上升，从长远来看则是一次全面的金融业态变革，对于银行品牌的重塑将起到关键的作用。因此，需要厘清三个重要的理念：银行的服务对象、银行的服务方式和银行的服务趋势。

第一，打造商业银行"数字之形"需要清晰地认清银行的服务对象将发生转变。目前，"金融脱媒"的现象愈加严重。这是一种在金融管制的情况下，资金供给绕开商业银行体系直接输送给需求方和融资者，完成资金在银行外部的循环过程。① 在这种情况下，商业银行需要重新定位以服务对象为中心的业务模式。在传统的银行金融服务模式中，无论是企业客户，还是个人客户，在银行开立相应的账户并使用是基本流程，而且，银行提供的各种金融服务也是通过该账户进行，并以此维系与客户之间的关系。这种模式的发展如今面临新挑战：第一，人口结构将发生变化。习惯于传统银行服务的人群集中在 50 岁以上，且他们是银行消费金融收入的主要来源。同时，金融科技企业提供的金融服务对他们依然具有吸引力，这在相当程度上占据了商业银行在金融市场上的业务份额。另外，"90 后""00 后"已经逐渐成为经济活动的主要参与者，他们是伴随互联网、数字化成长起来的一代人，完全接

---

① 肖崎，赵允宁. 我国金融脱媒对商业银行资产负债业务的影响分析 [J]. 上海金融，2017（1）：81-86. DOI：10.13910/j.cnki.shjr.2017.01.014.

纳了数字化以及相关的业务。他们将是未来数字银行的主要客户群。人口年龄结构的转变促使商业银行进行数字化转型。第二，传统银行与数字银行的业务开展存在效率差异。我国的市场特点是以银行为主导，这就使银行自身的稳定运营将与国家宏观经济的稳定相绑定，我国的商业银行尤其是国有大行普遍具有全球系统重要性银行的特点。为了维持稳定经营，需要通过精准审核才能进一步推进流程，这在一定程度上降低了传统商业银行的业务。新一代互联网、人工智能、区块链、云计算、大数据等新科技所带来的新应用和新服务带动了效率上的飞跃，满足了客户对于时间的要求。而且有的金融科技公司在垂直细分领域提供的服务，就逐步改变了银行客户获得服务的方式，如美国金融科技公司、印度互联网金融企业就在垂直细分领域汇集了大量贷款、理财、存款、保险等金融服务。因此，提升业务效率是商业银行数字化转型应达到的目标之一。

满足客户需求是银行经营的根本，面对数字化带来金融服务的全新体验和消费习惯的变化，更促使银行推进数字化进程。一方面，商业银行要树立数字化转型的客户观念，重新设计金融产品，重塑金融服务品牌，塑造新型的客户关系；另一方面，要推动银行服务深度地融入客户生活中，使客户从以往单一的消费者身份转变为金融产品设计者和金融活动的参与者，在增强客户参与感和获得感的同时，提升银行核心客户对商业银行的黏性。

第二，打造商业银行"数字之形"需要做好竞争范围从有界向无界延伸。当今世界正处于各行各业不断变迁、竞争日益剧烈的年代，且行业的变迁紧随科技进步和市场需求的变化而变化。跨行业、跨市场，甚至是跨时间的竞争已经成为业内竞争的主旋律，当下应更多地思考如何在这种环境中占据一席之地。具体而言，类似亚马逊、腾讯、百度、谷歌等科技巨头很难将之归属在某一行业分类中，自然其运营模式也难以传统业态进行总结。目前，越来越多的企业在科技创新、数字化发展中已经突破了行业的边界，进而也促进数字经济形成了新的格局。

在这种边界模糊的市场环境中，商业银行不仅面临数字化技术变革带来的业态变化，而且要将业务从传统的业务界限打破至跨业无界的发展之中。对于这种变化，首先需要意识到各行各业的数字化变革正在促使摩擦成本和交易成本的大幅降低，此类成本的降低推动的是业务种类、交易规模等领域的范围呈指数型扩张。在传统的经济分析中，摩擦成本和交易成本难以有效回避，且恰恰是它们的存在才为了降低成本提高利润形成了行业边界。数字化打破旧的行业边界，用更低的摩擦成本与交易成本促成更丰富的合作关系产生，进而形成了新的"生态系统"。另外，在数字化变革的时代，需求的多元化会使服务期望呈现出及时、简单、个性、高性价比等特点。从而促使企业提供亲和度高的界面就能满足多元化需求的产品和服务。因此，商业银行必须转变竞争观念和合作观念，特别是通过建立数字生态圈来改变竞争和合作方式，这将能够为商业银行在数字化转型中占据一席之地。

第三，打造商业银行"数字之形"需要进一步实现技术更迭和自身发展战略的匹配。在国际上，商业银行在数字化实践过程中，形成了诸如"数字零售银行""开放银行"等众多的银行"形态"。其主要的区别则在于使用技术的差别，以及技术运用的场景。结合商业银行自身的实际情况，应用与发展战略匹配的金融科技、信息技术，不断精益发展模式，"摸着石头过河"，探索出合适的数字化转型之路是必要的。例如，在 2015 年 8 月，英国率先成立开放银行工作组（Open Banking Working Group，OBWG），开展设计银行业开放 API 标准制定框架等工作，并公布《开放银行标准》等一系列基础性开放银行的建设建议。同时，英国竞争和市场管理局于 2016 年发布一系列规划和建议，授权英国九家大型商业银行组建实体、设定支持英国开放银行业务的通用技术标准，并要求上述九家银行采用统一的 API 标准。自此，商业银行以 API 技术为手段，通过与商业伙伴共享数据、算法、流程等业务功能，聚合多种生态场景，从用户体验出发，提供无感、无缝、无界的金融服务，形成新一代商业银行的形态。又如，招商银行实施的以零售金融服务为主的"轻型银行"也取得成功，这是一种通过构建全渠道、全产品、全客群的"三全"服务体系，探索资本消耗高效化、经营方式集约化、应变能力灵巧化的服务模式。在这种形态下，招商银行取得卓越的进展。我国国有四大银行中国工商银行、中国农业银行、中国银行、中国建设银行也纷纷制定了数字化转型的战略目标。在未来，商业银行将通过数字化平台和数字生态圈，利用基于新技术打造的新的业务模式，在衣食住行等各个场景中为客户提供金融服务，从而带来新的服务体验。

总之，在商业银行打造"数字之形"并形成新的品牌内涵和价值时，重新定义银行的功能、角色和理念。实现从传统的竞争方式到无边界、开放式竞争的转变，实现从经营自场景到生活多场景的全方位转变，才更能立于不败之地。

第三节 我国银行业品牌国际化的发展现状——以中国建设银行的案例分析

一、建行积极发挥国际合作中互利共赢的理念

近年来，中国建设银行以稳外贸、维护全球产业链协同发展为国际业务发展的行动方向①，充分发挥平台优势在国际经济金融合作及国际抗疫合作领域大显身手。

围绕传统金融服务与贸易金融合作，为中国资本市场投资提供信息和便利②，助力金融互联互通。

2020 年 7 月中国建设银行与商务部签署《发挥金融科技优势　助力"稳外贸稳外资"合作备忘录》。通过商务部提供的政策优势，建设银行双方将采取切实有效措施更好满足企业金融需求，全力做好"稳外贸稳外资"工作③。在此期间，建设银行积极支持外商投资实体经济，鼓励加大对生物医药、环境治理、节能减排、现代服务业、现代农业等引进外资重点领域的信贷投入。

---

① 建设银行：国际业务为稳外贸保驾护航［N/OL］．人民日报（海外版），2020 年 5 月 29 日．https://baijiahao. Baidu. com/s? id = 1667996042852864665&wfr = spider&for = pc.（2022 年 3 月 8 日访问）。

② 李运．建设银行：运用科技力量　促进跨境金融便利化［N/OL］．中国证券报，2022 年 1 月 16 日．https://finance. eastmoney. com/a/202201162249223073. html（2022 年 3 月 8 日访问）。

③ 建设银行与商务部签署合作备忘录　助力"稳外贸稳外资"［J/OL］．建设银行，2020 年 7 月 6 日．http:// www1. ccb. com/cn/ccbtoday/newsv3/20200706 _ 1594004649. html（2022 年 3 月 8 日访问）。

充分发挥进博会、广交会等展会平台作用，建设银行积极协助地方开展招商引资，优化营商环境，加大全球 500 强企业和外资重大项目引进支持力度和信贷投入，以实际行动支持自贸试验区、自由贸易港、跨境经济合作区等引资重点地区建设。2021 年，建设银行上海市分行与虹桥国际中央商务区管委会签订战略合作协议，根据协议内容，建设银行将扎根"一核"，立足"两带"，面向全球，积极履行社会责任，进一步服务实体经济。截至 2022 年，建设银行已经连续四届为中国国际进口博览会提供金融服务，定制了"建遇进博、融通全球"专用专属产品系列，包括区块链保税保函、进口支付借款、跨境快贷—进口贷等"进博贷"组合产品①。同时致力于支持放大"进博"溢出带动效应，推进国家进口贸易创新示范区建设，支持虹桥进口商品展示交易中心建设。

2020 年 6 月 5 日，建设银行与商务部中国对外贸易中心签署《关于中国进出口商品交易会战略合作框架协议》，正式成为广交会的战略合作伙伴。围绕"智能化、线上化、数字化"核心理念，以金融科技赋能数字会展，建设银行为广交会境内参展商和海外采购商提供数字银行金融服务、全球一体化跨境平台服务及金融科技数字布展三大专属服务，服务"网上广交会"数字化展会新业态。在促进贸易便利化方面，建设银行以国际贸易"单一窗口"为切入口，推动贸易便利化，重点发展线上收付汇、网银结售汇、跨境快贷等产品，提升跨境业务市场竞争力，助力打造具有全球竞争力的营商环境。截至目前，建设银行已通过"单一窗口"为广州地区 3000 多家企业

---

① 建行新金融画笔绘出"彩虹桥"开放新亮色［EB/OL］. 中国金融新闻网. 2022 年 3 月 2 日. https://www. Finan cialnews. com. cn/yh/sd/202203/t20220302_240573. html （2022 年 3 月 8 日访问）。

办理各项跨境业务提供便利服务。2021年以来，建设银行广东省分行已累计为近1.5万家企业提供近900亿美元国际结算服务，逾2000亿元跨境贸易人民币结算服务，积极打通内外贸金融服务链条①。

同时，建设银行作为率先与海关总署签署合作协议的银行，积极参与中国国际贸易单一窗口建设，依托跨境金融服务优化口岸营商环境，促进跨境贸易便利化。2019年2月27日，建设银行作为首家金融机构与海关总署（国家口岸管理办公室）签署《国际贸易"单一窗口"合作对接试点协议》，4月18日，海关总署牵头建设的中国国际贸易"单一窗口"标准版在部分地区开展金融保险服务功能试点。建设银行作为首批试点银行，通过"单一窗口"可为客户提供预约开户、汇入汇款、汇出汇款、结售汇、"跨境快贷—退税贷"等金融服务②。

二、围绕数字化转型，建设银行持续发挥平台优势助力国际合作

2019年末，为减少跨境交易场景下的信息不对称，降低跨境交易成本，建设银行发挥金融科技优势，创新推出"全球撮合家"企业智能跨境撮合平台，为具有跨境贸易、投资、合作诉求的境内外企业搭建线上平台，支持跨境项目、服务和商品

---

① "新金融"助推"双循环"建行全方位服务第130届广交会［EB/OL］．中国金融新闻网．2021年10月16日．http s://www.financialnews.com.cn/yh/sd/202110/t20211016_230673.html（2022年3月8日访问）。

② 国际贸易"单一窗口"标准版金融服务功能上线　建设银行首批试点实现"总对总"对接［J/OL］．建设银行．2019年4月19日．http://www1.ccb.com/cn/ccbtoday/ne-wsv3/20190419_1555663503.html（2022年3月8日访问）。

的商机发布和精准匹配。

自新冠疫情暴发以来，建设银行在现有平台功能基础上，增设支持14个语种访问的医疗防疫专区，支持境内外医疗防疫供需信息的集中发布、撮合对接，有效拉近与全球客户的距离。建设银行利用其全球网络优势，广泛对接境内外抗疫物资供需两端需求，支持境内外政府、医疗机构、生产和贸易企业实现防疫物资、原材料、生产线等线上智能对接。助力国内产能与国外需求间的有效匹配。

在瑞士，首家中医诊所 MediQi 经建设银行苏黎世分行推荐，通过"全球撮合家"平台联系到了中国口罩厂商，最终采购到了口罩，顺利实现复工；在韩国，建设银行首尔分行与宁波市分行通过"全球撮合家"平台共同撮合的一笔跨越欧、美、亚三大洲的交易成交。不仅完成了由宁波向韩国跨国钢企工厂的紧缺防疫物资出口，境内客户也成为建设银行的忠实客户；在波兰，建设银行江苏省分行关注到建设银行华沙分行客户在"全球撮合家"平台发布了医用制氧机的需求信息，经过境内外两家分行的高效联动和信息沟通，波兰买家一笔订单就采购了200台制氧机；在芬兰，"全球撮合家"平台上一条芬兰企业急需口罩的信息引起了建设银行厦门市分行关注。为了满足客户对防疫物资的高标准要求，厦门市分行通过优选符合资质、货源充足且外贸经验丰富的企业，成功撮合了这笔交易。随后，芬兰客户又陆续通过平台追加多笔订单，累积采购了共122.5万只KN95口罩和159万只一次性医用口罩[①]。

建设银行撮合出口的我国各类医疗物资已在28个国家地区的医疗机构、政府部门、民生企业、教育机构等疫情防控工

①　建行"全球撮合家"：抗疫中结下国际"朋友圈"［EB/OL］. 深水财经社. 2020年8月7日. https://www.sohu.com/a/411920946_407695（2022年3月8日访问）。

作中发挥重要作用。目前，建设银行已收集境外抗疫物资需求约 9.5 亿件，梳理联络国内防疫物资生产和出口企业近千家，发布防疫物资商品供给信息 2000 余条。一个月时间里，建设银行"全球撮合家"成功撮合各类医疗防疫物资出口近 5800 万件，交易金额累计约 8.15 亿元人民币。

目前，除全球医疗防疫专区外，"全球撮合家"平台还上线了"粤港澳大湾区""中欧班列""数字会展"等特色板块。通过整合境内外、多渠道、多维度数据资源，集中展示相关跨境项目、服务、商品的需求和商机信息，支持中欧班列沿线及湾区企业拓展国际合作，为会展行业提供线上服务解决方案。

为促进中美跨境电商交流合作，助力中国外贸企业拓展美国市场，2021 年 11 月中国建设银行纽约分行、浙江省分行和中国国际贸易促进委员会驻美国代表处联合举办"中美跨境电商贸易投资云洽会"。活动通过"建行全球撮合家"平台直播，近 300 家中美企业参会，约 2000 人线上观看，帮助数十家企业达成合作意向①。

截至目前，"全球撮合家"平台现已发布 96237 条跨境商机，为来自 47 个国家及地区的 15 万余名客户服务，举办跨境会展活动 121 场，与 29916 家企业进行跨境对接②。以数字化平台为基础，开启国际业务和海外业务发展的第二曲线，建设银行真正实现从传统"支付中介"、"信用中介"到"信息中介"的跨界转型，承担起推动国内国外双循环新发展格局的社会重任。

---

① 中国建设银行：新金融赋能企业出海 数字经济助力国际合作［J/OL］.今日建行.2021 年 11 月 19 日.https://beijing.investgo.cn/article/yjdt/202111/567817.html（2022 年 3 月 8 日访问）。

② 数据来自建设银行官方网站：https://want.ccb.com/essp/-/crossborder/home.

三、深化金融科技战略，借助区块链技术助力跨境合作中的支付问题

2019 年 10 月，中国建设银行正式发布"BCTrade2.0 区块链贸易金融平台"，该区块链贸易金融平台自 2018 年 4 月上线以来，累计交易量已突破 3600 亿元，先后部署国内信用证、福费廷、国际保理、再保理等功能，将中国邮政储蓄银行、上海银行和交通银行等 60 家金融机构与 3000 家制造业企业和进出口公司相互联系①。在 2020 年发布的福布斯发布了第二届"区块链 50 强"榜单，建设银行凭借 BCTrade 平台的卓越表现首次上榜，也是国内首家入选福布斯全球区块链 50 强榜单的银行机构②。

2021 年 11 月，在第四届进博会中央企业交易团签约活动上，建设银行与中化能源、中国联油、麦格理银行、中远海能、中国银行、沙特阿美能源基金、招商局能源运输、三井物产和万向区块链等九家机构共同签署合资协议，成立合资公司 TradeGo Pte. Ltd.（大宗易行），搭建基于区块链技术的大宗商品国际贸易数字化服务平台③。

2022 年 2 月，中国工程院《中国区块链发展战略研究》

---

① 建行首次入围福布斯全球区块链 50 强，已运营 9 个区块链项目［EB/OL］. 金融一号院. 2020 年 2 月 22 日. https://www.163.com/dy/article/F60F5VH805505W4N.html（2022 年 3 月 8 日访问）。

② BCTrade 交易量突破 4000 亿元，建设银行入围福布斯"区块链 50 强"［EB/OL］. 贸易金融. 2020 年 3 月 6 日. https://ishare.ifeng.com/c/s/v002lkhhafRGCYa1yonWJTv0HKHv0E8d--5ierHSgfJYrrkw__（2022 年 3 月 9 日访问）。

③ 建设银行与九家机构共同签署大宗商品区块链平台合作协议［EB/OL］. 中国金融新闻网. 2021 年 11 月 8 日. https://www.financialnews.com.cn/yh/sd/202111/t20211108_232454.html（2022 年 3 月 9 日访问）。

项目发布"发现 100 个中国区块链创新应用",建设银行以其先进的跨境支付手段上榜。"易支付"工具应用区块链等金融科技新技术,有效地解决了跨境传统支付方案中的痛点。截至目前,"易支付"跨境支付工具已覆盖建设银行境内全部分行,以及新加坡、悉尼等 12 家海外机构,交易金额达 1838.3 亿元①。

建设银行再次登榜《福布斯》"2022 年全球区块链 50 强"榜单,凭借其深刻贯彻的金融科技战略,切实有力地解决了国际合作中的支付问题。

四、建行助力"一带一路"项目落地实现

建设银行将"一带一路"金融服务纳入《中国建设银行转型发展规划》,制定《支持"一带一路"建设综合金融服务方案》,完成金融助力"一带一路"顶层设计②。通过为海外项目提供资金支持、积极参与中欧班列、陆海新通道沿线国际物流建设等国际项目,在多个领域为"一带一路"项目保驾护航。

建设银行与中国信保合作,充分发挥银保合作优势,多措并举为外贸企业送去金融"活水",助力"一带一路"建设、支持小微企业复工复产。针对中短期海外项目,建设银行推出了"三建客"系列产品。"建信通"业务是发挥逆周期调节作

① 中国工程院《中国区块链发展战略研究》发布"跨境易支付"应用案例［EB/OL］. 巴比特. 2022 年 2 月 12 日. https://view.inews.qq.com/a/20220212A02DSD00（2022 年 3 月 9 日访问）。

② 人民网：建设银行积极助力"一带一路"［EB/OL］. 建设银行. 2018 年 4 月 10 日. http://www1.ccb.com/cn/ ccbtoday/ mediav3/20180410_1523349885.html（2022 年 3 月 10 日访问）。

用、支持企业"走出去"的集中体现，为海外项目提供了重要的资金支持，尤其为因海外疫情扩散导致项目暂时停工的企业提供了流动性保障①。截至目前，建设银行和中国信保在"建信通"项下累计合作 111 个项目，辐射 48 个"一带一路"沿线国家，服务中国能建、中国电建、中国水利水电等多家大型企业，涉及保额 108 亿美元，建设银行与中国信保合作融资规模长期位居同业前列。

2017 年 9 月，建设银行在舟山召开母子公司战略合作助力自贸区建设发展推进会，重点介绍各子公司主要业务领域和母子公司联动业务范畴，发挥集团合力服务客户需求。2017 年 10 月 17 日，建设银行浙江省分行创造性地为省内某建材企业发行"3+N"含权"一带一路"永续中票，在降低企业财务杠杆的同时将募集资金全部用于境外"一带一路"项目资本金，实现客户需求与银行服务的完美契合。该笔中票不仅是全国首只"一带一路"永续中票，更是国内民营企业首次获批发行的一带一路永续债。

作为运行于中国与欧洲以及"一带一路"沿线国家间的铁路国际联运列车，中欧班列是深化我国与沿线国家经贸合作的重要载体和推进"一带一路"建设的重要抓手。建设银行四川省分行于 2021 年推出"中欧班列运费贷"②，为中欧班列场景下的小微企业量身定制的线上融资产品，具有"纯信用、全线上、秒审批、低利率"等特征，能够有效纾解小微企业国际运费支付压力。"全球撮合家"跨境撮合平台成功上线"蓉欧班

---

① 中国信保与建设银行合力 助外贸企业复工复产按下"快进键"［EB/OL］. 证券日报网. 2020 年 3 月 31 日. http:// www. zqrb. cn/jrjg/insurance/2020－03－31/A1585626657772. html（2022 年 3 月 10 日访问）.

② 进出口运费不再愁 建行四川省分行推出中欧班列运费融资产品［EB/OL］. 人民网. 2021 年 8 月 26 日. https://baijiahao. baidu. com/s？id＝1709137569958988392&wfr＝spider&for＝pc（2022 年 3 月 10 日访问）。

列专区"，为蓉欧班列运营公司、跨境贸易公司、货物代理及仓储物流企业提供跨境撮合、贸易融资、资金结算等"一站式"综合金融服务，以及班列订舱、资讯动态等系列配套服务。建设银行陕西省分行为中欧班列长安号定制了综合服务方案，搭建订舱支付一体化系统，累计向长安号相关企业提供融资 56 亿元①。建设银行紧跟政策导向，助力"稳外资""稳外贸"，多方位协助企业提升经营管理稳定性和市场拓展竞争力。

五、多点开花提升我国银行业品牌国际影响力

加入世贸组织之后，我国银行业"走出去"的国际化进程明显加速。中资银行的"走出去"以包括交通银行在内的五家国有大型商业银行为主、股份制商业银行为辅。截至目前，超过 20 家中资银行在全球 60 多个国家和地区开设了逾千家分支机构。

在国际化加速的同时，我国大型银行金融机构在全球市场的重要性也显著提升。2020 年末，四家国有大型商业银行均进入全球系统性重要性银行机构（G-SIBs）名单。总体上看，尽管与国外大型银行相比仍然存在差距，但在企业"走出去"步伐加快、"一带一路"建设向纵深发展等契机下，中国银行业的国际化经营能力不断提升，在国际银行业中的影响力和地位也在快速上升。

以中国银行为例，其 2020 年年度报告显示，截至 2020 年末，该行共拥有 559 家海外分支机构，覆盖全球 61 个国家和

---

① 中国建设银行陕西省分行：践行新金融理念 共享美好生活［EB/OL］．西安新闻网．2021 年 9 月 26 日．https://www.mgcj.net/679913.html（2022 年 3 月 10 日访问）。

地区，其中包括 25 个"一带一路"沿线国家[①]。2015 年至 2020 年，中国银行在"一带一路"沿线累计跟进境外重大项目逾 600 个，累计完成对"一带一路"沿线国家和地区各类授信支持逾 1851 亿美元[②]。

交通银行作为目前市场上唯一一家可以为客户同时提供"五位一体"跨境金融账户服务的银行，也是首家在临港新片区挂牌离岸金融业务中心的金融机构。自 2013 年上海自贸区挂牌至今，交通银行抢抓自贸区金融政策创新优势。2021 年上半年，交通银行境内行贸易融资发生额 3909 亿元，同比增速 26.21%；国际收支和结售汇业务总规模同比增长 48.56%[③]。作为总部在沪的国有大型银行，交通银行将区域优势和战略优势有机结合，制定配套金融服务措施。2022 年 2 月，交通银行上海市分行参加"中国（上海）自由贸易试验区临港新片区开展跨境贸易投资高水平开放外汇管理改革试点启动会"，与埃珂森（上海）企业管理有限公司签署了高水平开放金融服务合作协议[④]。

中国工商银行作为中国最大的国有商业银行，资产规模居世界银行前列，依托全球网络布局和产品服务优势，全力支持国家高水平对外开放，在国际合作领域也有颇多成果。中国工

———————

① 中国银行业国际影响力和地位显著提升［EB/OL］. 国家金融与发展实验室. 2021 年 12 月 14 日 . https://view. inews. qq. com/a/20211214A07U4O00（2022 年 3 月 11 日访问）。

② 做好金融服务 护航"一带一路"［N/OL］. 中国银行保险报 . 2021 年 4 月 8 日 . https://baijiahao. baidu. com/s? id=1696451605384691925&wfr=spider&for=pc（2022 年 3 月 11 日访问）。

③ 数据来自交通银行官方网站：http://www. bankcomm. com/BankCommSite/shtml/jyjr/cn/7158/7825/2637571. shtml.

④ 交通银行积极响应推进临港新片区跨境贸易投资高水平开放外汇管理改革试点［N/OL］. 经济参考报 . 2022 年 2 月 18 日 . https://sghexport. shobserver. com/html/baijiahao/2022/02/18/662885. html（2022 年 3 月 11 日访问）。

商银行致力于发挥桥梁纽带作用，推进高质量共建"一带一路"。在首届"一带一路"国际合作高峰论坛期间，中国工商银行发起并牵头成立了"一带一路"银行间常态化合作机制。2019 年新加坡分行发行全球首笔绿色"一带一路"常态化合作债券，旨在进一步发挥金融服务"一带一路"建设的作用①。截至 2021 年 6 月，该合作机制成员已扩展至 66 个国家和地区的 131 家金融机构，其中包括阿联酋国民银行、阿布扎比第一银行和纳斯达克迪拜证券交易所三家阿联酋机构②。截至 2021 年 6 月末，中国工商银行迪拜分行总资产为 227.70 亿美元，已成为阿联酋排名第一的中资银行。随着到非洲投资的中国企业越来越多，对国际化大银行提供国际金融服务的需求也越来越大，因此中国工商银行在 2008 年与非洲最大商业银行南非标准银行达成合作意向，工商银行收购标行 20% 的股份。该项投资是中国银行业史上最大的单笔对外投资，也是南非最大的外国直接投资③。自 2008 年以来，两行为一大批中资企业赴非投资以及非洲企业来华投资提供了金融支持，包括共同为 43 个中资公司非洲项目提供总承贷额超过 100 亿美元的融资支持，涉及投资金额超过 300 亿美元。截至 2017 年，为非洲 17 个国家涉及中国公司的项目提供了信贷支持，覆盖能源、矿产、基建、农业、通信、医药等行业，合作项目银团总额达 295 亿美元。2021 年 9 月，中国工商银行成功承办了第二

---

① 中国工商银行成功发行 22 亿美元全球首笔绿色"一带一路"银行间常态化合作债券［EB/OL］. 中国金融信息网. 2019 年 4 月 18 日. http://greenfinance. xinhua08. com/a/20190418/1819224. shtml？ f=arelated.（2022 年 3 月 11 日访问）。

② 中国工商银行"阿联酋排名第一的中资银行"［N/OL］. 中国贸易报. 2021 年 8 月 5 日. https://www. chinatradenews. cn/epaper/content/2021 - 08/05/content _ 73787. htm（2022 年 3 月 11 日访问）。

③ 中非·案例方案典范｜共绘蓝图 中国工商银行携手南非标行助力非洲发展［EB/OL］. 红网. 2019 年 6 月 9 日. https://gov. rednet. cn/content/2019/06/10/5581428. html（2022 年 3 月 11 日访问）。

届中非经贸博览会中非金融合作对话会、中非经贸合作磋商会、供需对接会等多场中非经贸交流活动，深度服务中非合作转型升级。在对话会中，工商银行与 13 家中非金融机构、企业和商协会签署了 10 项合作协议。与此同时，在湖南工行举办的"中非经贸供需线上对接会"中，共计达成跨境合作意向 88 项，意向合作金额近 5000 万美元①。

横向对比国有大行的国际影响力，2021 全球银行国际化报告指出建设银行目前在国有四行中排名第四位，在组织国际化及业务国际化方面略逊于其他三行，但在利润国际化方面排在世界第 20 位②。这说明建设银行已属于"国际化探索者"，虽在规模上已具有一定的国际影响力，但国际化水平有待提升。中国银行与工商银行以其雄厚的境外资产和境外营收规模，拥有较高的国际影响力。建设银行在境外机构布局的国家及地区数量上表现突出，在 2019 年已经布局世界 31 个国家/地区③，但在境外机构的数量上略显不足。近两年来，尤其是疫情过后，建设银行充分发挥自身优势，在数字化发展趋势及金融科技战略的帮助下实现跨界转型，逐步踏上个性化的国际化道路。借助新兴科技及更开放的战略，建设银行正在逐渐缩小与国有银行的差距，切实提升自身的国际影响力。

---

① 跃上葱茏攀新高——中国工商银行助力中非合作向更高质量迈进 ［EB/OL］. 湖南日报. 2021 年 10 月 1 日 . https：//baijiahao. baidu. com/s？id＝1712386142249128252&wfr＝spider&for＝pc（2022 年 3 月 11 日访问）.

② FinTech Insights · 报告丨履霜坚冰 驯致其道——2021 全球银行国际化报告新鲜出炉！［EB/OL］. 浙江数字金融科技联合会 . 2021 年 12 月 10 日 . http：//www. z-aif. com/index/news/detail/id/673. html（2022 年 3 月 11 日访问）.

③ 2020 中资银行国际化报告公布 中行工行优势明显 ［EB/OL］. 新华财经 . 2020 年 12 月 30 日 . https：//www. ljzfin. com/news/info/57055. html（2022 年 3 月 11 日访问）.

六、国际大行的国际金融合作仍具有竞争力

建设银行虽然已在国有大行中列为佼佼者，但在国际舞台上与国际大行相比较，仍有差异。

以美国银行为例，美国银行（Bank of America）被视为世界领先的金融机构之一，在2021年被《银行家》评为"全球最佳支付和财资银行"，其全球银行业务服务于全球财富500强企业中的370家企业，拥有4.4万个全球银行客户，业务遍及超过35个国家①。美国银行在发展过程中通过多项举措来提高自己的国际影响力。首先凭借自身丰厚的资产基础，美国银行投资了多家国际基金会。如2022年2月，美国银行向农业企业资本基金投资500万美元，成为第一家投资该基金的全球企业金融机构②。其次通过积极参与各种全球金融论坛，美国银行持续提高自己的国际知名度，如RBC资本市场全球金融机构会议、瑞士信贷金融服务论坛③。同时美国银行多次与其他国际银行组成财团，推动国际金融合作。如2022年1月，美国与18家领先银行与风险管理协会成立RMA气候风险联盟，共同为银行制定标准以将气候风险管理整合到其整个运

①　数据来自美国银行官网：https://investor. bankofamerica. com/profile.

②　Bank of America invests in the ABC Fund. Bank of America. 2022年2月23日. https://newsroom. bankofamerica. com/content/newsroom/press-releases/2022/02/bank-of-a-merica-invests-in-the-abc-fund. html（2022年3月13日访问）。

③　Bank of America CEO to Participate at the Credit Suisse Financial Services Forum. Bank of America. 2022年1月10日. https://newsroom. bankofamerica. com/content/newsroom/press-releases/2022/02/bank-of-america-ceo-to-participate-at-the-credit-suisse-finan-cia. html（2022年3月13日访问）。

营中，帮助经济向低碳未来过渡①。在美国新兴科技蓬勃发展的大环境下，美国银行也不遗余力地借助金融科技以巩固其在国际金融市场上的地位。2021 年，美国银行在技术类别中授予了 512 项专利，这些专利涵盖许多领域，包括人工智能、机器学习、信息安全、数据分析、移动银行和支付②。

以摩根大通银行（JP Morgan Chase Bank）为例，摩根大通是一家全球领先的金融服务公司，为全球 100 多个国家和地区的重要公司、政府和机构提供解决方案。公司及其基金会每年向全球非营利组织捐赠约 2 亿美元③。除了与美国银行采取相似的战略，摩根大通银行参与了多起巨头公司的国际融资计划，无形中提升了自己的国际竞争力。例如 2022 年，全球最赚钱的石油公司沙特阿美，大股东出售其天然气管道 49% 的股份，收购者组成的财团与全球多家银行达成协议，为该宗交易提供资金支持，摩根大通便参与了本次的融资④。

通过与国际大行进行纵向比较，建设银行在国际金融合作中目前还存在一些不足。首先，建设银行在境外的机构数量上相较国际大行而言规模略小，难以在海外地区体现自己的优势，不利于推动国际合作。其次，建设银行与大型跨国公司的合作也有待增强，目前建设银行大部分的合作是与国内企业及

---

① Risk Management Association, Top U. S. and Canadian Banks Form Consortium to Tackle Climate Risk. Bank of America. 2022 年 1 月 12 日 . https://newsroom. bankofamerica. com/content/newsroom/press-releases/2022/01/risk-management-association--top-u-s--and-canadian-banks-form-co. html（2022 年 3 月 13 日访问）。

② Bank of America Sets Record-Breaking Year for Patents in 2021. Bank of America. 2022 年 1 月 24 日 . https://newsroom. bankofamerica. com/content/newsroom/press-releases/2022/02/bank-of-america-sets-record-breaking-year-for-patents-in-2021. html（2022 年 3 月 13 日访问）。

③ 数据来自摩根大通官网：https://www. jpmorganchina. com. cn/zh/about-us.

④ 沙特阿美天然气管道投资者财团与银行达成 134 亿美元融资协议 [EB/OL] . 财联社 . 2022 年 3 月 7 日 . http://finance. sina. com. cn/roll/2022-03-07/doc-imcwiwss4589093. shtml（2022 年 3 月 13 日访问）。

国外中小企业展开的，与国外的大型企业对接较少，此举会导致建设银行的国际影响力受到限制，不利于与国际大行同时竞争。最后，建设银行在国际组织、国际论坛中的参与感较低，相较于国际大行热衷于在各类国际会议上露面，建设银行多以国内论坛与国内开展的金融合作会议为主，因此建设银行需要走出国门，在更多更广的国际舞台上增强存在感，提升自己的国际知名度。